营销与策划综合实训

主　编 ◎ 费文美　谭　莉
副主编 ◎ 赵本宇　陈　倩

西南交通大学出版社
·成　都·

图书在版编目（CIP）数据

营销与策划综合实训 / 费文美，谭莉主编. —成都：西南交通大学出版社，2023.9
ISBN 978-7-5643-8868-3

Ⅰ. ①营… Ⅱ. ①费… ②谭… Ⅲ. ①营销策划 - 高等职业教育 - 教材 Ⅳ. ①F713.50

中国国家版本馆 CIP 数据核字（2023）第 173916 号

Yingxiao yu Cehua Zonghe Shixun
营销与策划综合实训

主编　费文美　谭　莉

责任编辑　罗爱林
封面设计　GT 工作室

出版发行　西南交通大学出版社
（四川省成都市金牛区二环路北一段 111 号
西南交通大学创新大厦 21 楼）
邮政编码　610031
发行部电话　028-87600564　028-87600533
网址　http://www.xnjdcbs.com
印刷　四川森林印务有限责任公司

成品尺寸　185 mm × 260 mm
印张　13.75
字数　345 千
版次　2023 年 9 月第 1 版
印次　2023 年 9 月第 1 次
书号　ISBN 978-7-5643-8868-3
定价　39.80 元

课件咨询电话：028-81435775
图书如有印装质量问题　本社负责退换

PREFACE

前　言

市场营销专业是近些年来中国最热门的专业之一。在每年各类社会紧缺人才的排行榜统计排名中，对市场营销人才的需求名列前茅。目前，国内大多数院校都开设了市场营销专业，极大地促进了市场营销理论的研究。但在现有的市场营销专业教材中，用于指导实践教学的系统性专业教材短缺，各高校都在期待市场营销类的实训教材面市。本教材在编写过程中，通过深入调研企业，与营销专业人士座谈，邀请重庆工商大学杨开元教授、贝壳找房市场部经理刘其灵、重庆瞿塘电子商务有限公司经理肖永会等专业人员共同参与编写，结合高职高专教育人才培养目标，以"必须、够用"为原则，以"营销策划"能力培养为主线，在内容上力求简明实用。

本教材立足于高职技术教育，以就业为导向，以服务企业营销为宗旨，强化对学生应用能力的训练，在体系上进行了创新探索，内容上分为营销职业基础素质训练和营销职业核心技能训练，通过基础能力和核心能力的训练，对学生就业能力进行训练与培养。

本教材主要有以下特点：

1. 符合高职教育和高素质技能人才成长规律。

高职学生具有较强的创新意识、创新能力和动手能力，需要通过教学模式和方法的改革去深入挖掘其潜能。本书以工作过程的情景化和系统化设计教学内容，团队协作、自主学习模式和过程性考核方式为主，旨在提高高职学生的职业基本素养和核心能力。

2. 根据中小企业对营销岗位人才需求设计内容。

通过广泛的企业调研发现，目前高校毕业的营销人才在基本素养如营销礼仪、营销沟通和团队协作等能力方面欠缺，而企业对营销能力、创新能力和策划能力都有比较高的要求。因此，本书根据市场营销专业人才培养目标和岗位人才培养规格要求设置教材内容，注重内容的综合性、应用性、操作性和实践性。

3. 对接行业、企业和职业资格证书要求。

在校企合作、产教融合的大背景下，本教材通过“请进来”和“走出去”的战略，让行业专家参与人才方案修订、课程设置和教材编写，加深了校企合作的深度和广度。本书的编写有企业人员参与，具有较强的职业性，不仅可以满足基本教学要求，也可以满足学生的职业资格证书考试要求。

4. 具有丰富的信息化教学资源。

为了方便教学，本书配备了数字化资源，通过扫描二维码就可以查看相应的教学资源。这些资源具体包括：案例分析视频、课程实训表格、拓展教学资源等。

5. 融入课程思政元素。

本教材融入爱国主义、集体主义、职业素养、道德教育等思政元素，以提升学生的综合素养。

本书由重庆建筑科技职业学院费文美、谭莉担任主编，赵本宇、陈倩担任副主编；重庆工商大学杨开元、重庆贝壳找房刘其林、重庆瞿塘电子商务有限公司肖永会参与编写。具体分工如下：项目一、二、七、八由费文美、赵本宇编写；项目三至六由谭莉编写；教材中的案例、实训操作要领等由陈倩、杨开元、刘其林和肖永会编写。

本书可以作为高职高专市场营销及相关专业的教材，也可以作为企业在职营销人员自学和工作参考手册。

本书在编写过程中，借鉴和参考了大量国内外的相关教材、资料，在此谨向所有相关作者表示诚挚的感谢。由于作者水平有限，书中不足之处在所难免，敬请读者朋友不吝赐教，以便再版时完善。

编　者

2023 年 3 月

CONTENTS

目　录

上篇　营销职业基础素质训练

下篇　营销职业核心技能训练

上篇

营销职业基础素养训练

项目一

营销职业礼仪训练

项目简介

营销礼仪是指营销人员在营销活动中，用以维护企业或个人形象，对服务对象表示尊重和友好的行为规范。它是一般礼仪在营销活动中的运用和体现，主要包括服饰礼仪、形体礼仪和职场社交礼仪。在现代市场经济条件下，营销人员要想在竞争激烈的行业领域中取得成功，并保持良好的商业信誉和个人形象，就必须了解、熟悉和正确运用营销礼仪。

任务一　营销职业礼仪准备

任务描述

根据人才市场对营销岗位的需求状况，某企业需要招聘营销相关岗位人员数名。请根据人才招聘需求，做好营销岗位面试礼仪准备（包括服饰礼仪、面试过程中的面试礼仪）。

【任务要求】

职业面试礼仪运用要求：① 分析营销岗位的任职要求；② 准备应聘服饰；③ 团队训练握手礼仪；④ 团队训练名片礼仪；⑤ 企业真实职场面试准备。操作过程按照营销职场礼仪的服饰礼仪和社交礼仪的要点展开，注意得体、恰当、适用。

【学习目标】

知识目标：

（1）了解日常生活礼仪、社交礼仪、休闲礼仪，特别是商务礼仪方面的知识。

（2）掌握职场服饰礼仪、社交礼仪和求职面试礼仪的相关知识。

能力目标：

（1）能够在不同的时间、地点、场合熟练并灵活地运用各种基本礼仪。

（2）能够恰当运用职场礼仪，学会求职面试的礼仪准备。

素养目标：

（1）深入领会营销礼仪在展现个人素质、提升企业形象、展示产品信度，增强个人、企业市场竞争力方面的重要作用和意义。

（2）由内而外地全面提升个人素质，拓宽学生知识面和眼界，有效塑造高素质的企业及产品形象，为日后顺利步入营销相关工作岗位奠定坚实的素质基础。

【实施路径】

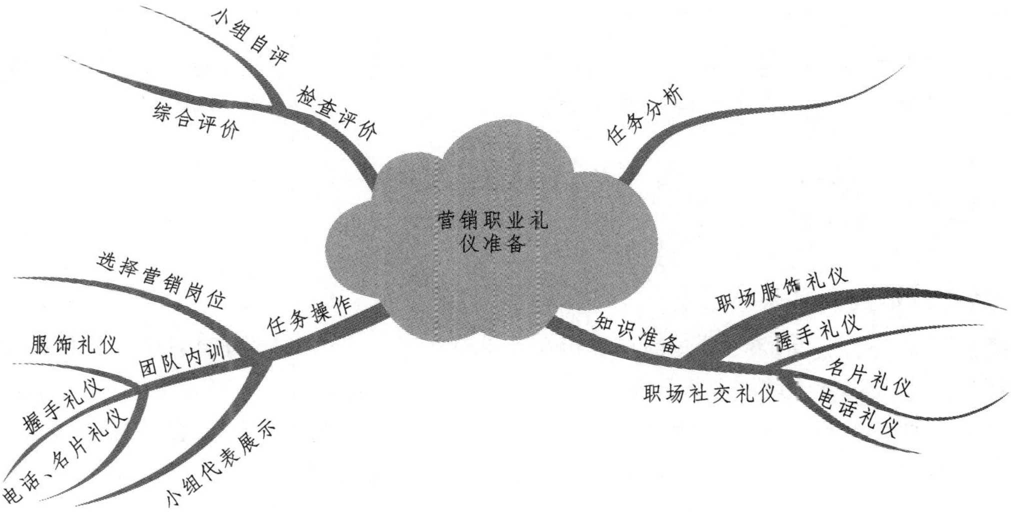

图 1.1　营销职业面试礼仪准备实施路径

【任务分组】

3～5 人一组。在第一阶段训练中，团队采用轮换角色扮演的形式开展；第二阶段，各组推荐优秀学生为参加企业真实面试做准备。任务分组和角色扮演分配如表 1.1 和表 1.2 所示。

表 1.1　任务分组表

团队名称		团队 Logo	
团队文化			
团队成员	学号	团队分工	职责

表 1.2　角色扮演分配表

<table>
<tr><td>团队名称</td><td colspan="2"></td><td rowspan="2">团 队
Logo</td><td rowspan="2"></td></tr>
<tr><td>团队文化</td><td colspan="2"></td></tr>
<tr><td>团队成员</td><td>学号</td><td>扮演角色</td><td colspan="2">职 责</td></tr>
<tr><td></td><td></td><td></td><td colspan="2"></td></tr>
<tr><td></td><td></td><td></td><td colspan="2"></td></tr>
<tr><td></td><td></td><td></td><td colspan="2"></td></tr>
<tr><td></td><td></td><td></td><td colspan="2"></td></tr>
<tr><td></td><td></td><td></td><td colspan="2"></td></tr>
</table>

任务实施过程中，通过第一阶段团队角色模拟、筛选和第二阶段的企业面试，培养学生团队策划、团队协作、自主管理和竞争的职业素养。

任务实施

【任务分析】

要想成为一名成功的营销人员，要想在竞争激烈的就业领域中取得成功，并保持良好的商业信誉和个人形象，就必须要了解、熟悉和正确运用营销礼仪。一般说来，在营销活动中，举止合情合理，优雅大方，自然得体，按大家都可以接受的礼节程序与客户相互往来，都是营销礼仪的基本内容。要做到以上要求，就必须做好充分的营销礼仪准备。

【知识准备】

一、职场服饰礼仪

（一）着装的总原则

个性原则、整洁原则、合礼原则、TPO（Time、Place、Object）原则、整体性原则。

（二）服饰的协调

要与年龄协调、体形协调、职业协调、环境协调。

切记：

在喜庆的场合不宜穿着太素雅、古板；在庄重的场合不宜穿着太宽松、随意；在悲伤的场合不能穿着太鲜艳；等等。

（三）面料的选择

轻松保暖的棉布、吸湿导热的麻布、滑爽透气的丝绸、高雅挺括的呢绒、雍容华贵的皮革、耐磨耐热的化纤、质优价廉的混纺。

（四）色彩的搭配

色彩的特性：色彩的冷暖、轻重、软硬、缩扩。

暖色调（红、橙、黄等）给人以温和，华贵的感觉，冷色调（紫、蓝、绿等）往往使人感到凉爽、恬静、安宁、友好，中和色（白、黑、灰等）给人平和、稳重、可靠的感觉。这些是最常见的工作服装用色。

搭配的方法：统一法、对比法、呼应法、点缀法、时尚法。

（五）饰物佩戴的原则

八大原则：数量原则、色彩原则、质地原则、身份原则、体形原则、季节原则、搭配原则、习俗原则。

（六）男士服装的选择及穿着

男士正式场合宜选深色毛料的正式西服。规范穿着职业服装的要求是整齐、清洁、挺括、大方（见图 1.2）。

图 1.2　男士服饰礼仪

西装是男士的正装、礼服。在大多数社交活动中，男子都穿西装。西装可分工作用的西装、礼服用的西装、休闲用的西装等。对一般人来说，同样一套西装配上不同衬衫、领带，就可以穿着应对多数的交际活动。在各种类别的服装中，男子穿西装的讲究最多，因此，下面着重介绍一下这方面的常识：

1. 讲究规格

西服有两件套、三件套之分，正式场合应穿同质、同色的深色毛料套装。两件套西服在正式场合不能脱下外衣。按习俗，西服里面不能加毛背心或毛衣。实在有必要，至多也只能加一件“V”字领羊毛衫，否则显得十分臃肿，以致破坏西服的线条美。

2. 穿好衬衫

衬衫应为单色，领子要挺括，不能有污垢、油渍。衬衫下摆要放在裤腰里，系好领扣和袖扣。衬衫衣袖要稍长于西装衣袖 0.5 ~ 1 厘米，领子要高出西装领子 1 ~ 1.5 厘米，以显示衣着的层次。

衬衣选择要合身，一看领口，二看肩线，三看袖长，四看衬衣长度。

领口合不合适要把扣子都系上才能确定。可以放下两个手指的宽度就是合适，图 1.3（a）为合适。

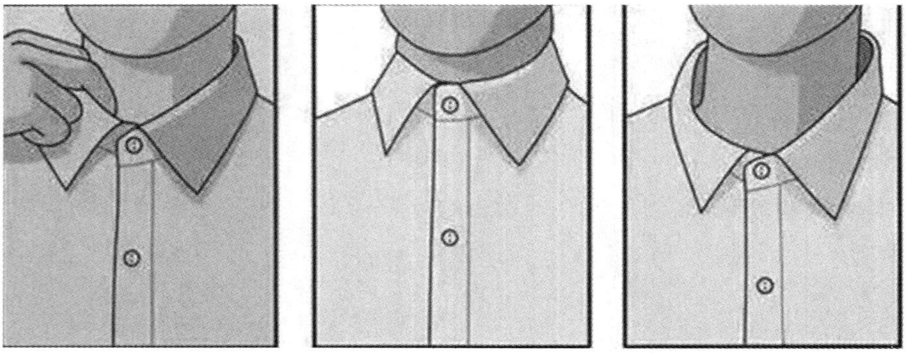

（a）（b）（c）

图 1.3　男士衬衣礼仪

肩线合不合适要以肩线位置确定，图 1.4（a）为合身肩线。

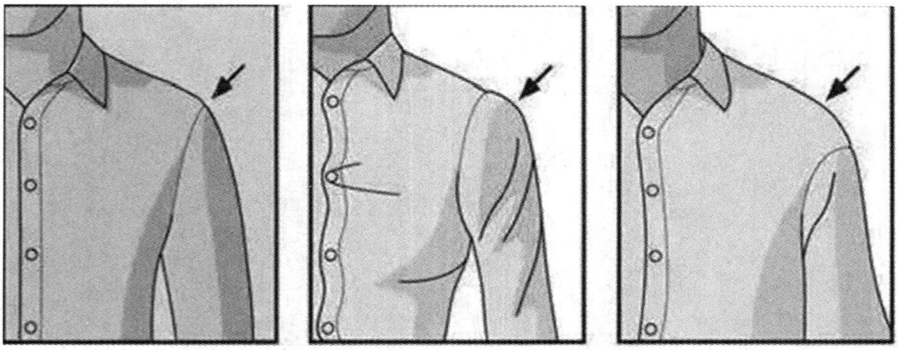

（a）（b）（c）

图 1.4　男士衬衣肩宽礼仪

袖长以双手自然下垂时袖口刚到手腕为合适，过短过长都不行，图 1.5（a）为合适袖长。

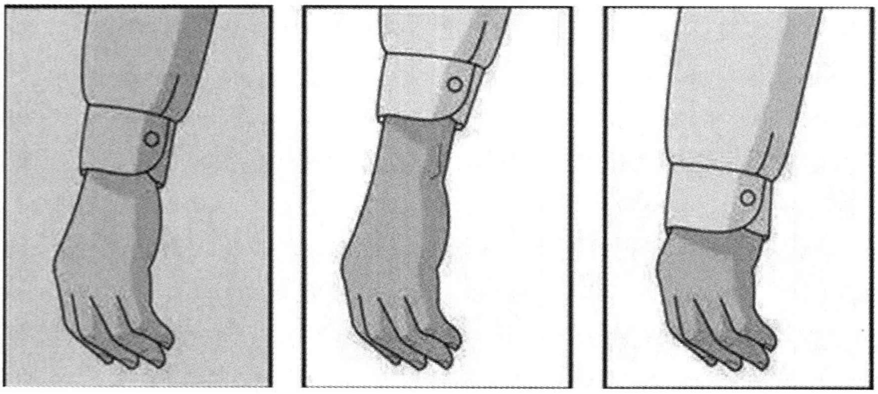

（a）（b）（c）

图 1.5　男士衬衣袖长礼仪

衬衣的长度非常重要，太短会局促，太长就不精神，图 1.6（a）为合身长度。

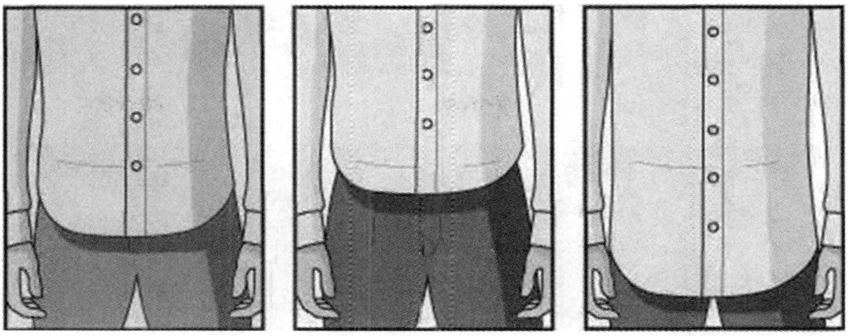

（a）　（b）　（c）

图 1.6　男士衬衣长度礼仪

3. 系好领带，戴好领带夹

西装脖领间的“V”字区最为显眼，领带应系在这个部位的中心（见图 1.7）。领带的领结要饱满，与衬衫的领口吻合要紧凑。领带的长度以系好后下端正好触及腰上皮带扣上端处为最标准。领带夹一般夹在衬衫第三粒与第四粒扣子间为宜。系好西装纽扣后，领带夹不能外露。

图 1.7　男士领带礼仪

男士打领带时，应对领带的结法、领带的长度、领带的位置、领带的佩饰多加注意，才有可能将领带打得完美。

（1）领带的结法。

领带扎得好不好看，关键在领带结打得如何。打领带结有 3 个技巧。其一，要打得端正、挺括，外观呈倒三角形。其二，收紧领结时，有意在其下压出一个窝或一条沟，使其看起来美观、自然。其三，领带结的具体大小不可以完全自行其是，而应令其大体上与同时所穿的衬衫领子的大小成正比例。需要说明的是，穿立领衬衫时不宜打领带，穿翼领衬衫时适合扎蝴蝶结。

（2）领带的长度。

成人日常所用的领带，通常为 130 ~ 150 厘米。领带打好之后，外侧应略长于内侧。其标准的长度，应当是下端正好触及腰带扣的上端（见图 1.8）。这样，当外穿的西装上衣系上扣子后，领带的下端便不会从衣襟下面“探头探脑”地显露出来。当然，领带也别打得太短，不能让它从衣襟上面跳出来。出于这一考虑，不提倡在正式场合选用难以调节长度的“一拉得”领带或“一套得”领带。

图 1.8　男士领带的长度

（3）领带的位置。

领带打好之后，应被置于合乎常规的既定位置。穿西装上衣系好衣扣后，领带应处于西装上衣与内穿的衬衫之间，穿西装背心、羊毛衫、羊毛背心时，领带应处于它们与衬衫之间，常规搭配如图 1.9 所示。穿羊毛衫时，应将领带置于羊毛衫与衬衫之间，不要让领带逸出西装上衣。

图 1.9　领带的位置

（4）领带的佩饰。

打领带时，在一般情况下，没有必要使用任何佩饰。在清风徐来、快步疾走之时，任领带轻轻飘动，能替男士平添一些潇洒、帅气。有的时候，或为了减少领带在行动时任意飘动带来的不便，或为了不使其妨碍本人工作、行动，可酌情使用领带佩饰。领带佩饰的基本作用是固定领带，其次才是装饰。常见的领带佩饰有领带夹、领带针和领带棒。它们分别用于不同的位置，但不能同时使用，一次只能选用其中一种。选择领带佩饰，应多考虑金属质地制品，并要求素色为佳，形状与图案要雅致、简洁。

4. 用好衣袋

西服上衣两侧的口袋只作装饰用，不可装物品，否则会使西服上衣变形。西服上衣左胸部的衣袋只可放装饰手帕。常见的口袋巾如图 1.10 所示。有些物品，如票夹、名片盒可放在上衣内侧衣袋里，裤袋亦不可装物品，以求臀位合适，裤形美观。

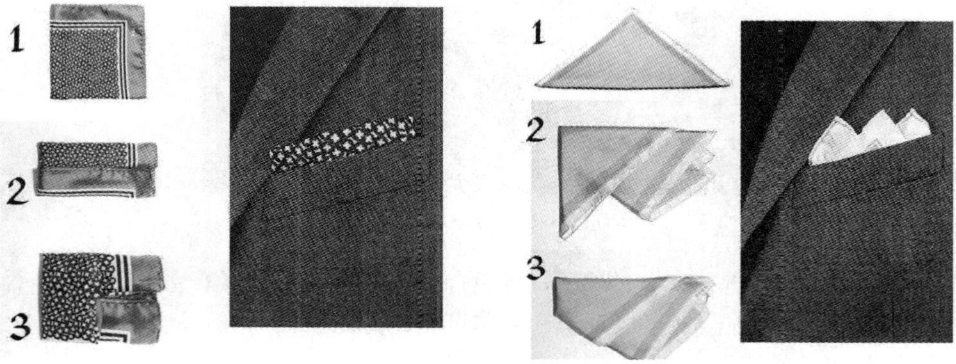

图 1.10　男士衣袋礼仪

5. 系好纽扣

双排扣的西服要把纽扣全部系上，以示庄重。单排两粒扣，只扣上面一粒纽扣，三粒扣则扣中间一粒，坐下时可解开。单排扣的西服也可以全部不扣。

6. 穿好皮鞋

穿西服一定要穿皮鞋，而且裤子要盖住皮鞋鞋面。不能穿旅游鞋、轻便鞋或布鞋、露脚趾的凉鞋，也不能穿白色袜子和色彩鲜艳的花色袜子。男士宜着深色线织中筒袜，切忌穿半透明的尼龙或涤纶丝袜。

（七）女性服饰礼仪训练

职业女性的着装仪表必须符合本人的个性、体态特征、职位、企业文化、办公环境、志趣等。

女性的穿着打扮应该灵活有弹性，要学会搭配衣服、鞋子、发型、首饰、妆容，使之完美和谐。职业套装更显权威，应选择一些质地好的套装，以套装为底色来选择衬衣、毛线衫、鞋子、袜子、围巾、腰带和首饰。

职业女性的工作服饰与色彩：少而精，重质量轻数量，讲究做工和面料，要合身，尽量采用一些天然面料如棉、丝、羊毛等。职业服装以套装、裙子、礼服、夹克为主，颜色尽量选用稳重有权威的颜色。稳重有权威的颜色包括：海军蓝、灰色、炭黑、淡蓝、黑色、栗色、锈色、棕色、驼色，要避免浅黄、粉红、浅格绿或橘红色。

二、职场社交礼仪

握手礼仪（视频）

（一）握手礼仪

1. 握手的方式

平等式握手：伸出右手握住对方的右手，手掌均呈垂直状态，拇指张开，上身微前倾，目视对方（见图 1.11）。这是礼节性的握手方式，一般适用于初次见面或交往不深的人。

图 1.11 平等式握手

手扣手握手：用右手握住对方的右手，再用自己的左手握住对方右手的手背。这种是“政治家的握手”，可以让对方感到热情真挚、诚实可靠（见图 1.12）。但是，如果与初次见面的人相握，可能起相反的效果。

图 1.12 手扣手握手

拍肩式握手：右手与对方的右手相握，左手移向对方的右肩。用手握住对方的肩膀，这样要比握手腕表达的感情多，显得热情友好（见图 1.13）。但这种握手方式只有在情投意合和感情极为密切的人之间才适用。

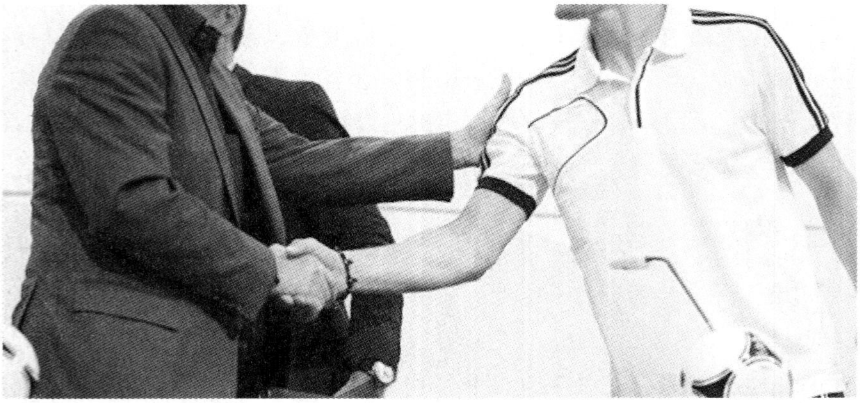

图 1.13 拍肩式握手

2. 握手的顺序

握手的一般顺序：主人、长辈、上司、女士主动，客人、晚辈、下属、男士再相迎握手。男女之间，女士先；长幼之间，长者先；上下级之间，上级先，下级屈前相握；迎接客人，主人先；送走客人，客人先。

3. 握手的力度

稍紧表示热情，但不可太用力也不可太轻。正确的做法是：不轻不重地用手掌和手指全部握住对方的手，然后微微向下晃动。

男士与女士握手时，往往只握一下女士的手指部分或者轻轻地贴一下；女士与男士握手时，只需轻轻伸出手掌。

4. 握手的时间

初次见面握手时间不宜过长，以 3 秒左右为宜。切忌握住异性的手久久不松开，握住同性的手也不宜时间过长。

（二）名片礼仪

1. 名片的准备

应该在平时多留意自己的名片是否够用，身上要随身携带一定数量的名片，不够时要及时补充。

2. 名片的递送技巧

观察意愿、把握时机、讲究顺序、方法正确。

3. 正确的顺序

如果是与多人交换名片，应讲究先后次序，或由近而远，或由尊而卑，一定要依次进行。地位较低的人或是来访的人要先递出名片。多人交换名片的最佳方法：由近而远、按顺时针或逆时针方向依次发送。

4. 方法正确

单方递或接名片时，最好用双手递或者接；双方互递名片时，要右手递，左手接（见图 1.14）。

图 1.14　递名片礼仪

递名片时，要把名片的正面朝向对方，以方便给人看。不要将名片举得高于胸部，也不能低于腰部以下。接过对方名片后应点头致谢，不要立即收起来，也不应随意摆放，而应认真地读一遍，以示尊重。

5. 接名片礼仪

（1）精心存放。接到他人名片后，切勿将其随意乱丢乱放、乱揉乱折，而应将其谨慎地置于名片夹、公文包、办公桌或上衣口袋之内，且应与本人名片区别放置。

（2）有来有往。接受了他人的名片后，一般应当即刻回给对方一枚自己的名片。没有名片，名片用完了或者忘了带名片时，应向对方做出合理解释并致以歉意，切莫毫无反应。

（三）电话礼仪

1. 接听电话流程

接听电话流程如图 1.15 所示。

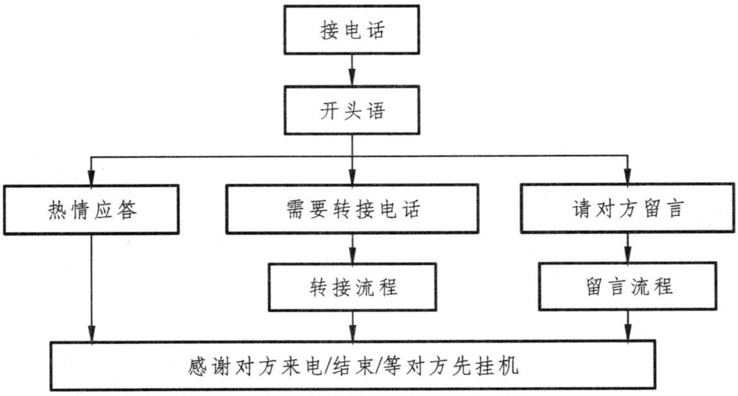

图 1.15　接听电话流程

2. 接听电话的礼仪

（1）接听电话要及时，铃响三声内接听，先问好。

（2）接外线电话要报公司名称，转来的电话应报部门名称和自己的姓名。

（3）如接电话稍迟一点，应该致歉，说声“让您久等了”。

（4）若对方要找的人不在，应主动询问对方是否希望留言或转告。

（5）记录后复述内容，切记准确、全面，尤其要记下人名、地名、日期与数字等。

（6）应轻放话筒，并应在对方挂断后再放话筒。

（7）留言或转告要立即执行，将来电所托事项填写在“电话留言便条”上，以口头形式传达，或以便条形式传递。

恭喜你！完成任务分析与准备，明确了营销职业礼仪准备包括服饰礼仪、握手礼仪、名片礼仪和电话礼仪。接下来，你将进行任务操作。

【任务操作】

根据老师提供的营销职业岗位招聘简章，小组讨论选择一个营销岗位，开展营销礼仪准备讨论，并完成表 1.3 中的内容填写。

表 1.3　岗位选择登记表

小组名称		选择企业	
所选岗位		岗位要求	
礼仪准备纲要			

各团队根据服饰礼仪的要求准备面试服饰、一对多练习握手礼仪、名片礼仪和电话礼仪训练，填写表 1.4。

表 1.4　实训情况记录表

小组名称		Logo	
姓名	训练情况记录		

各组派出礼仪准备优秀的学生进行服饰、握手、名片和电话礼仪展示汇报。

恭喜你！完成任务操作，完整体验了服饰礼仪、握手礼仪、名片礼仪和电话礼仪的流程和操作要领。接下来，你将进行任务考评与总结。

检查评价

【小组自评】

根据团队内训情况，团队负责人对小组成员的训练情况进行以下初评，填写小组自评表（见表 1.5），按照满分 40 分评分。

表 1.5　小组自评表

团队名称								
考评项目	服饰礼仪（10 分）					握手礼仪（10 分）	名片礼仪（10 分）	电话礼仪（10 分）
	西服/套服	衬衫	领带	皮鞋	妆容			
存在问题								
改进措施								

【综合评价】

各组代表展示，介绍任务完成过程、制作过程、总结改进，完成考核评价（见表 1.6）。

表 1.6　综合评价表

序号	评价项目	评价内容	分值	自评（30%）	互评（30%）	师评（40%）	合计
1	职业素养（30 分）	分工合理，制订计划能力强，严谨认真	10				
		责任意识、服从意识	5				
		团队合作、交流沟通、互相协作、分享能力	5				
		遵守行业规范	5				
		主动性强，保质保量完成工作页相关任务	5				
2	专业能力（60 分）	服饰礼仪	25				
		握手礼仪	15				
		名片礼仪	10				
		电话礼仪	10				
3	创新意识（10 分）	创新性思维和行动力	10				
合计			100				
评价人签名：		时间：					

任务二　营销职业形体礼仪准备

任务描述

请根据人才招聘需求，在完成营销岗位面试礼仪的服饰礼仪和面试过程中的礼仪之后，做好营销职业的形体礼仪准备。

【任务要求】

形体礼仪运用要求：① 分析营销岗位的任职要求；② 站姿、坐姿、蹲姿礼仪训练；③ 行走、视线礼仪训练；④ 职场交往礼仪训练；⑤ 企业真实职场面试。操作过程按照营销职场形体礼仪的要点展开，注意得体、恰当、适用。

【学习目标】

知识目标：

（1）了解形体礼仪的重要性，特别是商务礼仪形态方面的知识。

（2）掌握职场站姿、坐姿、蹲姿、行走、交往礼仪的相关知识。

能力目标：

（1）能够在不同的时间、地点、场合熟练并灵活地运用形体礼仪。

（2）能够恰当运用职场礼仪，学会形体礼仪的礼仪准备。

素养目标：

（1）深入领会形体礼仪在展现个人素质、提升企业形象、展示产品信度，增强个人、企业市场竞争力方面的重要作用和意义。

（2）由内而外地全面提升个人素质，拓宽学生知识面和眼界，有效塑造高素质的企业及产品形象，为日后顺利步入营销相关工作岗位奠定坚实的素质基础。

【实施路径】

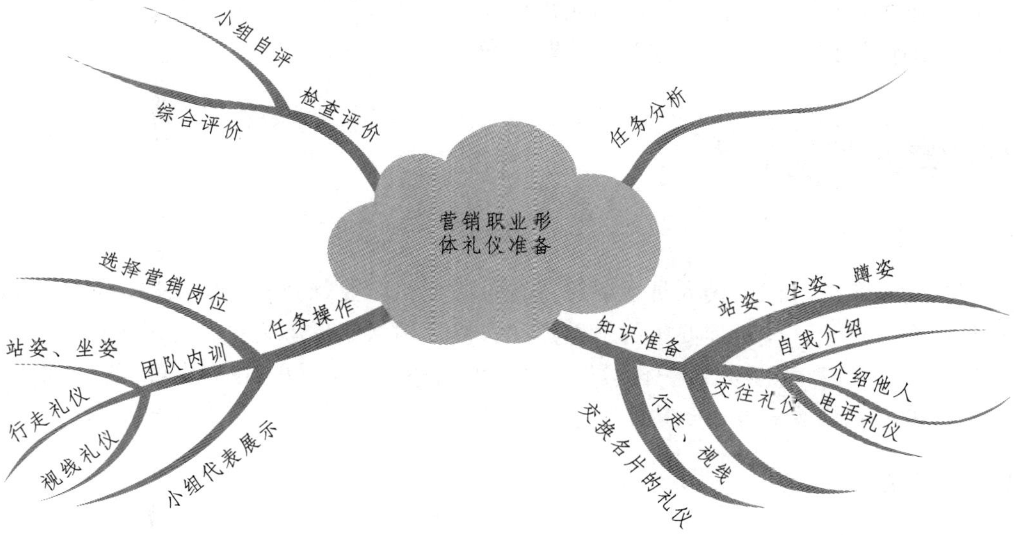

图 1.16　营销职业形体礼仪准备实施路径

【任务分组】

3～5 人一组。在第一阶段训练中，团队采用轮换角色扮演的形式开展；第二阶段，各组推荐优秀学生为参加企业真实面试做准备。任务分组和角色扮演分配如表 1.7 和表 1.8 所示。

表 1.7　任务分组表

<table>
<tr><td>团队名称</td><td colspan="2"></td><td rowspan="2">团 队
Logo</td><td rowspan="2"></td></tr>
<tr><td>团队文化</td><td colspan="2"></td></tr>
<tr><td>团队成员</td><td>学号</td><td>团队分工</td><td colspan="2">职责</td></tr>
<tr><td></td><td></td><td></td><td colspan="2"></td></tr>
<tr><td></td><td></td><td></td><td colspan="2"></td></tr>
<tr><td></td><td></td><td></td><td colspan="2"></td></tr>
<tr><td></td><td></td><td></td><td colspan="2"></td></tr>
<tr><td></td><td></td><td></td><td colspan="2"></td></tr>
</table>

表 1.8　角色扮演分配表

<table>
<tr><td>团队名称</td><td colspan="2"></td><td rowspan="2">团 队
Logo</td><td rowspan="2"></td></tr>
<tr><td>团队文化</td><td colspan="2"></td></tr>
<tr><td>团队成员</td><td>学号</td><td>扮演角色</td><td colspan="2">职 责</td></tr>
<tr><td></td><td></td><td></td><td colspan="2"></td></tr>
<tr><td></td><td></td><td></td><td colspan="2"></td></tr>
<tr><td></td><td></td><td></td><td colspan="2"></td></tr>
<tr><td></td><td></td><td></td><td colspan="2"></td></tr>
<tr><td></td><td></td><td></td><td colspan="2"></td></tr>
</table>

任务实施过程中，通过第一阶段团队角色模拟、筛选和第二阶段的企业面试，培养学生团队策划、团队协作、自主管理和竞争的职业素养。

任务实施

【任务分析】

要想成为一名成功的营销人员，要想在竞争激烈的就业领域中取得成功，并保持良好的商业信誉和个人形象，就必须要了解、熟悉和正确运用营销形体礼仪。一般来说，在营销活动中，举止合情合理，优雅大方，自然得体，按大家都可以接受的礼节程序与客户相互往来，是营销礼仪的基本内容。要做到以上要求，就必须做好充分的营销形态礼仪准备。

【知识准备】

一、站姿、坐姿、蹲姿

（一）站姿

抬头，目视前方，挺胸直腰，肩放平，双臂自然下垂，收腹，双腿并拢直立，脚尖分开呈 V 字形，身体重心在两脚中间，也可两脚分开，比肩略窄，双手合起，放在腹前或背后（见图 1.17）。

图 1.17　站姿礼仪

（二）坐姿

男性一般从椅子的左侧入座，全靠背椅，挺直端正，不要前倾或后仰，双手舒展或轻放于膝盖上，双脚平行，间隔一个拳头的距离，大腿与小腿呈 90 度。

忌讳：二郎腿、拖鞋、把脚放到自己面前的桌子上或架到别人面前的桌子上。

女性应双腿交叉或并拢，双手轻放于膝盖上，嘴微闭，面带微笑，两眼目视说话对象。

（三）蹲姿

一脚在前，一脚在后，两腿往下蹲，前脚全着地，小腿基本垂直于地面，后脚跟提起，脚掌着地，臀部向下。

二、行走、视线

走姿礼仪

（一）行走

男士行走时应该抬头挺胸，步履稳健、自信，避免八字步。

女士行走时应背脊挺直，双脚平行前进，步履轻柔自然，避免做作，可右肩背包（见图 1.18）。

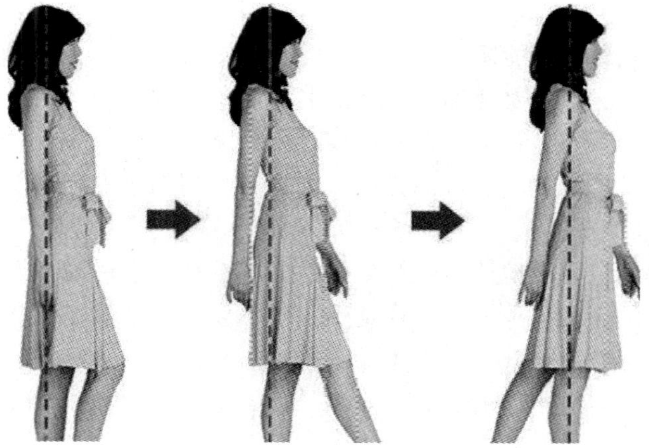

图 1.18　行走礼仪

（二）视线

与顾客交谈时，两眼视线落在对方的鼻间，偶尔也可以注视对方的双眼。恳请对方时，要注视对方的双眼。为表示对顾客的尊重和重视，切忌斜视或看他人他物，避免让顾客感到你心不在焉。

三、交往礼仪

（一）自我介绍

自我介绍时要镇定自信；语气要自然，语速要正常，语音要清晰；自我介绍时，态度一定要自然、友善、亲切、随和；应镇定自信、落落大方、彬彬有礼；既不能胆小怯懦，又不能轻浮夸张。任何人都要以被他人重视为荣幸，如果你态度热忱，对方也会热忱。自我介绍要简洁，时间控制在 1 分钟左右。

（二）介绍他人

介绍他人时，谁先谁后是一个比较敏感的礼仪问题。营销人员要遵循“尊者优先了解情况”的规则，在介绍前先要确认双方的具体情况，然后依次介绍。根据规则，介绍他人时的礼仪顺序如表 1.9 所示。

表 1.9　介绍他人时的礼仪顺序

介绍他人时的不同情况	先	后
介绍女士与男士认识时	男士	女士
介绍长辈与晚辈认识时	晚辈	长辈
介绍年长者与年幼者认识时	年幼者	年长者
介绍同事、朋友与家人认识时	家人	同事、朋友
介绍来宾与主人认识时	主人	来宾
介绍与会先到者与后来者认识时	后来者	先到者
介绍上下级认识时	下级	上级

四、交换名片的礼仪

使用名片时，应注意几点：

（1）名片要准备充分，不能匮乏。

（2）名片要保持清洁，不要递出脏兮兮的名片。

（3）把名片装在专门的名片夹内，然后放在容易拿的上衣口袋。

（4）递名片时，手的位置应与胸部齐高，要将名片朝向对方，双手恭敬地递上，并说：“这是我的名片，请多关照。”

（5）收下名片后，应轻声地读一遍对方的姓名或职称，然后说谢谢。

（6）收到名片时，应将名片放在名片夹中，而不要将名片放在裤袋中。

（7）交换名片时，地位较低的一方先递出名片。

（8）如果你想得到对方的名片，而他并没有主动给，可以请求的口吻说：“如果没有什么不方便的话，能给我一张名片吗？”

（9）不要收到对方的名片后，当场便在名片上书写或折叠。

恭喜你！完成任务分析与准备，明确了营销形体礼仪准备，包括站姿、坐姿、蹲姿礼仪、行走和社交礼仪。接下来，你将进行任务操作。

简历制作

【任务操作】

各小组在已经选择的企业岗位礼仪训练的基础上，开展营销形体礼仪准备研讨，并完成表 1.10 中内容填写。

表 1.10　形体礼仪训练登记表

小组名称		选择企业	
所选岗位		岗位要求	
形体礼仪准备纲要			

一、坐姿训练

本实训的目的是让受训者掌握优美规范的坐姿的基本要点，端坐时能给人以端庄、大方、自然和稳定之感（见表 1.11）。

表 1.11　坐姿训练

实训项目	坐姿
实训器具准备	服装、椅子、小纸片
实训步骤与操作标准	1. 实训前 着制服、皮鞋、准备好高低不同的椅子、小纸片。 2. 实训进程 （1）坐定的正确姿势。 挺直上身，头部端正，目视前方，或面向交谈对象，一般情况下，不要靠椅背，只有在无人时，才可以靠椅背。双腿并拢，男士可以略微张开。上身与大腿、大腿与小腿，应为直角。通常不坐满椅子，只占据椅子的 2/3。 （2）正坐姿训练。 两腿并拢，上身挺直坐正，小腿与地面垂直，两手放在双膝上。男士双腿可以略微分开但幅度小于肩宽。 （3）侧坐姿训练。 坐正。女士双膝并拢，上身挺直，两脚同时向左或向右，双手叠放于左腿或右腿上。男士小腿垂直于地面，上身可以略微左边倾或右边倾。 （4）开关坐姿训练。 坐正。两小腿前后分开而双膝并拢，呈八字开关式，双手交叉于两腿之间。 （5）重叠坐姿训练。 两脚交叉或跷起一条腿在另一条腿上，膝部之上应尽量并拢，双腿斜放，与地面呈 45 度夹角为佳。 （6）交叉坐姿训练。 两腿前伸，一脚置于一脚之上，在踝关节处交叉成前后交叉坐式，也可小腿后屈，脚前掌着地，在踝关节处交叉
常见错误	1. 抖腿； 2. 鞋跟晃动； 3. 靠背； 4. 前俯后仰； 5. 脚搭在椅子、沙发、茶几上； 6. 脚尖相对； 7. 脚伸得太远； 8. 坐下或起立时动作过于迅猛或用双手撑着腿站起

二、站姿训练

站姿是最基本的一种身体语言，它最能表现人体的姿态语言，是其他动作姿势的基础。

本实训的目的是通过对站姿的训练，使受训者掌握正确而优美的站姿，做到“站如松”，给人以直立而挺拔的静态美的感觉（见表 1.12）。

表 1.12　站姿训练

实训项目	站姿
实训器具准备	镜面、书本、纸
实训步骤与操作标准	1. 实训前准备 着职业装，黑色皮鞋，准备好书本、纸。 2. 实训进程 （1）基本站姿训练。 身体与地面垂直，重心放在前脚掌。头正、颈直、两眼平视前方、嘴微闭、挺胸、收腹、两臂自然下垂，手指并拢、自然微曲，中指压裤缝，两腿挺直，膝盖相碰，脚跟并拢，两脚张开呈 45 度或 60 度夹角，从整体上给人精神饱满的感觉。 （2）贴墙站立训练。 面带微笑，背贴墙壁，面朝前，双目平视，脚后跟、小腿、臀部、双肩和后脑紧贴墙壁，身体上下处于一个平面的感觉，站立 10 分钟。 （3）背靠背站立训练。 学员两人一组，背靠背站立，两人的小腿、臀部、双肩和后脑勺紧贴，两人小腿之间或肩部放置纸板，要求保持不掉落，站立 10 分钟。 （4）顶书站立训练。 在头顶放置书本，要求上身和颈部挺直，收下颚，站立 10 分钟
常见错误	1. 面无表情，神情呆滞； 2. 目光斜视； 3. 脚后跟没有并拢； 4. 双肩不平； 5. 驼背； 6. 挺腹； 7. 低头； 8. 弯腰； 9. 一腿站立、一腿抖动； 10. 双手下意识做小动作； 11. 纸板或书本掉落； 12. 肌肉紧张、不自然

三、走姿训练

行走姿态是一种流动的身体姿态，一种动态身体语言，这种流动的形体线条有着特殊的魅力。本实训项目通过对行走姿态的训练，培养学生协调又稳健敏捷的走姿，走出规范优美的姿态和风度（见表 1.13）。

表 1.13　走姿训练

实训项目	走姿
实训器具准备	服装、皮鞋、平底鞋
实训步骤与操作标准	1. 实训前 按要求准备好服装、皮鞋、书本。 2. 实训进程 （1）正确的基本走姿。 走时目光平视，身子立直，头正颈直，面朝前方，挺胸收腹。两臂自然下垂，前后自然摆动，前摆向里折约 35 度，后摆向后约 45 度。身体平稳，使全身看起来呈一条直线。起步要前倾，重心在前，落在前移的那只脚掌上。当前腿落地后腿离地时，膝盖一定要伸直，蹲下时再稍微松弛。 （2）直线行走训练。 在地面上画出一条直线，行走时双脚内侧稍稍碰到所画直线，抬头挺胸、收腹、双目平视、面带微笑、充满自信和轻松。 （3）顶书行走训练。 每位学员头顶放置一本书，进行行走训练，走时要头正、颈直。 （4）不同着装的行走训练。 ① 着西装的行走训练：注意保持身体挺拔、后背平整，站立时两腿并拢或两腿间不超过肩宽，行步幅可大些，手臂要放松，自然摆动，面带微笑。男生不晃肩，女生髋部不要左右摆动，运用手势时要简洁大方，准确明了。 ② 着裙装的行走训练：穿着裙摆在膝盖以上的短裙，行走时要表现出较快、敏捷、活泼和洒脱的特点，行走速度可略快些，但步幅不宜过大。 ③ 穿平底鞋的行走训练：脚跟先着地，用力要均匀、适度，保持身体重心平稳
常见错误	1. 内八字，外八字形走； 2. 前倾走姿，头部先伸出去而腰臀部在后； 3. 弯腰驼背，身体松垮，摇头晃脑，无精打采； 4. 步幅过大； 5. 步速过快； 6. 膝盖弯曲； 7. 行走线路不呈直线； 8. 晃肩或髋部左右摆动

各团队根据站姿、坐姿、走姿、形体和社交礼仪的要求完成团队训练，并将训练情况记录在表 1.14 中。

表 1.14　训练情况记录表

小组名称		Logo	
姓名	训练情况记录		

恭喜你！完成任务操作，完整体验了站姿、坐姿、蹲姿、行走和社交礼仪的流程和操作要领。接下来，你将进行任务考评与总结。

检查评价

【小组自评】

根据团队内训情况，团队负责人对小组成员的训练情况进行以下初评，填写小组自评表，按照满分 40 分评分（见表 1.15）。

表 1.15　小组自评表

团队名称					
考评项目	站姿、坐姿、蹲姿（20 分）			行走礼仪（10 分）	社交礼仪（10 分）
	站姿	坐姿	蹲姿		
存在问题					
改进措施					

【综合评价】

各组代表展示，介绍任务完成过程、制作过程、总结改进，完成考核评价（见表 1.16）。

表 1.16　综合评价表

序号	评价项目	评价内容	分值	自评（30%）	互评（30%）	师评（40%）	合计
1	职业素养（30 分）	分工合理，制订计划能力强，严谨认真	10				
		责任意识、服从意识	5				
		团队合作、交流沟通、互相协作、分享能力	5				
		遵守行业规范	5				
		主动性强，保质保量完成工作页相关任务	5				
2	专业能力（60 分）	站姿、坐姿、蹲姿礼仪	25				
		行走礼仪	10				
		社交礼仪	25				
3	创新意识（10 分）	创新性思维和行动力	10				
合计			100				
评价人签名：		时间：					

项目二

交际与沟通能力训练

项目简介

人际交往与沟通是一门学问。它对于大学生职业素质的形成和发展具有重要意义。良好的人际关系与沟通能力是大学生未来事业成功的必备要素。一个人要在事业上获得成功，良好的人际交往是不可忽视的前提条件。良好的人际交往与沟通能力有助于大学生未来家庭生活幸福美满，因而有必要进行交际与沟通能力训练。

任务一　演讲与辩论能力训练

任务描述

根据演讲及辩论的有关要求和技巧，完成即兴演讲和分组营销辩论赛，提升演讲与辩论能力，提高语言表达能力。

【任务要求】

即兴演讲能力训练要求：① 随机抽取演讲题目；② 根据所抽取题目准备 5 分钟，完成演讲内容组织、演讲动作设计等准备；③ 运用演讲技巧完成即兴演讲。

营销辩论赛训练要求：① 根据教师提供的题目选择营销辩论赛选题；② 抽签决定正反方；③ 完成营销辩论赛。

操作过程按照演讲及辩论的要点和技巧展开，注意得体、恰当、适用。

【学习目标】

知识目标：

（1）熟悉演讲的相关准备内容和辩论的基本认知。

（2）掌握演讲技巧及辩论相关技巧。

能力目标：

（1）能够根据演讲的基本技巧，完成即兴演讲。

（2）能够恰当运用辩论的相关内容，完成辩论相关任务，掌握辩论技巧。

素养目标：

（1）深入领会语言能力在营销职业工作中的重要性，提升自我语言表达能力，建立营销职业认同感。

（2）全面提升个人语言素养，拓宽学生知识面和眼界，塑造高素质的职业形象，为日后顺利步入营销相关工作岗位奠定坚实的素质基础。

【实施路径】

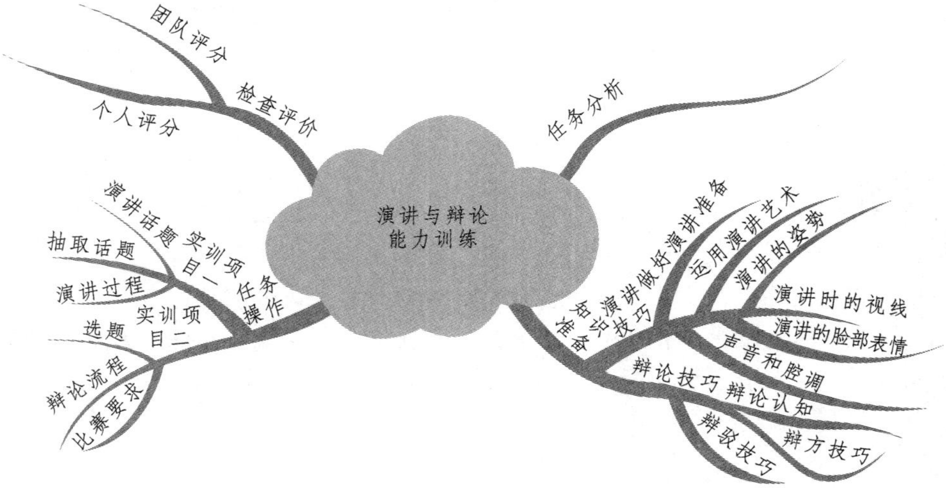

图 2.1　演讲与辩论能力训练实施路径

【任务分组】

根据项目一的分组情况选择任务角色，完成任务分配表（见表 2.1）。

表 2.1　角色扮演分配表

正方		反方	
题目		题目	
论据 1		论据 1	
论据 2		论据 2	
论据 3		论据 3	
论据 4		论据 4	
论据 5		论据 5	
论据 6		论据 6	

任务实施

【任务分析】

为了完成即兴演讲与营销辩论，需要全面掌握演讲与辩论的相关技巧，做好充分准备。即兴演讲以个人为单位进行，营销辩论以小组为单位完成，需要小组进行全面的角色分配，团队协作完成本次任务。

【知识准备】

一、演讲技巧

（一）做好演讲的准备

演讲的准备包括了解听众，熟悉主题和内容，搜集素材和资料，准备演讲稿，做适当的演练练习等。

1. 分析听众的意愿要求

演讲者必须事先了解听众的意愿要求，以便有针对性地做好角色演讲者准备；同时必须事先了解听众的意愿要求，以便有针对性地做好确定主题、选择材料等准备活动。听众参加演讲会的意愿要求大致如下：

（1）慕名而来。

一般群众对各类名人都怀有敬仰、钦慕之心。因此，当著名政治家、科学家、演讲家、明星等发表演讲时，往往有大批听众慕名前往。此类听众的主要目的大多是一睹名人风采，他们一般不太计较演讲者水平的高低。同时，由于潜在崇拜心理，往往名人的演讲易引起超乎寻常的热烈反响。

（2）求知而来。

为了获取新的知识和能力，听众会自觉选择那些满足自己求知欲的演讲。学术讲座、技术辅导、国外见闻等演讲能够吸引大批听众的原因，正是由于这些演讲满足了听众的求知欲望。如果演讲内容充实、条理清晰，听众一般不会过于挑剔演讲技巧。

（3）存疑而来。

听众对自己渴望的演讲话题总是抱有极大的兴趣。如果关系到听众的切身利益，听众会十分主动地参与演讲的沟通过程。此时，所要做的是分析听众希望了解的话题。此类听众只要求把演讲内容交代清楚，他们对演讲者的身份、地位和演讲水平不会有太苛刻的要求。

（4）欣赏而来。

相当一部分听众的目的不在于演讲者表达的内容，而在于欣赏演讲者的表达技巧。在此类听众的潜意识中，隐藏着他们对高水平演讲者的崇拜和学习演讲的欲望。这是一批公正的听众。演讲者要充分展现自己的表达技巧。

（5）不得不来。

在工作报告、经验交流、各类庆典的会场上，有些听众是由于纪律约束或出于礼貌而不得不来的。这类听众对演讲内容不甚关心，演讲过程中也心不在焉，反应冷漠。如果演讲者想征服这类听众，必须掌握高超的演讲技巧。

2. 分析听众的构成

一般来说，可以从以下几个方面来分析听众的构成：

（1）年龄。

演讲者必须对听众的年龄范围敏感，因为兴趣因年龄而不同。大学生通常对学校、未来工作、音乐和人际关系感兴趣；年轻的父母通常对影响孩子的问题，如上网和升学等问题感兴趣；中年人倾向把重点放在工作上；老年人则倾向休闲活动和健康有关的问题。然而，不是所有的问题都与年龄相关。例如，绝大多数人对计算机、选举、国际及国内新闻感兴趣，因为这些会影响每一个人。如果同一话题能适合每一类人所关心的特定问题，也能引起各个年龄段听众的兴趣。

（2）性别。

在一个特定的题目上，20 个男听众与 20 个女听众的看法可能会有极大的差别。由 19 男 1 女组成的听众可能会使男演讲者大量改变他的用语和例子。这未必是因为有 1 个女听众在场，而是因为那 19 个男听众希望演讲者意识到有 1 个女听众。如果演讲者忽视听众中的女性，那么男听众就会不乐意。

（3）教育。

一个人受教育的程度，是他的学识的总和。不要把学校教育同其他教育混淆起来，因为学校教育并非教育的保障。然而，在大多数情况下，正规的学校教育与其他教育相比，是一种更快、更系统地获取知识的途径。因此，在安排演讲时，学校教育水平应该作为考虑的一方面。演讲者的语言和词汇应适应听众的教育水平和以前所受的学校教育，根据听众的受教育水平，采用不同的方法。

（4）职业。

听众的职业也会影响演讲效果。职业表明一种专业知识领域，如护理人员和护士知道人体知识，律师知道法律权利，社会工作者知道社会问题。职业也表明对某个题目的兴趣。大多数职业团体或许会对其所在职业领域中的道德问题感兴趣。如果针对一个职业群体演讲，要设法使演讲内容迎合听众的工作兴趣。

（5）类型。

听众是为了一个特定的目的而来的，通常可以将其归为以下几种类型：

① 行人型。这是一种临时的听众，就好像是在闹市街头的一群行人，没有共同的沟通方式能把听众中的每个成员同演讲者联系起来。针对这类听众，引起他们的注意是关键的第一步，之后还能发展到什么程度，根据演讲者的目的不同而变化。

② 被动型。被动型听众是这样一些人，他们的注意力早已由他所在团体的规章确定和保证。演讲者的最初问题——吸引注意力或兴趣，可能成为第二位的问题。同样，演讲者要把听众的注意力吸引过来并保持下去，取决于他的机遇与成功。

③ 精选型。这种听众都是为了共同目的而聚在一起的。但是，不是所有的人都互有好感，或赞同演讲者的观点。此时，形成良好的印象、说服和指导是演讲者的主要任务。

④ 一致型。这些听众怀有共同的、积极的目的而集合在一起，对共同的事业有相同的兴趣，但是没有明确的分工和严密的权力组织，要有坚信感和权力感，这是演讲者的主要职责。

⑤ 组织型。这是一种有严密分工和分权、以特定的共同目的和利益维系的团体。每个成员的任务早已由领导分配好，并被牢牢记住。演讲者只需发布指示，因为听众早已被说服了。

（6）特殊的兴趣。

听众如果有一些共同的特殊兴趣，常常就会形成高度的一致，如篮球爱好者更愿意听演讲者讲与之相关的内容。有时听众的特殊兴趣是暂时的，但是，演讲者要认真寻求并了解听众的特殊兴趣。

（二）确定选题

1. 确定主题

中国古代哲学家庄子曾说："语之所贵者，意也。"也就是说，说话贵在有明晰的思想，演讲、写作也是如此。演讲中，必须要明确地提出问题、解决问题，要表明自己的主张和态度，即提倡什么、反对什么、歌颂什么、贬斥什么；也就是说，要明确说明一个问题，宣传一个道理，阐述一个观点，或者表明一种主张。这就是演讲的主题。

主题是演讲的中心思想，是组织演讲的主线，它贯穿于演讲的始终。主题可以包括以下内容：展现时代精神、适应听众的要求、符合自己的身份、展现真知灼见。

2. 确定标题

标题不同于主题，它是演讲内容的浓缩和高度概括，是演讲不可缺少的部分，是演讲的"眉目"。好标题，不仅能"眉目传神"，给人留下鲜明的印象，引起听众的浓厚兴趣，还如同指示灯，有正确的指向，为演讲的顺利开展奠定基础。

拟定好的标题，要注意以下几点：

（1）揭示主题。演讲标题含义要清楚，与内容切合，能概括演讲的基本内容或揭示主题，不可文不对题或题不及意。如《心底无私天地宽》，就明确揭示了演讲的主题，且富有哲理。

（2）警策醒目。标题的字数不宜过多，用语力求干净利索，简洁明快，不能拖泥带水，还要新奇、生动、醒目。新奇便富有吸引力，使听众产生急欲一听的心理，如鲁迅的《魏晋风度及文章与药及酒之关系》《流氓与人学》等标题。新奇不等于晦涩深奥，艰深难懂常使人感到沉闷，激不起听众的兴趣。

（3）富有启迪性。标题要有积极性，有时代精神，适应现实要求，令人鼓舞，催人奋进；还要耐人寻味，富有启迪性，能抓住听众渴望聆听的急切心情。同时，标题要饱含情感，爱憎分明，能引起听众情感上的共鸣。例如，《让中华腾飞》《人类为什么要毁灭自己？》等题目，掷地有声，鼓动性强，令人深思。

二、运用演讲艺术

就一场演讲来讲，最重要的有三件事：是谁在发表这场演讲，他如何进行这场演讲，以及他说些什么。在这三件事中，排在最后面的，重要性最低。因此，演讲者最宝贵的财产，就是他个人的特色。

（一）开场白

1. 注意第一句话

有人说，演讲时，5 秒钟内就要抓住听众的注意力。当然，要一直保持这种吸引力，是不容易的，因为听众的注意力极易分散。但如果一开始就没有吸引力的话，那后面就是花九牛二虎之力，也难以把听众吸引过来。

第一句话最好由演讲本身的内容、环境、听众的情况来决定。

（1）不讲多余的话。

如演讲者一上台就向听众道歉，用自己不会讲话之类的词自谦一番，这其实是不可取的，自谦的话会降低演讲者说话的可信度。若没有准备或不会说话就免开口，若准备好了，就理直气壮地讲下去。

（2）引用名言。

名言具有很强的说服力。在演讲开头时引用一句名言，既可以起到提纲挈领的作用，也能吸引人。如：

言辞是行动的影子。（德谟克里特）

思考是我无限的国度，言语是我有翅的道具。（席勒）

（3）根据会场气氛即兴添加。

有时，已准备了一段开头的话，但会场上临时发生了一些意外的情况，那么不妨大胆地即景即情，拟一段即兴的开头。这样，讲话就与现场气氛紧密联系在了一起，能引起听众强烈的共鸣。

2. 引发听众注意

如何使听众从一开始说话就立即“全心交付”，是所有演讲者关心的问题。只要善于运用下面这些方法，就可使开场白吸引人。

（1）以故事开头。

要想让一般的听众长时间忍受抽象的叙述，是非常困难的。但是，许多演讲者总是觉得，他们必须先发表一些一般性的声明。事实上并非必须如此。可以一开始讲述一个故事，引起听众的兴趣，然后再说出自己的评论。

著名的演讲家罗威尔·陶玛士在演讲《阿拉伯的劳伦斯》时，他这样开始：

一天，我在街上走着，忽然遇到了一位身着华丽东方君主袍服的男子，他身上侧挂着一把黄金弯刀……

他便这样开始——以自身的经历故事启程，这便是吸引听众注意力之处。这样的开场方式多半是成功的。我们想知道将会发生什么事情。因为叙述的是自己的经历，是自己部分生命的再现，演讲者自信闲适的神态能帮助自己与听众建立良好的关系。我们也可以用一个自己没有经历过的故事开始，但此时，必须熟悉这个故事，注意保持完整的情节，叙述时要生动形象。

（2）制造悬念。

下面是鲍威尔·希利在费城宾州运动俱乐部开始演讲的方法：

在 140 年前，伦敦出版了一本被公认为不朽的小说杰作，很多人都称其为“全球最伟大的一本小说”。当小说出版之初，市民们在街头巷尾遇到朋友，都要彼此相问：“你读过这本书吗？”答案总是一成不变的：“是的，上帝保佑，我读过了。”

它出版的第一天，便销售了 1 000 本，两星期之内销售了 15 000 本。自那时开始，它无数次再版，并且被翻译成各国文字。数年前，银行家摩根以连城的价值买到了这本书的原稿，它现在正与许多无价珍宝安憩于纽约市的美术馆里。

当听到这里，你感兴趣了吗？你是否急于知道更多？你是否觉得这段开场白已经抓住了你的注意力，而且随着情节的发展又进一步提高了你的兴趣？为什么它能吸引你呢？因为它激起了你的好奇。就在听众急切要知道时，鲍威尔才点破谜底。

“这一部世界名著是什么呢？它就是狄更斯19世纪40年代写的《圣诞欢歌》。”

好奇是人的天性。对于一些超出自己想象的事物，人都有特别强烈的求知欲。因此，我们从一开始就要引起听众的好奇心，使他们产生兴趣并注意论题发展。

（3）陈述惊人的事实。

使用一些惊人的或者令听众震惊的消息是获得注意的一种好办法。在对华盛顿特区国际委员会和大学俱乐部的题为“恐怖主义：说出它的核心根源”的演讲中，孟加拉国大使塔立其卡里姆把“9·11”恐怖袭击置于不人道的、令人震惊的感觉中：

9·11——一个特定的时刻，确定了一种全球议程。恐怖分子在9月11日攻击了世界贸易中心的双塔和五角大楼，这不仅是对美国和美国人民的袭击，也是对整个世界的攻击。因为，除美国外的许多国家的无辜公民也在这些伤亡者中……实际上，这是一次对人性的攻击。攻击的结果使我们蒙羞，因为无辜者的生活遭受巨大打击。

把惊人的事实放在演讲开始，能震撼听众的心灵，与他们建立共情。在陈述惊人的事实时，可以采用倒叙的方法，即先把事情结果讲出来，然后再叙述事情的经过，这样最容易引起听众的好奇。

（4）向听众提问。

在开头向听众提几个问题，让听众帮助共同思考，可以立即引导听众进入共同的思维空间。提出的问题既可以是需要听众立即回答的，也可以是不用回答，仅仅是吸引他们的注意的。至于选择哪种形式的问题，则要根据演讲主题的需要而定。例如，在谈《如何避免疲劳》时，可以用前一个问题开头：

让我们来举手瞧瞧，各位当中有多少人，在觉得自己该疲倦前就早早地疲倦了。

但一定要记住：邀请听众回答时，应先给他们一点提示，告诉他们要这么做。不要劈头就说：“这里有多少人相信所得税应该降低？举手让我们瞧瞧。”而应该这样说：“我要请各位举手回答一个对各位而言十分重要的问题。问题是这样的：‘各位有多少人相信赠券对消费者有好处？’”

最后记住：无论提什么样的问题，在提出后要把自己的意见讲出来。

（5）使用展示物。

吸引听众注意力的最简单的办法莫过于高高举起某种东西，让人们看看它。使用展示物时，人们都会情不自禁地去注意这种刺激性的举动。例如，费城的艾利斯先生在一次演讲时，一开始就用拇指和食指捏住一枚硬币，高高举起。很自然，在场的每个人都望着他的举动。这时，他问道：“有没有人在人行道上捡到像这样的一枚硬币？它上面说，捡到这种硬币的幸运者，将可在这样、那样的房地产开发上获得许多减免优待。他只要把这枚硬币交给主办的公司即可……”艾利斯接着开始谴责这种错误及不道德的行为。

演讲时可以利用的展示物有许多。但有一点必须注意：展示物必须与所谈的主题有密切关系。如果在谈论种族歧视的时候拿着一个普通杯子则会让人觉得迷惑，听众或许会以为演讲者是打算喝点水润润嗓子。

（二）演讲的姿势

演讲时要让身体放松，也就是说不要过度紧张。过度紧张不但会表现出笨拙僵硬的姿势，而且对于舌头的动作也会造成不良的影响。

诀窍之一是张开双脚与肩同宽，挺稳整个身躯。另一个诀窍是想办法扩散并减轻施加在身体上的紧张情绪。例如将一只手稍微插入口袋中，或者手触桌边或者手握麦克风等。

（三）演讲时的视线

在大众面前说话，亦即表示必须忍受众人的注视。当然，并非每位听众都会对你报以善意的眼光。尽管如此，你还是不能漠视听众的眼光，避开听众的视线来说话。尤其当你走到麦克风旁边站立在大众面前的那一瞬间，来自听众的视线有时甚至会让你觉得刺痛。

克服这股视线压力的秘诀，就是一边演讲，一边从听众当中找寻对自己投以善意和温柔目光的人，并且无视于那些冷淡的目光。此外，把自己的视线投向强烈“点头”以示首肯的人，对增加信心来说也有效果。

（四）演讲时的脸部表情

演讲时的脸部表情无论好坏都会带给听众极其深刻的印象。紧张、疲劳、喜悦、焦虑等情绪无不清楚地表露在脸上，这是很难借由本人的意志来加以控制的。演讲的内容即使再精彩，如果总觉缺乏自信，老是畏畏缩缩，演讲就很容易变得缺乏说服力。

控制脸部的方法，首先是不可垂头。人一旦“垂头”就会给人“丧气”之感，让听众觉得你很不自信。而且若视线不能与听众接触，就难以吸引听众的注意。还有一个方法是“缓慢说话”。说话速度一旦缓慢，情绪即可稳定，脸部表情也得以放松，再者全身上下也能够泰然自若。

（五）声音和腔调

声音和腔调乃是与生俱来的，不可能一朝一夕就能改善。不过音质与措辞对于整个演讲有很大影响。有研究报告指出，声音低沉的男性比声音高亢的男性，其信赖度更高。因为声音低沉会让人有种威严沉着的感觉。但是一般不能马上就改变自己的声音。总之，重要的是将自己的声音清楚地传达给听众。即使是音质不好，如果能够秉持自己的主张与信念，依旧可以吸引听众的热切关注。

说话的速度也是演讲的要素。为了营造沉着的气氛，放缓说话速度则很关键。标准大致为 5 分钟读完 3 张满版的 A4 纸原稿。不过，要注意的是，倘若从头至尾一直以相同的速度来演讲，也会让听众觉得无趣，甚至打瞌睡。

三、辩论技巧

历史上的经典辩论

（一）辩论认知

1. 辩论的概念

辩论也叫论辩，是指参与谈话的双方就同一问题，站在对立的立场上进行针锋相对的争论。

2. 辩论的特点

（1）辩论参与者的双向性。

辩论要求参与的人员必须是两方以上，如果只有一方参加，则不能叫辩论。

（2）辩论观点的对立性。

辩论要求参加辩论的各方观点有明确的分歧甚至对立。如果双方的论点是一致的，那也就没有辩论的必要了。

（3）辩论过程的严密性。

辩者要让对方接受自己的观点，还要反驳对方的观点，就必须做到有论有辩。在辩论过程中，每一方都必须尽量使自己的观点正确，论据有力，推理严密，否则，就会被对方抓住漏洞，导致失败。

（4）辩论方式的灵活性。

辩论是语言的交锋，由于各方既要陈述自己的观点，巩固自己的阵地，又要洞悉对方的策略，转瞬之间做出判断，所以，辩者既要有敏捷的思维，也要有随机应变的口头表达能力。同时，在表达方式上也要灵活多变，不拘一格。

（二）辩方技巧

1. 界定辩题

辩论的题目一般都是有争议的值得一辩的内容，立论的一方首先要对辩题进行界定，使之对自己的立论有利，否则双方不会有交锋，或会随对方的思路陷入歧途。

界定辩题，首先，要明确辩题中的关键词；其次，对这些关键词的内涵和外延进行确定，指出它的意义和范围；最后，将辩题的所有概念联系起来，具体说明这个辩题的意义和在当前情况下所涉及的范围。

例如，《外来文化对民族文化的发展利大于弊》这个辩题，正方一辩开篇先明确了 3 个概念：文化、民族文化、外来文化，并把辩题限定在“只要外来文化对民族文化发展起到积极推动作用就是利大于弊”。而反方一辩开篇也对文化、民族文化、外来文化做了限定，但将外来文化分为“拿来的”和“送来的”，强调外来文化中的糟粕对我们文化的影响，得出“弊大于利”的结论。由于辩论观点不同，正反双方各取所需，限定的内容就有所不同。界定辩题，实际上是立论的出发点和根本点。

2. 攻击矛盾

攻击矛盾就是抓住对方自相矛盾的地方加以揭露，“以子之矛，攻子之盾”，从而暴露对方论辩的荒谬。

形式逻辑的不矛盾规律要求，对同一事物对象不能做出不同的断定，如果做出了不同的断定，其中必有一个是假的。

如在“长虹杯”全国电视辩论会关于“大学毕业生择业的首要标准在于发挥个人专长”的辩论中，有这么一段辩词：

反二：先指出对方二辩一个小小的错误，我方一辩的首要标准是到祖国最需要的地方去。没有地基的房子没法住，这是一个再简单不过的常识了，可是今天对方辩友不首先向大家论证为什么全体大学毕业生要有统一的择业首要标准，却舍本逐末，大谈特谈所谓首要标准在于什么。难道你们现在还没有发现，你们向大家描述的只是一座没有基础的空中楼阁吗?我方认为，对于全体大学生来说，根本不存在统一的择业首要标准……

正方：对方二辩刚一开始就说，首要标准是到祖国最艰苦的地方去，但是马上又改口说，大学生没有统一的首要标准，不知道是不是叫做自相矛盾。

反方为了驳倒正方，不经意间对同一事物先后做出了不同的判定，开始说大学生择业要有首要标准，这个标准就是祖国的需要，可后来又说没有首要标准，这样便出现了自相矛盾。正方敏锐地发现了其中的矛盾，并将它及时揭露出来，其攻击力量无疑是巨大的。

3. 避实就虚

双方在辩论中会各有虚实，避开对方正面的优势部分，抓住其薄弱之处展开攻击，能够起到回避正面问题、摆脱纠缠的作用。

如王光英去香港创办光大实业公司，一下飞机被记者追问："你带了多少钱来?"王光英很为难，说吧，事关经济秘密，不说吧，又难以圆场。王光英见记者是女的，就笑着说："对小姐不能问岁数，对男士不能问钱数，小姐你说对吗?"

这种方法在正面进攻处于劣势或难以奏效时使用，可以使自己摆脱困境。

4. 针锋相对

辩论中很重要的一个方法就是针锋相对，将对方提出的问题，毫不留情地揭穿出来，逐条加以驳斥。

针锋相对要求突出针对性。针对性越准，战斗力就越强。

看英国首相丘吉尔是如何运用针锋相对策略的。有一次，英国保守党议员乔因森希克斯在议会上演说，看见丘吉尔在摇头表示不同意，便忍不住说："我想提请尊敬的议员注意，我只是在发表我自己的意见!"丘吉尔答道："我也想提请演讲者注意，我只是在摇我自己的头。"

既然一方有发表自己观点的自由，另一方当然也有不同意的自由，丘吉尔将针锋相对的力量寓于幽默之中，效果十分显著。

5. 釜底抽薪

错误的观点往往是由虚假的论据支持的。釜底抽薪是指揭露对方论据的虚假，从而驳倒其论题。

例如，在首届国际华语大专辩论会的半决赛上，有这样一段辩论：

正方：所以我倒要告诉对方，1987 年中国预防医学科学院副院长就告诉我们，他们的研究人员已经分离出一种艾滋病病毒，已经开展艾滋病病源和分子生物学研究，已经得出了研究的结果，而且是有效的。

反方：著名的中国艾滋病研究专家康来仪先生就说，刚才那个所谓研究结果到现在还无法加以证明。

反方引用权威的话，证明这项研究成果尚无法得到证明，从而揭露了对方论据的虚假性，使对方观点不攻自破。

6. 顺水推舟

顺水推舟，指在交谈中，顺应对方的话茬自然而然顺接着说下去，让其向着有利于自己的目标发展，最后使对方心悦诚服。

李鸿章有个远房亲戚，胸无点墨却热衷科举，考场上打开试卷，竟有一半字不认识，急得如热锅上的蚂蚁。眼看交卷时间就要到了，该人灵机一动，在试卷上写道："我乃李鸿章中堂大人的亲妻（戚）。"考官批阅这份考卷时，不禁拈须微笑，提笔在卷上批道："所以本官不敢娶（取）你。"

7. 请君入瓮

在辩论中，发现对方提出根本无理的问题时，可模拟同样无理的问题，作为许诺解答的前提，只要对方能解答，自己一定能解答，这种口语技巧称为“请君入瓮”。

传说，云南当地有一位聪明伶俐的姑娘，有人想了一个点子，准备难倒巧嘴姑娘。他把姑娘叫来，还让人牵来一匹马，自己骑在马上，一脚踩着马镫，身子向上挺，问巧嘴姑娘：“你说我是上马，还是下马?”

这意思很清楚：如果说他是上马，他就下马；如果说他是下马，他就上马。无论说他上马还是下马，都不对。

巧嘴姑娘缓步走到门边，伸出一脚踩在门上，另一脚踩在门外，反问他：“你说我是进门，还是出门？你先回答我的问题，我就能回答你的问题。”这人一听巧嘴姑娘的问话，顿时像泄了气的皮球，只好悻悻离去。

这里巧嘴姑娘就是用了“请君入瓮”法。

8. 借题发挥

经验丰富的辩论家总是不放过任何机会宣传自己的观点，并注意扩大其影响。比如，对方提出论题，如未阐述、证明，或论证不合理，我们可接过这一论题趁机加以发挥，不仅变被动为主动，而且还能收到意想不到的效果，这就是借题发挥法。

清朝嘉庆年间，洛阳才子孟习欧，因事至一裁缝处。裁缝见孟衣着平平，故应酬冷淡。孟见其事忙，告以稍后再来，即外出散步。少间，孟散步回来，裁缝一反前态，非常敬重。原来，有人告诉裁缝：“他就是大名鼎鼎的孟习欧。”裁缝说：“听说先生诗作得好，请赐大作。”孟略一沉思，即说道：“裁缝离不开针，我就以针为题：一条钢针明粼粼，拿在手中抖精神。眼睛长在屁股上，只认衣裳不认人。”

孟习欧面对裁缝的势利心理，巧借裁缝的常用工具——针为题，对势利之人进行了尖锐的讽刺。

9. 巧设陷阱

巧设陷阱就是引诱法，诱导对方陷入自相矛盾，使其走入自我否定的混乱逻辑内。

有一次，华盛顿家里丢了一匹马，他获悉是一位邻居偷走了，便同一位警官到邻居家去讨索。但邻居拒绝归还，并声称那是他自家的马。华盛顿灵机一动，走上前去，用双手蒙住马的两眼，对邻居说：“如果这匹马是你的，请告诉我，马的哪只眼睛是瞎的？”“右眼。”邻居答道。华盛顿放开右手，马的右眼并不瞎。“我说错了，马的左眼才是瞎的。”邻居急忙争辩说。华盛顿放开左手，马的左眼也不瞎。警官说：“这样，已经证明马不是你的，必须把马还给这位先生。”

引诱法的巧妙之处在于，它往往使对方在不知不觉中落进陷阱，自己批驳自己，等发现时已为时晚矣，因而只得低头认错。

10. 先发制人

中国有句古话：先下手为强。在生与死的搏斗中，没有什么客套可讲。趁敌人不加防备或还未做好充分准备的时候，先下手者必得先机之利。所以，兵家月兵强调先发制人。

军事上强调“先发制人用其阳”。所谓“阳”，就是指军队的锐气。兵先发则锐气盛。先发制人强调首次打击的作用，速战速决。倘若旷日持久，兵钝锐挫，这就标志着先发制人的主动权即将丧失。

（三）辩驳技巧

成功的辩论不在于使对方哑口无言，而在于坚持真理，晓以对方，使其心悦诚服。这就需要我们掌握辩证的分析方法，摆事实，讲道理，比逻辑，学会必要的辩驳技巧。总体来说，辩驳的途径无非两种：一是证明；二是反驳。引用已知的真实判断去证明另一判断的虚假性就叫反驳。无论是证明还是反驳，欲达目的，必先了解“敌情”，才能使辩论因势得体。所以，辩驳的首要技巧是察言观色，洞悉对方的心灵。

1. 察言观色，捕捉信息

言者，对方的言谈；色者，对方的举止神情。心有所思，口有所言，通过语言这个窗口可以窥测人的内心世界；举止神情，往往是下意识地自然流露，通过它有时可以捕捉到比语言表露更真实微妙的东西。在辩论中，善于从这两个窗口来洞悉对方思想活动的脉搏，能增加成功的概率。例如，从言谈的微妙处来观察对方的性格特征和内心活动：偏激的言辞，大抵是对方受某种观点蒙蔽，一时难以转弯；用夸大失真之词来维护主张，表明他受这种思想的强烈支配；说话不集中，东一榔头，西一棒子，显然此人没有前后一致的坚定主张；作伪的人，言语转移不定，虚浮不实；论证站不住脚的，开口一定不能理直气壮……说到举止神情，每个人都有最能反映他的思想活动的典型动作和典型部位，又称“语言定位点”。普遍性的语言定位点易于捕捉，如：愤怒时，横眉立目；紧张时，双手揉搓；思索时，指节轻扣桌面；不安时，眼珠左右躲闪；等等。

我们要特别注意捕捉每个人的性格类型结合的特殊的语言定位点。捕捉到这样的特殊语言定位点，对于辩论制胜，大有裨益。每一个辩者，既然要察言观色，注意对方的举止神情，就必然会注意掩饰，控制举止神情。但再高明的掩饰控制，也不可能滴水不漏。作为观察的一方，则要善于抓住对方微小变化中传递的信息，可以“投石问路”，也可以“施放诱饵”，敏锐地抓住对方细微变化的“决定性瞬间”，发现破绽。

2. 选择适当的辩论方式

由于每个人的性格、修养等方面的差异，对某些人适用的辩论方式，对其他性格、修养的人并不一定适用。每个辩者要善于扬长避短，有的放矢，采用最合适的方式来进行辩论。我国春秋后期雄辩家邓析在两千年前就提出了“别殊类”的主张，要求根据具体对象因人而异进行辩论，至今仍有借鉴的意义。他说：“与智者言，依于博；与博者言，依于辩；与辩者言，依于要；与贵者言，依于势；与富者言，依于豪；与贫者言，依于利；与勇者言，依于敢；与愚者言，依于说。”也就是说，与足智聪敏的人辩论，要以知识性话题投其所好，显示自己的博学多才；对于博学者，需要发挥自己能言善辩的才能；对于善变者，需要记住把握话题中心，不能让对方转移话题；对于有地位的人，需注意对方权威分析；对富有的人，可豪放不羁、慷慨洒脱；对贫困的人，话题可涉及实际利益；对于勇敢的人，要显示自己的果断与干脆；对于理解能力稍弱的人，则可以慢慢把问题解释清楚，不必急于求成。

3. 反驳技巧

在辩论过程中，逻辑手段必不可少，亚里士多德把逻辑作为使人折服的 3 大手段之一。每个符合逻辑的推理都是由论题、论据和论证 3 个方面组成的，因此在正面反驳对方的错误观点时，可以针对不同的情况，从这 3 个方面抓住要害进行反驳，即反驳论题、反驳论据和反驳论证过程。

（1）反驳论题。

反驳论题即证明对方的论题是错误的。

李斯写给秦始皇（当时是秦王）的《谏逐客书》，就是一篇反驳论题的名著。当时秦国的宗室大臣策划排挤在秦国的外籍官员，声称要“逐一切客”，李斯本人也上了黑名单。李斯于是上书秦王，信一开头就开门见山地说：“臣闻吏议逐客，窃以为过矣。”这就是在反驳对方的论题。李斯从多方面论证了自己的看法，指出逐客不仅不合理，还会给秦国带来巨大损失，因为逐客等于资敌，等于派许多仇人到别国去反对秦国。秦始皇读了信，终于“除逐客之令，复李斯官”。

（2）反驳论据。

反驳论据就是证明对方的论据是虚假的，指出对方所提出的理由是站不住脚的。只要证明了这一点，对方的论题便失去了依据。

值得注意的是，驳倒了对方的论据，并不一定就能证明论题必然错误。驳倒了论据后，还必须有新论据驳倒对方的论题。

（3）反驳论证过程。

反驳对方的论证方式或论证过程，就是指出对方的论据和论题之间没有正确的逻辑关系，论据推不出论题来。

20 世纪 30 年代一英商蓄意敲诈，向华人开办的茂隆皮箱行定购了皮箱 3 000 只，然后借口交货的皮箱口有木料，不能算皮箱，提出诉讼索赔。当时一位华人律师罗文锦出庭为茂隆辩护，在法庭上他从怀中取出一块金表高声问道：“法官先生，请问这是什么表？”法官回答：“这是英国伦敦出品的金表，可是这与本案有什么关系呢？”罗文锦说：“有关系。这是金表，无人怀疑。但是请问这块金表除表壳镀金以外，内部机件全是金制的吗？”旁听者叫道：“当然不是。”罗文锦于是说：“由此可见，茂隆行的皮箱案不过是原告无理取闹、存心敲诈而已。”罗文锦以金表与皮箱的类比推理，驳斥了英商的论证方式，获得胜诉。

在辩论中，重点反驳什么，要看实际情况和需要而定。在比较复杂的辩论中，常常要把 3 种方式结合起来，才能驳深驳透。特别需要指出的是，揭露对方论证过程中的各种逻辑错误，是很重要的一环。

最后，请大家欣赏一段精彩的批驳辩词：

这是首届国际大专辩论会决赛关于“人性本善”辩论中反方三辩的一段辩词：

对方一辩说，有的人是“放下屠刀、立地成佛”的，这不错，但我请问，如果人都是本善的话，谁会拿起屠刀呢？第二，对方二辩说，人一教一学就会善，那我们看到好多人他们做恶事的时候，是不要教、不要学，就会去做的。我们再看到，对方辩友认为恶都是外因，但我请问，如果鸡蛋没有缝的话，苍蝇会去叮它吗？所以它是有内因起作用的。

这段辩词体现出一种高超的批驳艺术：第一个批驳借对方引用的一句俗语，借力发力，采用因果论证法，顺势点明“人性本善”的不可信；第二个批驳，以反面事例论证了对方“人一教一学就能够善”这一论据的不可靠；然而贯穿正方整个辩论，支撑正方观点的核心论据是：恶都是外因，所以第三个批驳便针对这一核心论据，又一次采用因果论证法，用一个形象的比喻，指出恶不是外因，而是内因。这里从哲学高度，从根本上动摇了敌论。3 个批驳，层层深入，环环相扣，具有无与伦比的攻击力量。

【案例 2.1】

足球场上的辩论

甲：看样子 SH 队今天来者不善，一开始就拼命攻，GA 队有点悬。

乙：我看 GA 队能赢，没听说“GA 不败”那句话吗？忘了 1997 年 GA 大胜 SH 队的场面了吧？

甲：那可是老皇历了，你看 GA 今年都是些什么人，全是毛头小伙儿，一个有名气的都没有。

乙：年轻怎么了？初生牛犊不怕虎呀！

甲：足球场上看中的可是经验，要不然，各俱乐部花那么大价钱买那些 30 好儿的外援干什么？

乙：一说起外援我就来气，中国人把那么多钱花在外援身上，造成国内球员水平上不去。冲出亚洲又不靠外援，有本事把外援全换掉，本土球员真刀真枪地干。

甲：你这种观点就不对了，如果光靠中国自己关上门练是冲不出亚洲的。外援不仅能提高本土球员的水平，还可提高球赛的观赏性。依我说不仅要请外籍球员，还要请外籍教练，你没看见现在国家队的主教练都是英国人，不服不行。

乙：我就是不服，你看请外籍教练的球队有几个拿冠军的，DL 队当了几年的冠军，从没请外籍教练，GA 队没请过外籍教练，成绩也不错。

……

简评：

甲乙两人对话体现了日常辩论的特点。首先两人的辩论事先并没有准备和约定好，而是在足球场上临时发生的；其次两人的争辩运用了口头语言，通俗自然，有很强的即兴性；最后两人的争辩没有固定的辩题，先是争论球队的输赢，后又转到对外援引进的看法上，而且他们的争辩是各自陈述自己的观点，各说各的理，并不要求分出胜负来。

恭喜你！完成任务分析与准备，明确了演讲与辩论的相关知识，掌握了相关技巧。接下来，你将进行任务操作。

【任务操作】

一、五分钟即兴演讲

（1）演讲的话题如下：

成语和谚语类：捷足者先登；千里之堤，溃于蚁穴；不鸣则已，一鸣惊人；天无绝人之路；每天吃苹果，疾病躲着走。

颜色类：红、蓝、黄、粉红、绿。

难忘的一次宴会：生日晚宴、年夜饭、野餐；你想吃的菜、你吃过的菜、你喜欢烧的菜、川菜、粤菜、北京菜、家常菜；在饭店里吃的一顿饭。

中国城市类：西安、北京、成都、上海、昆明、广州。

学校生活类：上学的第一天、毕业那一天、最喜爱的一门课、最喜欢的老师、最倒霉的一天、最快乐的一天。

（2）教师将一些写有各种即兴演讲的话题（可以是任意内容，如足球、可乐、网络、WTO等）的纸条放在一个信封内面向学生。

（3）先请一个“参赛”选手打开信封，然后准备5分钟。5分钟快结束时请第二个“参赛”选手打开信封准备。第一位“参赛”选手3分钟演讲结束后即轮到第三位“参赛”选手准备。依此类推，直到最后一位“参赛”选手。演讲者一定要注意条理，也就是说，要有开头、正文和结论。

二、营销辩论赛

（一）选题

选题一：

正方：渠道开拓比渠道维护更重要；

反方：渠道维护比渠道开拓更重要。

选题二：

正方：高端产品比大众产品容易销售；

反方：大众产品比高端产品容易销售。

（二）辩论流程

正方一辩立论，时间为3分钟；

反方一辩立论，时间为3分钟；

正方二辩攻辩，时间为2分钟；

反方二辩攻辩，时间为2分钟；

正方三辩攻辩，时间为2分钟；

反方三辩攻辩，时间为2分钟；

自由辩论，时间为12分钟；

反方四辩总结陈词，时间为2分钟；

正方四辩总结陈词，时间为2分钟。

注：全场总计用时30分钟左右。

（三）比赛要求

（1）陈词阶段：

观点清晰，论据翔实，语言丰富，深入浅出；

结合企业案例等实际情况，充分发挥摆事实、讲道理的优势。

（2）自由辩论：

每个队员回答力求简洁明了，切忌答非所问或不知所云。

（3）总结陈词：

应针对现场辩论整体态势进行总结，提倡即兴陈词。

检查评价

【团队评分】

表 2.2 团队评分表

团队评分（100 分）			
	评分要点	正方	反方
开篇立论（10 分）	1. 开篇立论逻辑清晰，言简意赅，论点明晰，分析透彻； 2. 论据内容丰富，引用资料充分恰当、准确； 3. 分析的角度、层次具有说服力和逻辑性； 4. 语言表达流畅、有文采		
攻辩（30 分）	1. 表达清晰、论证合理而有力； 2. 回答问题精准、处理问题有技巧（攻、守、避合理）； 3. 推理过程合乎逻辑，事实引用得当		
自由辩论（25 分）	1. 攻防转换有序，把握论辩主动权； 2. 针对对方的论点、论据进行有力反驳； 3. 语言表达清晰流畅，事实引用得当		
总结陈词（15 分）	1. 全面总结本方的立场、论证，系统反驳对方的进攻，为本方辩护； 2. 语言表达具有说服力和逻辑性		
观众提问（10 分）	辩驳有理有据有力，说服力强，紧密贴合本方观点		
团队配合及临场反应（10 分）	辩论队整体形象；辩风、整体配合、语言运用、临场反应（语言、风度、举止、表情）；有团队精神，相互支持；论辩衔接流畅；反应敏捷，应对能力强；问答形成一个有机整体		
团体总分			

【个人评分】

表 2.3 个人评分表（辩论）

个人评分表（100 分）									
	评分标准	正方				反方			
		一辩	二辩	三辩	四辩	一辩	二辩	三辩	四辩
语言表达（20 分）	1. 普通话标准、语速适中； 2. 口头、肢体语言和谐； 3. 修辞得当、表达合理； 4. 表达流畅、说理透彻								
逻辑推理（20 分）	1. 逻辑推理过程清晰； 2. 论证结果合理、有力								

续表

个人评分表（100分）									
	评分标准	正方				反方			
		一辩	二辩	三辩	四辩	一辩	二辩	三辩	四辩
辩驳能力（20分）	1. 提问简明扼要，设问针对性强； 2. 回答问题精准、处理问题有技巧； 3. 反驳有理有据、引用实例恰当； 4. 引用实例恰当								
临场反应（15分）	1. 反应敏捷，用语得体； 2. 技巧多元得当								
整体意识（15分）	1. 分工合理、协调一致； 2. 衔接有序、互为攻守； 3. 自由辩论思路清晰，气氛调节有度								
综合印象（10分）	1. 仪态、着装合理； 2. 有台风与辩风，有风度及幽默感； 3. 尊重对方辩友、评委和观众								
个人总分									

表 2.4　个人评分表（演讲）

评分标准	得分	总分
紧扣主题，主题深刻富有感召力，内容充实，富有真情实感（10分）		
立意新颖、结构合理、逻辑严密、层次清晰（10分）		
引用实事说话，事例真实感人，具有教育意义（10分）		
脱稿演讲（10分）		
普通话标准，吐词清晰（10分）		
语言表达生动形象、语气流畅、表情自然、手势舒展、声情并茂、激情昂扬，能灵活运用语速、语调、手势等演讲技巧（20分）		
着装整洁，仪表大方（10分）		
台风稳健、精神饱满、态度亲切、举止得体（10分）		
总体印象（10分）		

任务二　人际沟通能力训练

任务描述

根据人才市场对营销岗位的需求状况，其企业需要招聘营销相关岗位人员数名，请根据人才招聘需求，做好营销岗位面试的自我介绍和无领导面试讨论沟通准备。

【任务要求】

人际沟通能力训练要求：① 分析营销岗位的任职要求；② 准备自我介绍词；③ 自我介绍演练；④ 无领导面试沟通训练；⑤ 模拟面试（重点考核自我介绍和团队沟通）。操作过程按照人际沟通的要点展开，注意得体、恰当、适用。

【学习目标】

知识目标：

（1）了解沟通的基本含义和沟通中的非语言沟通知识。

（2）掌握自我沟通和团队沟通的相关知识。

能力目标：

（1）能够根据不同的场景和场合运用不同的开场白进行自我介绍。

（2）能够恰当运用团队沟通知识展开团队讨论。

素养目标：

（1）通过集中的强化学习和训练，学会建立人本服务的工作与关系，建立良好人际关系。

（2）认识团队的内涵，掌握处理团队沟通的技巧，学会处理团队冲突。

【实施路径】

图 2.2　人际沟通能力训练实施路径

【任务分组】

3～5 人一组（根据项目一的分组），各团队成员在各自准备好自我介绍词的基础上开展人际沟通训练。

任务实施

【任务分析】

营销职业面试中的自我介绍和面试沟通是考核的重要环节，它主要考核应试者的语言表达、自我认知、能力与岗位的匹配程度、沟通等方面的能力。本任务通过模拟真实场景面试的过程，提升学生的沟通能力，为毕业面试做好充分的准备。

【知识准备】

一、沟通的内涵

对于什么是沟通，众说纷纭，莫衷一是（见图 2.3）。据统计，有关沟通的定义达 150 多种。

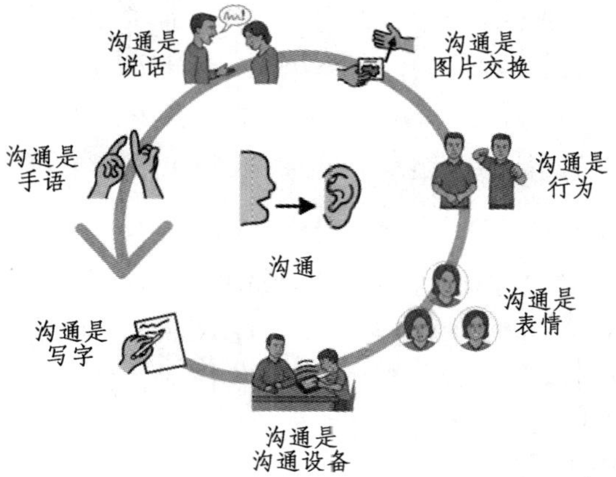

图 2.3　沟通的含义

沟通是用任何方法，彼此交换信息，即指一个人与另一个人之间用视觉、符号、电话、电报、收音机、电视或其他工具为媒介，交换信息。（《大英百科全书》）

沟通是文字、文句或消息之交流，思想或意见之交换。（《韦氏大词典》）

沟通是什么人说什么，由什么路线传至什么人，达到什么结果。（拉氏韦尔）

从一般意义上讲，沟通就是发送者凭借一定渠道（又称媒介或通道）将信息发送给既定对象（接受者），并寻求反馈以达到相互理解的过程（见图 2.4）。它包含以下几层意思：

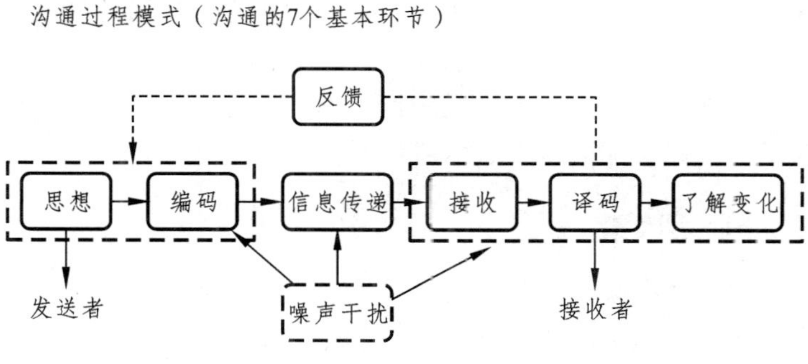

图 2.4　沟通过程模式

（一）沟通首先是信息的传递

沟通包含着信息传递，如果信息没有传递到既定对象，那么也就没有发生沟通。

沟通的信息包罗万象。在沟通过程中，我们不仅要传递信息，而且还要表达赞赏或不快之情，提出自己的意见和观点。因而沟通的信息就可分为：

1. 语言信息

语言信息是建立在语言文字基础上的，包括口头语言信息和书面语言信息，两者所表达的都是一种事实或个人态度。口头信息沟通是沟通形式中最直接的方式，它的优点是快速传递和即时反馈。书面语言信息则具有有形展示、长期保存、可作法律依据等优势，在表达上书面语言比口头语言更周密，逻辑性更强，且条理清楚，还有利于信息的复制和大面积传播。

2. 非语言信息

非语言信息是指通过某些媒介而非讲话或文字来传递信息，包括副语言信息和身体语言信息等。语言在沟通中只起到了方向性或规定性作用，而非语言信息才准确地反映出话语的真正思想和感情。同样一句话，不同的语速、语调，声音的高低，面部表情和体态动作，可反映出不同的思想和感情。非语言信息在沟通中可以起到支持、修饰或否定语言信息的作用，有时可以直接代替语言信息，甚至表达出语言难以表达的情感内容。

（二）沟通中信息不仅要被传递到，还要被理解

沟通过程中，发送者首先要把传送的信息“编码”成符号，接受者则进行相反的“解码过程”。如果信息接收者对信息类型的理解与发送者不一致，则会导致沟通障碍和信息失真。

一个不懂中文的人阅读《红楼梦》，就无法真正沟通。如果存在完美沟通的话，那么信息经过传递后，接受者所感知到的应与发送者发出的完全一致。

（三）有效的沟通并不是沟通双方达成一致意见，而是准确地理解信息的含义

许多人认为，有效沟通就是使别人接受自己的观点，与自己达成一致的看法。其实，这种观点存在着认识上的误区。在沟通中你可以明确地理解对方所说的意思，但不一定同意对方的看法。如：在一起车祸赔偿谈判中，受伤害一方要求责任方赔偿车辆损失、住院费、手术费、误工费等共计 20 余万元。责任方理解了对方提出的条件，但不完全接受。虽然双方没有达成一致，但责任方已理解了对方所表达的意思，这就是有效的沟通。

（四）沟通是一个双向、互动的反馈和理解过程

我们每天都在进行沟通，但这并不表明我们是一个成功的沟通者。沟通不是一个纯粹单向的个体行为，而是一个双向、互动的活动。例如，你已经告诉对方你要表达的信息，但这并不意味着对方已经与你沟通了。因为沟通的目的不是行为本身，而在于结果。如果对方并未对你发出的信息做出反馈，那么就没有达成沟通。

二、沟通中的非语言因素

值得注意的是，并不是在我们想要沟通的时候，才会有沟通。沟通既可以以明显的言语表达，还可以体现在人潜意识下的非语言方式中。

非语言沟通，是指通过某些媒介而不是讲话或文字来传递信息。一个人的衣着打扮，谈话时的举止无不向别人传递某种信息。非语言沟通的内涵十分丰富，包括身体语言沟通、副

语言沟通等多种形式。有关资料显示，在面对面的沟通过程中，来自语言文字的社交意义不会超过 35%，而 65%是以非语言方式传达的。

（一）副语言

心理学家称非语言声音为副语言。最新的心理学研究结果表明，副语言在沟通过程中起着非常重要的作用，一句话的含义往往不仅取决于其字面的意义，还取决于它的弦外之音。

副语言分为口语中的副语言和书面语中的副语言。

口语中的副语言是通过非语言的声音（说话的速度、音质、音量、节拍、停顿及清晰度等），如重音、声调的变化、哭、笑、停顿来实现的。语音表达方式的变化，尤其是语调的变化，可以使字面相同的一句话具有完全不同的含义。

如：一个“不”字，可以根据不同的目的，表达出多种否定的意思和态度。

一般地否定：“不，还是让我们去吧！”

坚决地否定：“不，我一定要去！”

严厉地否定：“不！你给我回来！”

谦虚地否定：“不，这是我应该做的。”

要赖地否定：“不不，这盘不算输，再来一盘！”

愤怒地否定：“不！！我一定要揭发他！”

语调语速像不同的神态一样，可以表达不同的情感，使听者有不同的感受。音调明朗清脆，可以使人高兴；高亢激昂，可以使人振奋；徐缓低沉，可以使人焦虑；温柔和蔼，可以使人欣慰；火爆急促，可以使人紧张；干涩冷漠，可以使人厌倦……

书面语中的副语言是通过字体变换、标点符号的特殊运用以及印刷艺术的运用来实现的。例如，某几个字加着重号或用黑体字强调：

《创新的策略》是一本畅销的书！《**创新的策略**》是一本畅销的书。

（二）身体语言

在沟通过程中，人们无不处于特定的情绪状态中。这种情绪状态，除了可以用直接的表达或副语言告知对方外，还可以委婉地以身体语言表达。身体语言沟通是通过动态无声的目光、表情、手势等身体运动或静态无声的身体姿势、衣着打扮等形式来传递或表达沟通信息的。

人们可以通过面部表情、手部动作等身体姿势传达如攻击、恐惧、愤怒、愉快、傲慢等情绪或意图。面部表情的准则是：愉快时面部肌肉横伸，面孔显得较短；不愉快时，面部肌肉纵伸，面孔显得较长。面部表情集中于五官，尤其是眉毛。展眉表示欢欣，皱眉表示愁苦，扬眉表示得意，竖眉表示愤怒，低眉表示慈悲，弯眉则为欢乐。此外，鼻部、嘴部也能表达一定的情绪情感。

沟通者的服饰往往也扮演着信息发送员的角色。人们习惯上认为，穿黑色衣服严肃、庄重；穿红色衣服欢乐、吉祥。在正式的谈判中，如果有一方穿着随意，很容易被对方认为轻视、不尊重自己，容易导致谈判失败。

另外还应注意，非语言因素在东西方文化中的差异较大。如，在西方电影中，女演员要表现人物内心的快乐或遇到危险时的恐惧，会高声叫，她们甚至可以动不动就大喊大叫，而在东方电影中女演员很少这样表演。

（三）空间距离

距离和领域，即空间距离，也是一种非语言沟通形式。沟通双方所处位置的远近，会影响沟通效果。常见的沟通距离如下：

（1）亲密区（0 ~ 0.5 米）。与对方只有一臂之遥，适合进行较敏感的沟通。这种距离常在恋爱、角斗、互相抚慰或一方保护另一方时采用。

（2）私人区（0.5 ~ 1.25 米）。一般亲密朋友是在 0.5 ~ 0.8 米的距离带交往，而普通朋友则在 0.8 ~ 1.25 米的距离带。这种距离与人交往，既能体现友好而亲密的气氛，又使人感到这种友好是很有分寸的。

（3）社交区（1.25 ~ 3.5 米）。适用于一般商务及社交上的来往。彼此的关系不再是私人性质，而是一种公开性质。双方对这种交往本着公事公办的态度，说话自然而响亮，谈话内容不怕被别人知道。一般来说，这是较为正式的交往关系，如上下级之间、老师与学生之间、顾客与售货员之间、医生与病人之间等。

（4）公共区（3.5 ~ 7.5 米）。这种距离常用于正式的交往，如庆典或公开演讲等。这些交往常有一些很正式的规范控制。如果不是进行交往，处于这个公共区之外的其他个体对我们的个人空间已构不成联系，可以对其“视而不见”。

三、自我沟通

（一）自我沟通的含义

自我沟通指与自己发生的沟通，包括思想、思维、情感和看待自己的方式。

（1）自我沟通的关键在于自我知觉，包括自我概念、自我形象、自我尊重、自我暗示。

（2）自我沟通过程具有内隐性，也具有一定的可控性。

（3）自我沟通的根本是自我心理调节，它是有效沟通的基础。

俗话说“万事开头难”“好的开始是成功的一半”。唱戏讲究开场，只有精彩的开场，才能引起观众的兴趣。与人交谈也一样，开头的好坏，是决定一次交谈能否顺利进行、能否达到目的的关键因素。

（二）开场白：一鸣惊人

开场白的方式主要有以下几种：

1. 用故事作为开头

一般来说，可供使用的故事有两类：幽默的故事和一般的故事。幽默的故事不可妄加使用，除非有幽默的禀赋，否则不会达到理想效果；而后一类故事，无论是关于中外历史上的著名事件，还是关于现实生活中的平常趣事，只要叙述时有具体情节、具体内容，就能吸引人。

2. 借助物品开始

可以展示一张地图、一幅画、一张统计表、一张照片、一件实物等，只要有助于阐述观点就行。

3. 用提问的方式

开始交谈时，若提出问题，对方就会按照这个问题的思路去思考，产生一种想要知道正确答案的欲望。但是要注意，提出的问题不一定要与交谈的主题有关，但是要侧重开放型问题。

4. 以名言警句开始

名人在一般听众的心目中的形象总是高大的，他们的话也总有一种吸引听者的魅力。

5. 从令人震惊的事实开始

它可以使对方从一系列触目惊心的事实中醒悟过来，并产生一种要对述说的事追根究底的“悬念”。

6. 从赞美的话开始

一般来说，人都喜欢听称赞的话。因此，开始说话时，可以赞美对方的衣着得体、气质高雅；可以称赞所在地区的悠久历史和光荣传统；可以赞美当地的丰富文化遗产和勤劳勇敢的人民等。

7. 用涉及对方切身利益的话作为引子

有经验的交谈者经常使用的开始谈论的方法，就是把自己表达的内容与听者的切身利益联系起来，以引起对方的关注和重视，吸引对方。

8. 寻求共同点

这些共同点可以涉及双方以往相同经历和遭遇，也可以涉及双方以前的密切合作，还可以展望双方友谊发展的前景等。

（三）自我介绍的基本内容

自我介绍是向别人展示你自己，介绍得好不好甚至直接关系到你给别人的第一印象的好坏及以后交往的顺利与否；同时，也是认识沟通的手段。

自我介绍是每一个职场中人都必然要经历的一件事情，只不过，有的人一年用不上几次，而有的人则一个星期可能需要做很多次。众所周知，自我介绍是日常工作中与陌生人建立关系、打开局面的一种非常重要的手段，因此，通过自我介绍得到对方的认识甚至认可是一种非常重要的职场技术。

自我介绍务必讲清以下 5 ~ 6 项内容：

（1）姓名；

（2）爱好、籍贯、学历或业务经历（应注意与公司有关）；

（3）专业知识、学术背景（应注意与岗位、职务有关）；

（4）优点、技能（应突出能对公司所做的贡献）；

（5）用幽默或警句概括自己的特点可给他人留下深刻印象；

（6）致谢。

（四）自我介绍的类型特点

根据场合和最终目的的不同，将自我介绍分成以下 3 种类型：

1. 以求职为目的的自我介绍

这一类自我介绍主要应用于面试过程中，因为其目的是应聘某个职位，所以，自我介绍的信息除了个人的基本情况外，通常还要涉及既往所取得的成绩、对目标岗位的认识、与目标岗位匹配的原因、特殊的才能或才艺等信息。但面试过程中的自我介绍环节往往只有 2 ~ 5 分钟，很难把这些信息详细地表述出来，所以，在这个过程中就要掌握一个技巧——悬念。制造悬念的方式包括以下几方面：

（1）突出数字。如做市场的求职者可以用几组数字的对比来描述过去的成绩，搞研发的人可以说出研发成果转化率以及所获得的市场收益，做宣传的可以说说品牌知晓度、影响力的变化情况，即便是在校大学生，也可以用数字说说兼职过程中所取得的成绩。面试官会因此而觉得求职者言之有物，从而会从心理上首先接纳你，认为你确实有才能。

（2）使用适当的副词或形容词。比如，“通过我和团队的努力，××项目取得了突破性的进展”“与以往的任何一次年会相比，都有很大差异”等。面试官往往会关注到“突破性”“很大差异”这样的字眼，因而他们有兴趣再就这个问题深入地问你。要知道，虽然面试沟通的时间长短与最终的结果没有必然联系，但至少大部分情况下时间很短的面试基本上不会有好的结果。

（3）个人特点的总结与归纳。这个方法在应届大学生求职过程中用得比较多，所以，要想通过说明个人特点达到脱颖而出的目的，还是有一定的难度。因为普遍来看，相当大的一部分求职者所使用的个人特点的词汇比较接近，而且，其中的大部分没有实际的实例作为佐证，所以，除非个人特点很突出，而且有实际事例，否则尽量不要采取这一方式。

2. 以推销为目的的自我介绍

与以求职为目的的个人推销不同，这里说的主要是对具体产品或服务的推销。基于这一目的的自我介绍，关键是要从客户的兴趣点出发，抓住对方的需求甚至是潜在需求，引导对方说出他们对产品或服务的预期（包括功能、便捷性、后续服务、性价比等），逐步地引出公司的产品或服务，分析其优势，还可以与同类竞争性产品做简单比较。当然，这些应该是事前已经发过邮件或有过电话沟通的前提下，如果是纯粹的第一次陌生拜访，基本上只能重点介绍一下公司，不能介绍得过细，除非时间允许。

3. 以便利日常工作为目的的自我介绍

工作内容可以从对方感兴趣的话题入手。日常工作中可能会接触的部门或人员都较多，第一次去办事时简单做一下自我介绍，主要介绍个人所负责的工作情况，并诚恳地希望得到对方的指导和帮助，关键在于表达诚意；在之后的接触中可以逐步聊一些其他话题，甚至可以“捧”一下对方，赞扬他的工作态度等。

四、团队沟通

团队沟通要注意运用适当的方式方法，主要有以下 3 种：

（一）面对面交流

在团队中，大多数情况下，交流是与他人面对面进行的，比如向他人询问信息，提供消息给别人，或告诉别人你对他的业绩的看法等。所有这些交流行为都是面对面进行的。

1. 团队中面对面沟通的技巧

面对面与人沟通的技巧在前几章已经讲过，此处不再讲述，下面主要谈谈团队中领导者如何与他人交流沟通。

（1）提出意见。

在团队中我们可能必须与一个人或一组人面对面交流，不管他们是新员工还是与自己共事已久的老员工。对于发布消息或者讨论问题来说，面对面交流的确是一个非常有效的办法。这意味着，大家都得到了同样的信息，从而避免了潜在的疑惑。

在进行面对面沟通时，若想有效地管理别人，就必须给下属提出指导意见，这是基础。大多数员工抱怨老板不能及时地反馈他们当天的业绩状况，很多人这样说：“我宁愿被告知做得很差，至少我心中有数。”

如果提不出意见，别人怎么知道任务完成得是好还是坏呢？大家往往认为，给出正面意见，也就是表扬，很容易，但尽量避免给出反面意见。这是一个误区。因为对整个集体来说，知道是好是坏总比什么都不知道好。如果不指出问题所在，大家怎么进步呢？出现问题及时提出批评，尽快解决，不能让它暗中滋长。就积极性而言，领导者必须让团队成员知道他们做得不错，在需要的时候，也不要吝啬你的赞扬。

（2）利用会议。

大多数情况下，面对面的交流主要采用的形式是召开会议。会议可能会定期召集，或者以一定的规律召开，处理一些特殊问题。为了便于展开讨论，应选择合适的开会形式。按照下面的步骤，可以促使会议顺利进行。

安排会议通知：提前通知开会时间和地点；做会前准备工作；准备内容，搜集所有要发布的信息要点；找出这些信息与与会人员的关系，回顾全队的业绩（如果条件允许），努力预测可能出现的问题。

① 提醒大家注意：告诉每个人会议的主要内容；列出讨论所涉及问题的背景情况，解释信息对个人及整个组织的重要性；说明这件事情对他们的益处。

② 发布信息：解释信息、问题及讨论将要涉及的有关事项。

③ 征求反馈意见：让全队成员发表各自的观点。

④ 主持会议：一次只让一个人发言。

⑤ 向全队人员征求意见，避免干扰。

⑥ 小结：总结已经通过的安排。

⑦ 详细列出每项工作的负责人及时间安排，预计下一次会议。

⑧ 下一步任务：会后最好整理出会议记录，确保人人都能随时查阅任务安排、负责人、期限等，以促进工作顺利完成。

这是组织会议的几个有效步骤，在会议中应注意组织好双向交流，鼓励大家向你敞开心扉，这会使团队的工作更加有效。“你们对此怎么看？”这个问题是发现好建议的一个有效的办法，它能够极大地提高大家的积极性。有这样的现象，许多人能提出好的意见或建议，有益于整个集体，但却存在一些沟通障碍，不能让其他成员知晓。所以为了更好地交流，我们必须消除这些障碍。

获取反馈信息的主要障碍如下：

老板看上去态度很冷淡，根本不想征求大家的意见；老板似乎从未认真听过任何人的讲话；没有人提出要征求反馈意见；员工觉得自己资历浅，没有经验，他们的观点将不会被重视；没有机会给出反馈意见；与老板的意见不一致，所以有顾虑。

作为一个团队的领导者应该能够做到克服障碍，获取足够多的反馈信息。

召开会议是团队中面对面交流的一种非常好的方式，它便于双方双向交流，彼此之间建立信任感。如果团队成员信任我们，他们就会向我们敞开心扉，这样会使团队的工作更加有效，完成得更加出色。

2. 倾听

面对面交流中一个非常重要的因素是倾听，因此，这里再次强调倾听的重要性。要积极倾听，必须做到以下几点：

（1）选择一个合适的谈话地点，避免谈话内容被打断。

（2）表现出对谈话人很有兴趣。

（3）听对方说完所有的话，最后几句话往往是最重要的。

（4）用各种身体语言暗示自己正在注意倾听，如点头、微笑、注视着对方的眼睛等。

（5）用反应或动作等表明支持态度。

（6）确切核实已经完全明白说话人的意思。

（7）必要的时候，帮助说话人确切表达他的意思。

（8）进行下一个话题前，先就前面的问题达成一致意见。

（9）不要轻易改变自己的观点，向发言人提问，帮助他们进一步完善。

（10）从对方的角度去思考问题。

（11）留心对方忽略的细节，这些内容可能至关重要。

（12）能够接受不同的观点。

（13）保持放松状态，会收到更好的效果。

（二）书面交流

适用于语言交流的原则，同样适用于书面交流。工作中通常所用的主要书面交流形式有：信件（包括邮件）、便笺和报告。下面我们简单介绍一下信件、便笺和报告写作的要点。

1. 信件

在写作之前先要确定写信的目的，问问自己："我写这封信是想干什么？"要将表达的意思说清楚，保证收信人能够理解；要求语言简练、平实，尽量不用专业术语；尽可能使信件观点鲜明、中肯，不要让对方不能理解你想要表达的意思。

将自己的想法写出来之前先想一下，假如现在是在与别人交谈，我们会怎样说，这样做有助于书面表达。但是很多人对于面对面能说清楚的事情写出来会感觉困难。开始写信之前可以从以下 6 个方面大致规划一下：

（1）写信说些什么。这是信件的目的。我们究竟想对收信人说些什么？如果想让他们做些什么的话，就要先搞清楚到底是什么。

（2）为什么写这封信。我们写这封信的原因是什么？自己为什么要写信？尽可能给出确切的原因。

（3）方式。有时间限制吗？下周？下个月？还是明年？我们希望什么时候能得到问题的答案？

（4）地点。我们是否希望这个问题能够以特殊的方式实现，或是也可能留给收信人来考虑这个问题。

（5）时间。有没有任何地理或者其他物质因素影响收件人及时接收信件。

（6）收信人。通常我们应该清楚谁是收信人，但有时候自己也许不清楚他的姓名。如果想不起收信人的姓名，"尊敬的先生"可以派上用场。如果使用收信人姓名的话，信件的内容会更像私人信件。此外，还有是否需要将这封信转交给其他人的情况。

为使信件能准确表达自己的意思，信的内容可以按照以下步骤（又称 SCRAP 法）来安排。

事件的情形（Situation）。首先告诉读者信的主要内容是什么，如"上周交付货物时间晚了"。

产生的后果（Consequences）。接着阐明这一事件带来的后果，如“这种事并不只发生过一次了，它多次导致我们未能按时完成工作”。

解决的方式（Resolution）。然后可以建议一个可行的办法，如“我们了解到是因为交通不便路上耽误了时间。那么，如果司机早点出发的话，是不是可以避免再次发生这样的事情？”

具体的办法（Action）。接着可以指出自己会采取什么办法，或者期望对方做出什么样的改进，如“你们可以确保送货车早些出发，以便按时到达交付吗？”

用词的礼貌（Politeness）。即使我们对对方很反感，在用词上也必须表现得彬彬有礼，着重陈述事实而不能使用冒犯的语言，否则就不可能得到积极的回应，如“请尽力确认一下会如期到达交付吗？”最后，尽可能以一些祝福性的话语来结束这封信，至少应该看上去很礼貌，即使仅仅写“谨上”也可以。

2. 便笺

便笺在我们生活中有着重要的作用。在工作中我们经常通过便笺特别是收发邮件进行交流。便笺可以作为一种书面信息，核实在谈话或会议中涉及了哪些具体事项，达成了哪些协议。便笺应该看起来如同一封很短的信件，而不是充满术语、行话的专业性文章，可以使用SCRAP的格式，但要很简短。

3. 报告

写报告可能是一件令人头疼的事情。因为报告是一种正式、书面的交流形式，它需要专业性的术语，并且针对专业性或者专门性的问题提出意见或建议。一般来说，报告所涉及的问题都比较重大。

（1）写报告需要遵循的规则。

如果公司对报告的格式、内容等有统一要求，就应遵循这些规定。要检查报告中是否包括了下列内容：

① 陈述事实，简要说明事情发展的状况。为了表明关系，需要介绍一下背景材料。

② 发现问题，也就是完成这份报告的原因。

③ 说明问题产生的可能性，列出所有的可能性，逐一进行分析。即使并不是真正的原因，但至少也给出了一定的方向和范围。这是很重要的一步。

④ 陈述观点，这是整篇报告的“亮点”，要做到让报告对每位读者都具有吸引力，不要因为担心出错或使别人不高兴而省略这一部分。

（2）报告的主体内容。

建议是报告的主体内容，文字使用要简洁明了，不要使用晦涩难懂的语句，尽可能多用短句。保证你的建议确实与存在的问题有密切的关系，不要牵扯无关紧要的东西。

此外，也不要长篇大论。在心中时刻提醒自己：报告是要给别人看的，整页整页的文字叙述只会令人厌烦。因此，在文中要多用一些大标题、小标题、注释等引导读者阅读。同时，也要多列一些图表，从而帮助读者理解复杂的内容。

（3）报告的其他部分。

上面所说的这种结构只涉及了报告的主体内容，报告的其他部分或许对你而言也很生疏，但同样也有着十分重要的作用。

① 摘要。摘要只有一两段的内容。如果没有足够时间详细阅读报告，通过看摘要，就

可以大致了解事情的现状、存在的问题、问题产生的各种可能性及你的建议等。用很少的文字覆盖这么多的内容可能比较困难，但是，对于任何报告来说，这一部分都必不可少。可以在完成整个报告之后，再着手这一部分内容。

② 参考信息。这部分列出上级给予的参考提纲，提纲的内容可以在报告中直接找到具体出处。除此之外，还应包括给你安排这份报告的人的资料及对这份报告的要求。

③ 任务分析。这是你完成这份报告的原因。例如："推广一种低成本的新设备，以解决目前的产品通风不良的问题。"

④ 参考文献及出处。参考文献，是指在完成报告的过程中以各种方式用到的书籍或文章，无论是听到的还是看到的，都要一一列到参考文献中。并且，参考文献中要指出文献的来源，特别要注明日期。因为一些信息有日期限制，过期之后就不适用了。

⑤ 附录。一些对报告主题内容起辅助作用的信息应该列在附录里，如数字、事例分析、引用的其他报告的结果等。虽然这些对你的报告有很大作用，但是往往由于内容太多，而不能将其放到主题部分中去。一些基本的研究发现也应写在附录里。在报告主体中任何一个合适的地方都应该声明参见附录。

如何确定附录中的内容？这里有一个小窍门：问问你自己"没有这些内容，是否读者就不能做出选择？"如果你的答案是"是"，那么这部分内容就应该包含在主体内容中；反之，如果你的答案是"否"，那么就应把它放在附录里。

⑥ 最终定稿。进行过文字校对之后，慢慢读几遍，从而发现问题，然后再让别人来检查一下，以便最终定稿。

恭喜你！完成任务分析与准备，明确了人际沟通能力的重要性，其主要内容包括自我沟通和团队沟通能力。接下来，你将进行任务操作。

【任务操作】

根据老师提供的营销职业岗位招聘简章的要求，各位同学完成个人的自我分析，根据自我沟通的要求，撰写面试自我介绍文本，在小组内容完成模拟介绍，并完成以下内容填写（见表 2.5 和表 2.6）。

表 2.5　自我面试文本

姓名		选择企业	
所选岗位		岗位要求	
自我介绍词			

表 2.6　小组训练情况记录

小组名称		Logo	
姓名	训练情况记录		

各团队派出优秀选手参加班级模拟面试，内容主要包括自我介绍、面试官提问、无领导讨论沟通训练。

无领导讨论沟通题目：

驼背瓷砖

有一批瓷砖，它有驼背现象（就是表面凸起），卖不出，原因是设备、材料等方面的问题。但是公司成本不允许更换所有的原料和设备，且质检部门表明，这些瓷砖是除了驼背，其他方面都合格，甚至高于同行水平。小组讨论设计营销方案卖出这批瓷砖。

恭喜你！完成任务操作，完整体验了人际沟通中面试沟通的自我沟通、团队沟通的流程和操作要领。接下来，你将进行任务考评与总结。

检查评价

【小组自评】

根据团队内训情况，团队负责人对小组成员的训练情况进行以下初评，填写小组自评表，按照满分 40 分评分（见表 2.7）。

表 2.7　小组自评表

考评项目	自我介绍词（20 分）	模拟面试训练（20 分）
存在问题		
改进措施		

【综合评价】

各组代表展示，介绍任务完成过程、制作过程视频、总结改进，派出代表展示，完成考核评价表（见表 2.8）。

表 2.8　综合评价表

序号	评价项目	评价内容	分值	自评（30%）	互评（30%）	师评（40%）	合计
1	职业素养（30分）	分工合理，制订计划能力强，严谨认真	10				
		责任意识、服从意识	5				
		团队合作、交流沟通、互相协作、分享能力	5				
		遵守行业规范	5				
		主动性强，保质保量完成工作页相关任务	5				
2	专业能力（60分）	自我介绍	20				
		回答问题	15				
		无领导讨论沟通	25				
3	创新意识（10分）	创新性思维和行动力	10				
合计			100				
评价人签名：		时间：					

项目三

心理适应能力训练

项目简介

心理适应能力，指的是一个人在心理上进行自我调节、自我平衡，以适应社会生活和社会环境的能力。人在生活、学习和工作中，常常要面对环境变迁、理想与现实不一致、目标受挫之类的事，这就需要主动调整自己的心理状态，保持平衡。心理适应能力的高低，从某种意义上说，代表着一个人的成熟程度，同时也是决定一个人心理健康水平的因素之一。为使心理保持健康，建议大学生对自己的心理适应能力进行必要的自我认知与了解，并据此采取适当的调节对策。

任务一　自信心与心理素质培养

任务描述

本项任务将引领你在营销活动中提升的自信心。根据任务分析，在了解心理过程和个性心理特征，熟知营销人员应具备的基本心理素质的基础上，进行自我推销和推销产品，并对任务的实施进行检查评价。

【任务要求】

（1）通过本次训练，提高学生的语言表达能力。

（2）通过本次训练，逐渐增强学生的自信心，提升沟通能力。

【学习目标】

知识目标：

（1）了解心理过程和个性心理特征。

（2）熟知营销人员心理素质必备条件和影响营销人员心理素质的因素。

（3）掌握营销人员自信心与心理素质培养的内容。

能力目标：

（1）通过实训，培养学生与人交流的能力。

（2）通过实训，使学生克服心理障碍，增强自信和勇气。

素养目标：

通过实训，使学生在人与人交往的过程中提升自身心理素质，增强社会责任感；能客观地进行自我评价，具有良好的情绪调控能力。

【实施路径】

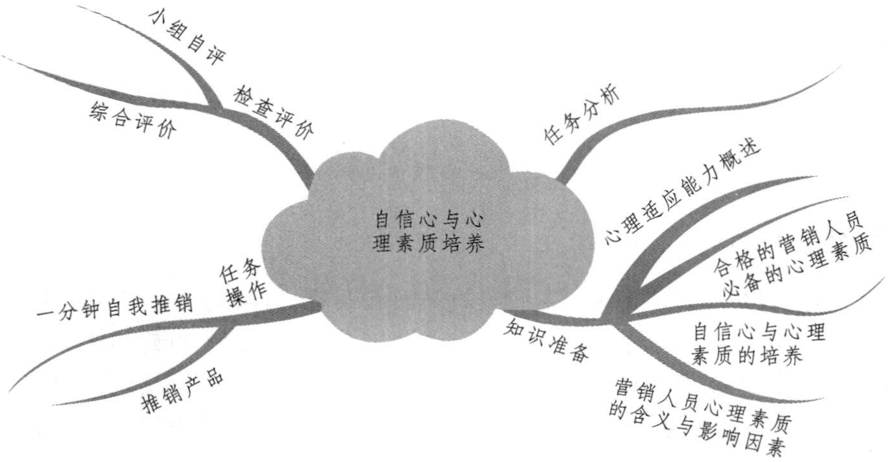

图 3.1　自信心与心理素质培养实施路径

【任务分组】

按照上一项目的分组，采用班组轮值指导。学生轮值担任组长，让每个学生都有锻炼组织协调项目管理、项目设计和项目评价的机会，通过小组协作，培养学生团队协作、互帮互助的精神和协同攻关的能力。角色扮演分配表如表 3.1 所示。

表 3.1　角色扮演分配表

团队名称			团队 Logo	
团队文化				
团队成员	学号	扮演角色	职责	

任务实施

【任务分析】

要想成为一名心理素质过硬的营销人员，要想在来自五湖四海、心理各异的消费群体中获得青睐，就必须要了解、熟悉营销人员应具备的基本心理素质。一般来说，在营销活动中，营销人员自信、自我控制情绪能力较强、意志坚定，在营销活动中有吃苦耐劳的精神，就能在营销活动中获得较好的成效。要做到这一点，就必须提升营销人员基本心理素质。

【知识准备】

一、心理适应能力概述

（一）心理过程与个性心理

心理过程是指心理活动发生、发展的过程，也就是人脑对现实的反映过程，包括认知过程、情感过程、意志过程。

个性心理是在完成一般心理过程后发展起来的，没有一般的心理过程的发生、发展，就不可能有个性心理的发生、发展。即一般的心理过程为基础，个性心理是延伸。个性心理由两方面组成：一是个性心理倾向性，包括需要、动机、兴趣等，它是人的行为的潜在动力，是人的积极性的不尽源泉。需要是人对一定客观事物的渴求或欲望。动机是直接推动人去行动以达到一定目的的内部动力。兴趣是指一个人积极探究某种事物或从事某种活动的心理倾向。二是个性心理特征，包括气质、性格、能力，它比较稳定地反映了个体的特色风貌。气质是人典型的、稳定的心理特点，即人的性情或脾气。性格是指个人对现实稳定的态度和稳定行为方式的心理特征。有人大公无私，有人自私自利；有人勤劳朴实，有人懒惰奢侈；有人自尊自强，有人自暴自弃；等等。这些都是人的性格特征。能力是人完成任何活动不可缺少的一种心理品质。

（二）心理适应能力

心理适应能力主要指各种个性特征互相配合，适应周围环境的能力。一个人能否尽快地适应新环境，能否处理好复杂、重大或危急的特殊情况，与他的心理适应性高低有直接的关系。营销人员心理适应能力的高低主要受自我意识、人际交往、心理应变、竞争协作、承受挫折、调适情绪、控制行为等能力的影响。一名合格的营销人员必须具备较强的心理适应能力，包括自信心、勇气、魄力与冒险精神；需要真诚热情，有广泛的兴趣；需要有较高的修养和鲜明的个性风格；需要善于控制自我情绪。

二、营销人员心理素质的含义与影响因素

（一）营销人员心理素质的含义

营销人员的心理素质是指营销人员在先天心理特点基础上，经后天实践学习而形成的性格品质与心理能力的综合体现。

（二）决定个体身心发展的因素

人的心理是个体身心发展的重要组成部分。按照现代心理学的观点，个体身心发展取决

于遗传与环境的交互作用。这种遗传与环境的交互作用，大致遵循以下 3 个原则：

（1）个体在出生前的发展，主要由遗传因素决定。

（2）个体出生后的幼稚阶段，两类因素对身心产生影响：身体特征受遗传因素的影响大，而心理特征受环境因素的影响大。

（3）个体发展成熟以后，主要是环境因素影响人的身心发展。

三、合格的营销人员必备的心理素质

（一）自信心

自信心是人的意志和力量的体现。相信自己能够成功，这点至关重要。自信心包括对自己的信心，对企业的信心和对产品的信心。自信心是营销人员最基本、最主要的心理品质。

（二）坚强的意志

营销过程大多不是一帆风顺的，会遇到很多问题和障碍。这时，就要求我们想方设法地去解决所遇到的问题，而且要细心，有耐心，有百折不挠的精神。

如果一遇到困难就打退堂鼓，那什么事都做不成。营销工作是辛苦的，市场的激烈竞争，一次次失败的打击，对营销人员是很大的挑战。和人打交道，会遇到不同类型的顾客，遇到各种情况，如言辞刻薄、冷嘲热讽甚至恶语相加等，所有这些都在考验营销人员的意志。

（三）善于自我情绪控制

首先，要拓宽自己的心理容量，有容忍精神；其次，要正确处理情绪的宣泄与封闭。

（四）真诚热情，有广泛的兴趣

只有以诚相待，对顾客真诚、热情，才能赢得顾客的信任和支持。同时，营销人员应具有广泛的兴趣。

（五）自我驱向

自我驱向是指想达到营销目标的强烈的个人意愿。营销人员必须有强烈的达成目标的欲望，并有持之以恒、百折不挠的坚强毅力和顽强精神。我们说推动一个人进步的最根本的动力是他内在的个人欲望，即积极进取的精神，“不想当将军的士兵不是好士兵”。在人的一生中，远大的理想从来都是人们前进的动力。积极进取的人总是在积极地想办法，而消极的人总是在寻找借口。一般而言，在营销过程中，常常会遇到各种不顺利的情况，这对营销人员是一个挑战，而具备积极进取精神的自我驱向的营销人员，常常能够发挥出潜能，尽力克服困难，以达到营销的目的。

四、自信心与心理素质的培养

自信名言

（一）自信的内涵

从心理学角度讲，自信是一个人对自己的积极感受。这里所讲的“积极”是一种自己对自己的认可、肯定、接受和支持的态度；这里所讲的“感受”包含着自己对自己的情绪、感觉、认识和评价。

自信的内涵包括“自我接受”和“自我价值感”两个最基本的方面。

（1）自我接受。

自我接受是指个人对自己的承认、认可，对自己的接受态度。它是个体自信最主要的内涵，表明个人对自己的接受程度。

（2）自我价值。

自我价值是指自己对社会价值的认识和评价，表示个人对自己的尊重程度。

（二）自信的特征

自信的特征表现为真诚、坦荡、乐观、活泼、宽容、大度、勇敢、果断、谦虚、礼让，也就是自信的表现形式。

（三）自信心与心理素质的培养

营销人员自信心的培养，既有正确认识自我的问题，又有结合实践不断训练和提高自我的问题。自信心与心理素质培养途径具体包括以下方面：

（1）善于进行积极、乐观的思考。

营销人员的自信心无论是“自我接受”，还是“自我价值”的形成，无不同自己的思维相联系。要培养自信心，就必须进行积极、乐观的思考。

（2）正确地认知自我。

对自身如何认识和做出评价，是自信心形成的关键性环节。营销人员要培养自信，就必须正确地认知自我。首先，对自己的看法、态度和评价是由自己决定的。在承认基本事实的基础上，管理人员可对自己的能力、水平、形象做出评价。经过自我控制，可以改善自我形象、增强自信。其次，不要受别人摆布，保持自我本色。对人和事物的许多评价是依标准不同而改变的。这样，你就会充满信心。再次，要认识自己的长处和优势，从而增强自我价值感。最后，要正确地选择和调整自己的目标。当设定过高的目标时，若一时达不到，就会产生强烈的自卑感。营销人员应为自己确定科学、可行的工作目标和生活目标，调整不切实际的目标，从而获得实现目标的自信。

（3）努力提高与发展自己。

自信，不单是自我认识的过程，自信的基础在于自身素质的高低与社会贡献的大小。营销人员要培养自信心，必须特别注重在营销实践中，加强学习、加强修养，全面提高自己的素质，真正使自己获得发展。这是从根本上提高营销人员自信心的途径。

（4）营销人员在提高自身素质与获得发展的同时，心理方面的训练也要强化。

① 学习与掌握心理学知识。

② 利用各种形式进行心理训练。

③ 通过成功的心理训练成果反馈，来强化自信心理。

恭喜你！完成任务分析与准备，明确了合格的营销人员应必备的心理素质。接下来，你将进行任务操作。

【任务操作】

小组根据老师的要求进行一分钟自我介绍的准备。小组在教室进行自我推销演练，利用几种感官来介绍自己，并完成以下内容填写（见表 3.2）。

表 3.2　自我介绍

团队名称				
姓　名	看起来像……	闻起来像……	听起来像……	品尝起来像……

取得学校相关部门同意，在学校食堂、校园超市等学生人流量大的地方推销校企合作企业的产品，并将小组推销情况填写在表 3.3 中。

表 3.3　推销情况表

团队名称			项目名称	
推销人员	时　间	地　点	推销对象	成　　效
组员 1				
组员 2				
组员 3				
组员 4				
组员 5				
组员 6				

各组派出代表，将一分钟自我推销和校企合作企业的产品推销情况制作成 PPT 进行展示汇报。

恭喜你！完成任务操作，进行了感官式的自我推销和实地推销产品。接下来，你将进行任务考评与总结。

检查评价

【小组自评】

根据团队实训情况，首先团队负责人对小组成员的训练情况进行自评，其次小组之间进行互评，最后老师进行总结评价（见表 3.4）。

表 3.4 小组自评表

团队名称								
考评项目	一分钟自我推销（40 分）					推销产品（60 分）		
	语言组织	语速	肢体语言	新颖性	亲和力	小组协调能力	与相关部门沟通的能力	与客户的沟通能力
存在问题								
改进措施								

【综合评价】

各组代表展示，介绍任务完成过程、制作过程、总结改进，完成考核评价（见表 3.5）。

表 3.5 综合评价表

序号	评价项目	评价内容	分值	自评（30%）	互评（30%）	师评（40%）	合计
1	职业素养（30 分）	分工合理，制订计划能力强，严谨认真	10				
		责任意识强	5				
		团队合作、交流沟通、分享能力强	5				
		遵守行业规范	5				
		主动性强，保质保量完成工作柜关任务	5				
2	专业能力（60 分）	一分钟自我推销	25				
		实地推销产品	35				
3	创新意识（10 分）	创新性思维和行动力	10				
合计			100				
评价人签名：		时间：					

任务二 挫折环境中的心态训练

任务描述

本项任务将引领你在营销活动中正视自己的压力，在挫折中积极调整心态。根据任务分析，在了解挫折产生的原因和熟知解决挫折的方法的基础上，进行自我剖析，并对任务的实施进行检查评价。

【任务要求】

（1）通过本次训练，提高学生认知挫折的能力。
（2）通过本次训练，逐渐增强学生从挫折中寻找解决问题的方法。

【学习目标】

知识目标：

（1）了解挫折的含义。
（2）熟知挫折产生的原因。
（3）掌握挫折的解决方法。

能力目标：

（1）通过实训，培养学生正确看待压力和挫折的能力。
（2）通过实训，培养学生在挫折环境中控制情绪的能力。

素养目标：

通过实训，培养学生自我管理的自主发展素养，具有坚强的意志品质，以便更积极地面对学习和生活。

【实施路径】

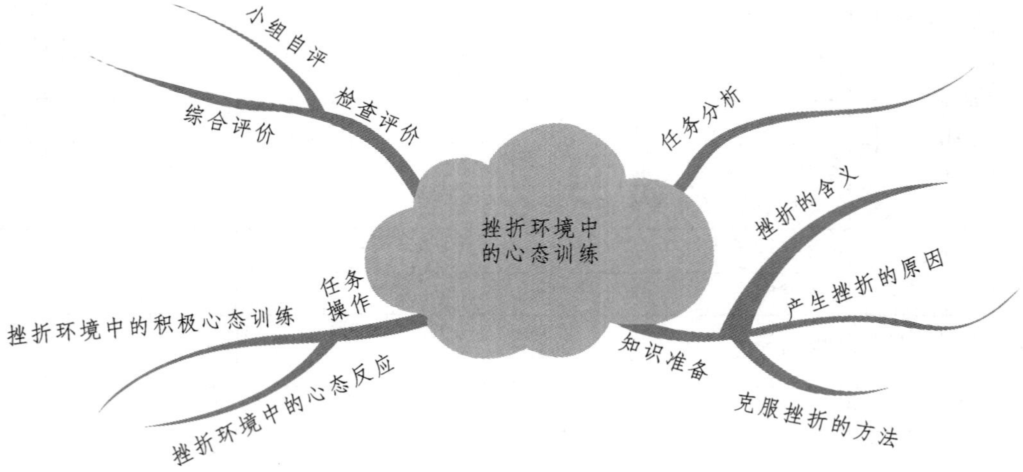

图 3.2　挫折环境中的心态训练实施路径

【任务分组】

按照上一任务的分组，采用班组轮值指导。学生轮值担任组长，每个学生都有锻炼组织协调项目管理、项目设计和项目评价的机会，通过小组协作，培养学生团队协作、互帮互助的精神和协同攻关的能力。角色扮演分配表如表 3.6 所示。

表 3.6　角色扮演分配表

<table>
<tr><td>团队名称</td><td colspan="2"></td><td rowspan="2">团 队
Logo</td><td rowspan="2"></td></tr>
<tr><td>团队文化</td><td colspan="2"></td></tr>
<tr><td>团队成员</td><td>学号</td><td>扮演角色</td><td colspan="2">职 责</td></tr>
<tr><td></td><td></td><td></td><td colspan="2"></td></tr>
<tr><td></td><td></td><td></td><td colspan="2"></td></tr>
<tr><td></td><td></td><td></td><td colspan="2"></td></tr>
<tr><td></td><td></td><td></td><td colspan="2"></td></tr>
<tr><td></td><td></td><td></td><td colspan="2"></td></tr>
</table>

任务实施

【任务分析】

挫折广泛存在于每一个人的生活，贯穿于人的一生，遍布于生活的方方面面。对挫折的心理反应和应对挫折的能力，在很大程度上反映个人的心理素质和心理健康水平。心理学家认为：挫折是指从事有目的活动时，由于遇到障碍和干扰，其需要不能满足时的一种消极的情绪状态。随着社会环境和时代发展，挫折教育，特别是加强对大学生的挫折教育，已愈来愈引起人们的关注，许多高等院校将挫折教育作为素质教育的一个重要方面来抓。营销人员对于挫折的认知和承受能力尤其重要。

【知识准备】

关于销售人员的几点思考

一、挫折的含义

挫折的心理学定义：在个体从事有目的的活动过程中，遇到障碍或干扰，致使个人动机不能实现、需要不能满足的情绪状态。

挫折教育就是要让受教育者在受教育的过程中遭受挫折，从而激发受教育者的潜能，以达到使受教育者切实掌握知识并增强抗挫折能力的目的。

二、产生挫折的原因

在现实生活中，产生挫折的原因有很多：客观方面的原因如时机不成熟，阻力过大，意外事故，他人的有意刁难等；主观方面的原因如目标定得过高，意志不够坚定，主观努力不够，经验不足等。

三、克服挫折的方法

（一）正视挫折

在现实生活中，遇到挫折我们要学会正视挫折，对待挫折的态度要正向认知，并积极地面对。如果遇到挫折便心灰意冷，没有面对的勇气，那么，你的一生将会一无所成。因此，每个人都应当有这样的思想：挫折使我们又多学到了一些在通常情况下无法学到的知识，是使我们更加成熟的一种有效途径。只有这样，我们才能不怕挫折，才能更加正确地对待挫折。

【案例 3.1】

面对挫折绝不气馁——爱迪生不被火灾吓倒

一场大火，把实验室烧成一片瓦砾。爱迪生研究有声电影的所有资料和样板被烧成了灰烬。他的老伴难过得哭了出来："多少年的心血，叫一场火烧了个精光。而今你已年迈力衰，这可怎么办啊！"爱迪生也很伤心，但他绝不会由此趴下。发明电灯时，他就先后试验了 7 600 多种材料，失败了 8 000 多次，仍不气馁，终于获得成功。眼下这场火灾也同样不能使他后退。爱迪生对老伴说："不要紧，别看我 67 岁了，可是我并不老。从明天早晨起，一切都将重新开始。"

资料来源：https://tongxiehui.net/bm/61131cce66c8c.html.

（二）从挫折中找解决办法

有了正确的思想，接下来便要有正确的解决问题的方法。遭到挫折以后，便要想方设法去克服它。这不仅能够使我们掌握问题的答案，更重要的是能够使我们掌握解决问题的方法以及在解决问题后获得成功的喜悦，这是在其他任何情况下都无法能感受到的。

【案例 3.2】

霍金面对困难的选择

霍金 21 岁时患上肌肉萎缩性侧索硬化症，全身瘫痪，不能言语，手部只有 3 根手指可以活动。1979—2009 年任卢卡斯数学教授，主要研究领域是宇宙论和黑洞，证明了广义相对论的奇性定理和黑洞面积定理，提出了黑洞蒸发理论和无边界的霍金宇宙模型，在 20 世纪物理学两大基础理论——爱因斯坦创立的相对论和普朗克创立的量子力学方面走出了重要一步。霍金曾指出，大众会好奇一位残疾人士，为何会想到这么多宇宙论，令他成了大众媒体的宠儿。事实上，不能行动的他在《星际迷航》中的电视系列剧《星际迷航：下一代》中饰演过自己，与爱因斯坦及牛顿一起打桥牌；他亦曾在美国卡通片《辛普森一家》中"演出"，拯救剧中的女孩。霍金克服身患残疾的种种困难，于 1965 年进入剑桥大学冈维尔和凯厄斯学院任研究员。这一时期，他在研究宇宙起源问题上，创立了宇宙之始是"无限密度的一点"的著名理论。

资料来源：https://mip.kq7.com/zixun3424646/.

（三）避开挫折，重塑目标

在尽可能的情况下，避开挫折是我们解决问题的较为理想的一个方法。因为在这种情况下，我们不需要付出太多的努力便能够达到我们的目标。但避开挫折需要一定的技巧。

避开挫折后需重塑目标，目标犹如点亮了人们心中的一盏灯，对自己新行动的信念、意志力有调节和支配作用。

（四）从挫折中学知识

从失败中学到知识和总结经验是自我提升的一种途径，人不应当两次在同一个地方跌倒。对于在学习生活工作中遇到的挫折，我们要善于总结，以便从中学到一些经验，从而内化为我们的知识，供我们以后使用，帮助我们不要在同一个地方再次跌倒。这才是我们要做到的，也是挫折带给我们的礼物。只有这样，才可以说我们已经初步掌握了对待挫折的正确方法，才能够对我们的学习、生活、工作有一定的帮助。

恭喜你！完成任务分析与准备，明确了合格的营销人员必备的抗挫折的心理素质。接下来，你将进行任务操作。

【任务操作】

小组根据老师给出的材料进行挫折环境中的心态反应分析。

材料：一个女孩对父亲抱怨她的生活、工作事事都不顺心。她不知道如何来面对这些压力，好像一个问题刚解决，新的问题又出现了。在这种巨大的压力下，她都有些喘不过气来。

女孩的父亲是个厨师，在思索了片刻后，他把女孩子带进了厨房。到了厨房，他先往 3 个锅里放了一些水，然后在火上烧，几分钟后，锅里的水烧开了。他往第一只锅里放了些胡萝卜，往第二只锅里放了几个鸡蛋，往最后一只锅里放了些粉末状的咖啡豆，然后继续用开水煮。

女孩纳闷地看着父亲，不耐烦地等待着。过了大约 15 分钟，父亲把火关了，把胡萝卜和鸡蛋分别放到两个碗里，然后把咖啡盛到一个杯子里。忙完之后，他转过身来问他的女儿："宝贝，你看到了什么？"

父亲让女儿用手去摸摸胡萝卜，女儿发现，胡萝卜变软了；父亲又让女儿剥开一个鸡蛋，女儿看到的是一个煮熟了的鸡蛋；最后，父亲让女儿去品尝一下香浓的咖啡。

女儿这时候不解地说："爸爸，你要告诉我什么？"身为厨师的父亲这时候耐心地解释说，这 3 样都面临同样的逆境——沸腾的开水，但它们的反应却不相同。胡萝卜开始是强壮的、结实的、毫不示弱的，但进入开水之后，它就变软、变弱了；鸡蛋原本是易碎的，但经过水一煮，却变硬了；粉末装的咖啡豆则很独特，经过水煮后，它改变了水，并在高温下发出了浓浓的香味。

"哪个是你呢？"父亲问女儿："当逆境和压力找上门来时，你如何反应？你是胡萝卜、鸡蛋，还是咖啡豆？"

分析：每个小组探讨面对压力和挫折，你通常如何反应？是选择当胡萝卜、咖啡，还是鸡蛋？请将自己的选择及原因填入表 3.7 中。

表 3.7　挫折选择表

团队名称		
姓　名	选择对象	原因

小组根据老师给出的情境进行挫折环境中的积极心态训练。

情景：小李和小王是大学同班同学，两位同学被一家企业聘为实习生，被安排在同一个部门和同一岗位。一个月后，小李获得加薪同时被提升为销售小组长。这时作为同学的小王感到很挫败，觉得自己和同学小李原本在同一起跑线，为什么公司提拔小李并给他涨薪，而自己却还在原地踏步？

（1）请分析造成小王挫折的原因。

客观因素：____

____

____

____

主观因素：____

____

____

____

（2）分析能帮助小王防止挫折感产生的办法。

____

____

____

____

（3）假如你是小李，找一句能激励小王从挫折中转败为胜的话，反复背诵，进行强化。

____

____

____

各组派出同学代表，将自我介绍和推销产品的情况制作成 PPT 进行展示汇报。

恭喜你！完成任务操作，进行了挫折环境中的心态反应分析和挫折环境中的积极心态训练。接下来，你将进行任务考评与总结。

检查评价

【小组自评】

根据团队实训情况，首先团队负责人对小组成员的训练情况进行自评，其次小组之间进行互评，最后老师进行总结评价（见表 3.8）。

表 3.8　小组自评表

团队名称						
考评项目	挫折环境中的心态反应（40 分）			挫折环境中的积极心态训练（60 分）		
	分析问题能力	语言表达能力	团队协作能力	小组协调能力	认知问题能力	分析问题能力
存在问题						
改进措施						

【综合评价】

各组代表展示，介绍任务完成过程、制作过程、总结改进，完成考核评价（见表 3.9）。

表 3.9　综合评价表

序号	评价项目	评价内容	分值	自评（30%）	互评（30%）	师评（40%）	合计
1	职业素养（30 分）	分工合理，制订计划能力强，严谨认真	10				
		责任意识强	5				
		团队合作、交流沟通、分享能力	5				
		遵守行业规范	5				
		主动性强，保质保量完成工作相关任务	5				
2	专业能力（60 分）	挫折环境中的心态反应	25				
		挫折环境中的积极心态训练	35				
3	创新意识（10 分）	创新性思维和行动力	10				
合计			100				
评价人签名：		时间：					

项目四

职业潜能提升训练

项目简介

职业者良好的职业品格是个人成功的基本条件。每个人在一生中都必须选择这样或那样的职业，但无论从事哪一种职业，都需要良好的团队协作能力，因而需要做好自己人生的职业规划。职业生涯规划是指个人和组织相结合，在对个人职业生涯的主客观条件进行测定、分析、总结研究的基础上，对自己的兴趣、爱好、能力、特长、经历及不足等各方面进行综合分析与权衡，结合时代特点，根据自己的职业倾向，确定其最佳的职业奋斗目标，并为实现这一目标做出行之有效的安排。

任务一　团队协作

任务描述

本项任务将引领你在营销活动中提升团队协作能力。根据任务分析，在了解团队协作对营销的重要性，熟知提升团队协作能力方法的基础上，用头脑风暴法选出开设餐饮店的最佳方案，并对任务实施进行检查评价。

【任务要求】

（1）通过本次训练，激发学生个人潜力。

（2）通过本次训练，增强学生团队合作能力。

【学习目标】

知识目标：

（1）了解团队协作的重要性。

（2）掌握提升团队协作的主要方法。

能力目标：

（1）通过实训，帮助学生突破生理、心理障碍，挑战自己，超越自我，锻炼学生的勇气、意志。

（2）通过实训，增强学生团队协作意识，增强凝聚力，学会进行团队协作。

素养目标：

通过实训，培养学生勤于思考、批判质疑的精神，健全的人格及和谐相处的交往能力。

【实施路径】

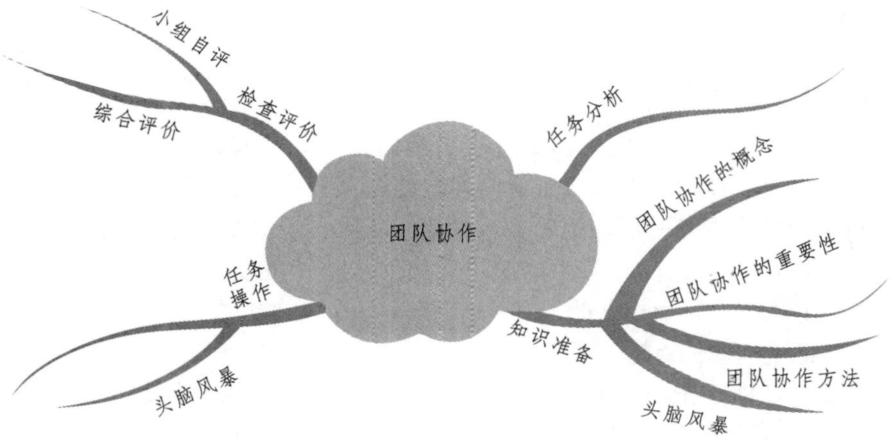

图 4.1　团队协作实施路径

【任务分组】

按照上一项目的分组，采用班组轮值指导。学生轮值担任组长，让每个学生都有锻炼组织协调项目管理、项目设计和项目评价的机会，通过小组协作，培养学生团队协作、互帮互助的精神和协同攻关的能力。角色扮演分配表如表 4.1 所示。

表 4.1　角色扮演分配表

团队名称			团队 Logo	
团队文化				
团队成员	学号	扮演角色	职责	

任务实施

【任务分析】

要想在营销活动中取得优异的成绩，要想成为一名团队协作能力强的营销人员，就必须要了解、熟悉营销人员提升团队协作能力的方法。一般说来，在营销活动中，营销人员具有较强的团队协作能力，会促使营销目标的达成，能提高整个营销活动的成效，也会使整个营销团队更具创造力。要想提升整个团队的协作能力，就必须加强营销人员团队协作能力的训练。

【知识准备】

独特的招聘

一、团队协作的概念

团队协作是一种为达到既定目标所显现出来的资源共享和协同合作的精神，它可以调动团队成员的所有资源与才智，并且会自动地驱除所有不和谐、不公正的现象；同时对表现突出者及时予以奖励，从而使团队协作产生一股强大而持久的力量。

要建设一个具有凝聚力并且高效的团队，首先，要建立信任感。这意味着一个有凝聚力的、高效的团队成员必须学会自如地、迅速地、心平气和地承认自己的错误、弱点、失败；同时认可别人的长处，即使这些长处超过了自己。其次，一个有协作精神的团队是允许良性冲突存在的，要学会识别虚假的和谐，引导和鼓励适当的、建设性的冲突。另外，要成为一个具有凝聚力的团队，管理者必须学会在没有完善的信息、没有统一的意见时做出决策，并付诸行动。因为完善的信息和绝对的一致都罕见，坚定的行动力就成为一个团队最为关键的行为之一。

二、团队协作的重要性

TCL 总裁李东生曾说过："在现代市场竞争中，要加强团队协作，提高资源整合能力和整体系统的有效性，保障企业资源效益最大化，综合竞争力才能够做到最强。"可见团队协作对企业的发展有着举足轻重的作用。

（一）团队协作有利于提高企业的整体效能

通过发扬团队协作精神，加强团队协作建设能进一步节省内耗。如果总是把时间花在怎样界定责任，应该找谁处理，这样就会减弱成员的亲和力，损伤凝聚力。

【案例 4.1】

天堂和地狱有什么区别

有个人想知道天堂和地狱的区别，他就去问上帝：万能的上帝啊，都说人死后要上天堂或下地狱，那么天堂和地狱到底有什么区别呢？

上帝说：你真的想知道吗？那人说：当然。于是上帝说：那好吧，你跟我去看！于是上帝带那人去了一个房间，打开门一看，只见一大群人围着一口大锅，锅里有菜、有肉、有汤，他们每人手里都有一只汤勺，但是所有汤勺的把手很长，每个人盛上食物想尽力送到嘴里，但无论怎么努力都无济于事。于是，每个人都阴沉着脸，因为长久吃不上饭，这群人饿得面黄肌瘦、摇摇欲坠。

上帝问跟来的那人：这就是地狱，你看怎么样，伙计？那人说：唉，这些人真是可怜！

上帝说：走吧，再看看！说着又来到另一个房间，打开门一看，只见同样是一大群人围着一口大锅，锅里的食物与前面那间房间的完全一样，他们手里的汤勺也跟前面房间的人手里的一样长。但不同的是，这群人欢声笑语、精神焕发。跟随上帝的那人觉得很惊讶：这是为什么？上帝说：你仔细看他们。那人便一动不动地盯着这群人看了一会儿，终于发现了与那个房间的不同。原来这里的每个人都把用汤勺盛好的食物喂给能够着汤勺的人，就是说所有的人都把食物喂给别人。如此一来，所有的人都能得到食物。

上帝问那人：这就是天堂，你看怎么样，伙计？那人恍然大悟：我懂了，原来这就是天堂和地狱的区别。

资料来源：https://www.jianshu.com/p/1c8cfad75450.

（二）团队协作有助于企业目标的实现

企业目标的实现需要每一个员工的努力，具有团队协作精神的团队十分尊重成员的个性，重视成员的不同想法，能真正使每一个成员参与到团队工作中，风险共担，利益共享，相互配合，完成团队工作目标。

（三）团队协作是创新的巨大动力

人是各种资源中唯一具有能动性的资源。企业的发展必须合理配置人、财、物，而调动人的积极性和创造性是资源配置的核心，团队协作就是将人的智慧、力量、经验等资源进行合理的协调，使之产生最大的规模效应。

三、提高团队协作的主要方法

在很多企业或者团队中，团队协作混乱、任务安排烦琐、进度不明确、协作成员相互推诿等是常见问题，导致团队协作间的效率低下。正是由于在团队协作的过程中采用了错误的协作方式，才导致出现了拉低团队协作效率的问题。在互联网时代，企业、部门之间的团队协作一般采用以下方法：

（一）建立团队协作意识

团队意识是一种主动性的意识，将自己融入整个团队，思考团队真正的需求，从而最大限度地发挥自己的作用。建立团队协作意识包括明确团队目标、尊重激励团队协作成员、加强团队协作沟通、树立团队协作精神等几方面。

（二）清晰团队协作任务分工

团队协作不是一个单人任务，它需要几个不同的团队去协作进行。所以，针对团队成员需要进行合适的任务和工作分配，可以利用团队协作工具来实现。

（三）合理监督

任何理性的人，都希望以最小的成本来获得最大的收益。反映在一个大的项目组中，即项目组中的任何成员都想花费自己最少的精力来完成既定的任务，而他们节约自己工作成本的方式，就是让其他组员承担原本需由自己完成的工作。因此，如果缺乏有效的监督，就会导致所有项目组成员偷工减料，从而使该项目彻底失败。

【案例 4.2】

3 个和尚没水喝

从前，山上有座小庙，庙里有个小和尚。他每天挑水、念经、敲木鱼，给观音菩萨案桌上的净瓶加水，过着自给自足的生活。不久，一个高和尚来了。他一到寺庙，就喝了半罐水。小和尚叫他去挑水。高和尚觉得一个人挑水两个人喝，对自己不公平。就让小和尚和自己一起挑水。两个人只能提一个水桶，而且水桶必须放在杆子的中央，这样两个人才觉着不吃亏。这样两人都有水喝了。后来，又来了一个胖和尚，他也想喝水，但是罐子里一点水都没有。小和尚和高和尚叫他自己去挑水，胖和尚挑了一担水，一个人一口气喝完了。从此没人挑水，3 个和尚都没水喝。每个人各自读经，敲木鱼，就是没人主动去挑水，观音菩萨面前的净瓶也没人倒水，花草凋零，老鼠经常趁机出来偷东西，也没人管。结果鼠患猖獗，打翻了烛台，火烧了寺庙。直到这时，3 个和尚才一起担水灭火。火被扑灭了，他们便清醒了。此后，在 3 个和尚的共同努力下，自然有了更多的水。

资料来源：http://yule.yjcf360.com/kaogutanmi/885817.htm.

四、头脑风暴法

在职业生涯中个人的发展离不开团队协作，因为团队协作能激发个人的潜力，能让个人发挥出最强的力量。目前头脑风暴法是加强团队合作、提升个人潜力的平台。

（一）头脑风暴法的概念

头脑风暴法是美国 BBDO 广告公司阿列克斯·奥斯本创造的一种创意方法，人们可以在正常融洽和不受任何限制的气氛中以会议形式进行讨论、座谈，打破常规，积极思考，畅所欲言，充分发表看法。

（二）头脑风暴法的实施步骤

1. 会前准备

准备好会议所需的基本工具，主要包括便笺纸、签字笔、展示板、计时器等。另外，还需制作背景资料，包含会议的名称、论题、日期、时间、地点等，将论题以提问的形式描述出来，并且举一些设想为例作为参考。背景资料要提前分发给参与者，这样他们可以事先思考一下论题。

2. 确定会议参与者

选出 5 ~ 10 名会议参加者，人数过多会减少每个人发言的机会，并增加管理难度。会议参加者应尽可能是不同领域的人。

3. 确定会议主持人和记录员

会议提出的设想应由专人简要记录下来，以便由分析组对会议产生的设想进行系统化处理，供下一（质疑）阶段使用。

4. 探讨主题

主持人提出所要探讨的主题，并给团队成员分发便笺纸和签字笔，随后进行计时。一般设定 5 分钟，团队成员围绕主题，将自己解决方案的想法记录在便笺纸上，要求大家在规定的时间内完成任务。时间结束，主持人回收所有的便笺纸，然后将便笺纸有序粘贴在展示板上。按照顺序挑选便笺纸，再组织大家对便笺纸上的内容进行可行性分析和探讨。记录员记录大家对便笺纸上内容的谈论结果，筛选出那些真正符合需求且有价值的建议和想法。

5. 选择与评估

头脑风暴引出的创意是否有效，还需要针对目的及目标进行选择与评价，并考虑其实现的难度及障碍。

（三）头脑风暴法应遵循的基本原则

（1）禁止批评和评论，也不要自谦。

对别人提出的任何想法都不能批判、不得阻拦。即使自己认为是幼稚的、错误的，甚至是荒诞离奇的设想，亦不得予以驳斥；同时也不允许自我批判，在心理上调动每一个与会者的积极性，彻底防止出现一些“扼杀性语句”和“自我扼杀语句”。诸如“这根本行不通”“你这想法太陈旧了”“这是不可能的”“这不符合某某定律”以及“我提一个不成熟的看法”“我有一个不一定行得通的想法”等语句，禁止在会议上出现。只有这样，与会者才可能在充分放松的心境下，在别人设想的激励下，集中全部精力拓展自己的思路。

（2）目标集中，追求设想数量，越多越好。

会议以谋取设想的数量为目标。

（3）鼓励巧妙地利用和改善他人的设想。

鼓励巧妙地利用和改善他人的设想，这是激励的关键所在。每个与会者都要从他人的设想中激励自己，从中得到启示，或补充他人的设想，或将他人的若干设想综合起来提出新的设想等。

（4）与会人员一律平等，将各种设想全部记录下来。

与会人员，不论是该方面的专家、员工，还是其他领域的学者，以及该领域的外行，一律平等；各种设想，不论大小，甚至是最荒诞的设想，记录人员也要认真地将其完整地记录下来。

（5）主张独立思考，不允许私下交谈，以免干扰别人思维。

（6）提倡自由发言，畅所欲言，任意思考。

会议提倡自由奔放、随便思考、任意想象、尽量发挥，主意越新、越怪越好，因为它能启发人推导出好的观念。

（7）不强调个人的成绩。

应以小组的整体利益为重，注意和理解别人的贡献，创造民主环境，不以多数人的意见阻碍个人新的观点的产生，激发个人追求更多、更好的主意。

恭喜你！完成任务分析与准备，明确了团会协作的重要性和提升团队协作能力的方法。接下来，你将进行任务操作。

【任务操作】

小组根据老师给出的情境，按照要求用头脑风暴法对准备开设的餐饮店选择最佳方案。

情境：你们准备在某购物中心开一家餐饮店，假设你们拥有开设餐饮店的足够资源。你们所面对的问题是，什么类型的餐饮店是最适合你们的？

（1）每位小组成员进行发言。发言要尽可能地富有创新性和创造力，对任何提议都不能加以批评。

发言内容：____

____

____

____

____

____

____

（2）讨论各个方案的优点与不足，时间 10～15 分钟。集体确定一个使所有成员意见一致的最可能成功的方案。

（3）做出决策后，对头脑风暴法的优点与不足进行讨论，确定是否有产生阻碍的现象。将讨论结果填入表 4.2 中。

表 4.2　头脑风暴

项目名称	头脑风暴法选择餐饮店类型
团队名称	
优点	
不足	
阻碍	

（4）各组派出代表，将头脑风暴法选择的最佳方案用 PPT 进行班级展示。

恭喜你！完成任务操作，进行了团队协作实操。接下来，你将进行任务考评与总结。

检查评价

【小组自评】

根据团队实训情况，首先团队负责人对小组成员的训练情况进行自评，其次小组之间进行互评，最后老师进行总结评价（见表 4.3）。

表 4.3　小组自评表

团队名称					
考评项目	头脑风暴法选择餐饮店类型（100 分）				
	会前准备	发言	主题	说服力	协调力
存在问题					
改进措施					

【综合评价】

各组代表展示，介绍任务完成过程、制作过程、总结改进，完成考核评价（见表 4.4）。

表 4.4　综合评价表

序号	评价项目	评价内容	分值	自评（30%）　互评（30%）	师评（40%）	合计
1	职业素养（30 分）	分工合理，制订计划能力强，严谨认真	10			
		责任意识强	5			
		团队合作、交流沟通、分享能力强	5			
		遵守职业规范	5			
		主动性强，保质保量完成工作相关任务	5			
2	专业能力（60 分）	头脑风暴法的实施步骤	25			
		选择最佳方案	35			
3	创新意识 10 分	创新性思维和行动力	10			
合计			100			
评价人签名：		时间：				

任务二　职业生涯发展规划

任务描述

本项任务将引领你进行自我识别，在生活和学习中逐步进行个人职业生涯规划。根据任务分析，在了解职业生涯规划的重要性、熟知个人职业生涯规划步骤和职业选择原则后，制定个人职业生涯规划，并对任务的实施进行检查评价。

【任务要求】

（1）通过本次训练，提高学生自我认知的能力。
（2）通过本次训练，逐渐增强学生对自我职业规划的能力。

【学习目标】

知识目标：

（1）了解职业生涯规划的重要性。
（2）熟知职业生涯规划的原则。
（3）掌握职业生涯规划的步骤和方法。

能力目标：

通过实训，提升学生的职业生涯规划能力。

素养目标：

通过实训，使学生认识自我，探索自我的兴趣、特长、爱好，认识自己的社会责任，把个人的理想融入全体人民的共同理想中，把个人的奋斗融入为社会主义现代化建设事业的奋斗中。

【实施路径】

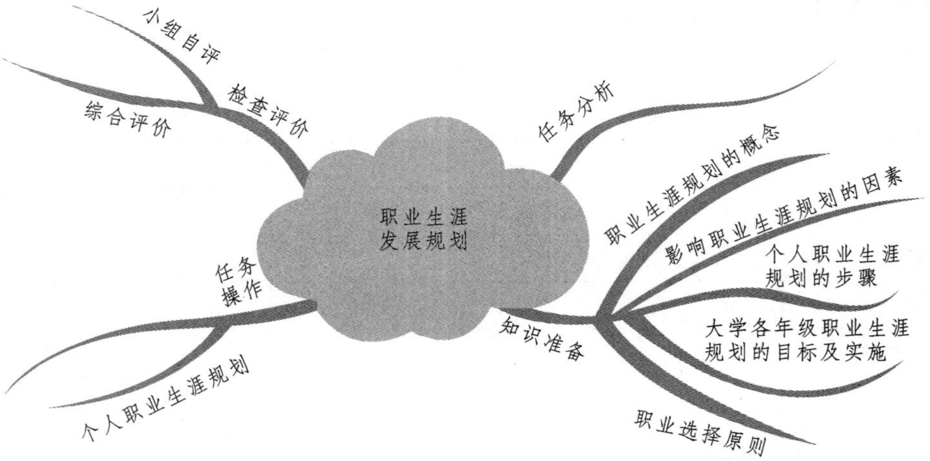

图 4.2 职业发展规划实施路径

【任务分组】

按照上一任务的分组，采用班组轮值指导。学生轮值担任组长，让每个学生都有锻炼组织协调项目管理、项目设计和项目评价的机会，通过小组协作，培养学生团队协作、互帮互助的精神和协同攻关的能力。角色扮演分配表如表 4.5 所示。

表 4.5 角色扮演分配表

团队名称			团 队 Logo	
团队文化				
团队成员	学号	扮演角色	职 责	

任务实施

【任务分析】

“人贵有自知之明”，但在很多情况下，我们每个人对自己的认识常常是模棱两可、含糊不清，有时甚至是完全错误的，我们不知道自己希望从工作中获得什么，不知道自己真正适合做什么。有些人在做职业决策时，常常是为了取悦他人；有些人则追逐社会上的热门职业，而不是根据自己的能力兴趣来选择自己的工作和职业。如果你对工作不感兴趣，如果你不具备这项工作所要求的才能，那么你所达成的职业目标就会大打折扣。这就要求我们从认识自己开始进行有意义的职业生涯规划。

【知识准备】

全球职业规划师

一、职业生涯规划的概念

职业生涯规划又称职业生涯设计，是指个人和组织相结合，在对一个人职业生涯的主客观条件进行测定、分析、总结研究的基础上，对自己的兴趣、爱好、能力、特长、经历及不足等各方面进行综合分析与权衡，结合时代特点，根据自己的职业倾向，确定其最佳的职业奋斗目标，并为实现这一目标做出行之有效的安排。

职业生涯规划的目的绝不只是协助个人按照自己的资历条件找一份工作，达到和实现个人目标，更重要的是帮助个人真正了解自己，为自己定下事业发展方向，筹划未来，拟订一生的方向，进一步详细估量内、外环境的优势和限制，在“衡外情，量己力”的情形下设计出合理且可行的职业生涯发展方向。

二、影响职业生涯规划的因素

（一）个人因素

由于人在不断变化，因而在他们人生的不同阶段，对他们职业的看法也不同。在每一个职业规划与发展阶段，个人对工作的动机是不一样的。在职业规划的早期，个人主要在于与企业进行磨合，学会必要的知识和技能；在中期，主要是求得发展；在晚期，主要在于维持。不同的动机对工作的影响也是不同的。

（二）工作因素

工作的变动往往会引起人们对其期望的变动，工作信息可以从工作说明书中获得，也可以从整个行业发展趋势中获得，而一个组织中的工作则可以从职业描述与工作规范中获得，如对工作任务的说明、工作职责的说明、工作要求的说明。

（三）组织因素

组织因素包括企业经营理念、企业文化、经营管理者的领导风格、经营策略、产品等，其中最重要的是企业管理者以及员工对职业规划与发展管理制度的支持。

三、个人职业生涯规划的步骤

（一）职业生涯认知

我们依据个体的职业价值观、职业兴趣、专业技能以及人格特质来综合识别适合自己从事的职业。除了研究本人适合从事哪些职业或工作外，还要考虑企业可能给你提供哪些岗位，对自己适合从事的岗位进行认知。

（二）职业生涯选择

明确职业生涯认知后，就要对自己以后的职业生涯进行选择。在以后的职业岗位中明确发展方向和发展目标。

（三）职业生涯管理

在职业发展中，我们不仅要通过企业的职业管理来提升自己，自己也要在不同阶段、不同环境中制订行动计划，在实施过程中评估自己，进行动态调整。

简言之，职业生涯规划就是知己、知彼、决策、行动和反馈的循环往复过程（见图 4.3）。

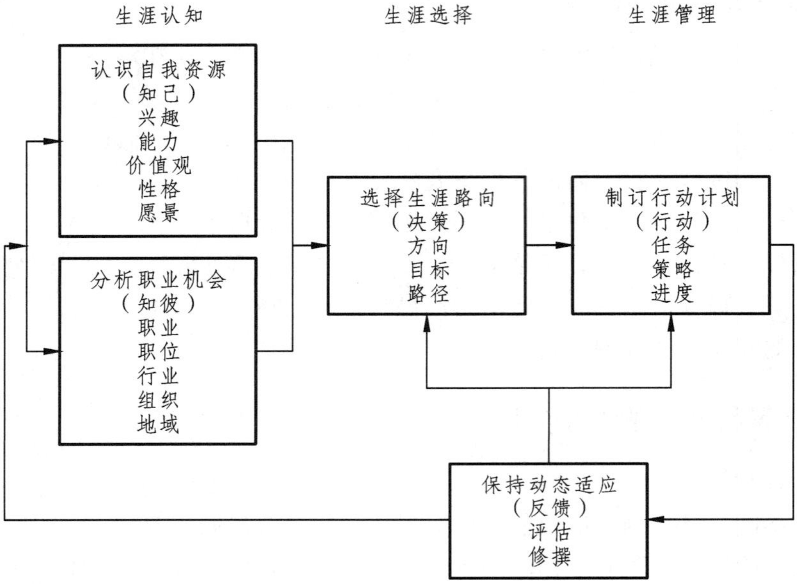

图 4.3　个人职业生涯规划示意图

四、大学各年级职业生涯规划的目标及实施

（一）大学一年级：探索期

1. 阶段目标

适应大学生活，树立规划意识。

2. 实施策略

了解就业形势，树立新的奋斗目标。完成从中学生到大学生的角色转变，尽快适应大学生活。虚心请教师兄师姐，积极参加集体活动，建立新的人际关系圈。开始自我和职业的探索，树立职业规划意识。通过职业测评等工具全面客观地探索自己，思考有哪些职业与自己所读的课程、专业相吻合，通过互联网、报纸杂志和访谈等渠道进一步了解这些职业。

（二）大学二年级：定向提升期

1. 阶段目标

确定主攻方向，培养综合素质；提升职业技能，积累职业经验。

2. 实施策略

虚心请教师长和校友，根据自己的发展意愿选定专业或主攻方向，有必要、有条件的可以同时辅修其他课程和专业。建立合理的知识结构，注重专业能力培养，参加英语、计算机等工具性证书的考试，考取与职业目标相关的职业资格证书。积极参加学生会或社团工作，培养自己的组织协调能力和团队合作精神，提升自己的综合素质。尝试兼职、实习等，积累一定的职业经验。

（三）大学三年级：冲刺期

1. 阶段目标

充分掌握资讯，实现毕业目标。

2. 实施策略

学习求职技巧，学会制作简历、求职信，了解面试技巧和职场礼仪。留意学校就业中心通知和其他重要的招聘渠道，不要遗漏关键的招聘信息。登录招聘单位网站或通过咨询、访谈等方式，了解相关职业信息，为面试做准备。参加顶岗实习，获取工作经验或工作。学会就业心理调节，始终保持自信和主动。了解劳动法规和政策，学会保障自己的劳动权益。

五、职业选择原则

（一）性格与职业匹配原则

职业心理学研究表明，性格影响着个人对职业的适应性，一定的性格适合从事一定的职业；同时，不同的职业对个人也有不同的性格要求。因此，大学毕业生在考虑或选择职业时，不仅要考虑自己的职业性格特点，还要考虑职业对个人性格的要求，从而根据自己的性格特点选择最易适应的职业，或者改变自己的性格特点来适应职业的要求。

性格与职业相匹配是指个人在选择职业时，应根据自己的性格来选择与个人性格相适应的职业。于组织而言，则应该根据职业要求挑选相应性格的人。通常将人的性格分为外向型和内向型。一般来说，外向型性格的人更适合与人接触的职业，如管理人员、记者、教师、政治家、推销员等；内向型的人更适合有计划、稳定且与人接触较少的职业，如会计师、统计员、资料管理员、技术人员、科学家等。

（二）兴趣与职业吻合的原则

兴趣是最好的老师，也是最初的原动力。从事一项自己喜欢的职业，职业生涯就会变得更有趣、更有意义，也更易获得职业满意与成功。很多成功的事例都证明了这一点。被世人称为球王的贝利曾说过："我热爱足球，足球就是我的生命！"正是对足球的执着和热爱，才使贝利步入足坛，把踢足球作为他终生的职业目标，也正是足球给他带来了无穷的乐趣、荣誉和财富。因此，在选择职业时，我们应该明确自己的兴趣类型，寻找与此兴趣类型相匹配的职业。表 4.6 列出了 12 种兴趣类型以及与之相适应的职业供参考。

表 4.6　兴趣类型以及与之相适应的职业

兴趣类型	特　点	相适应的职业
类型 1：喜欢与工具打交道	这类人喜欢使用工具、器具进行劳动的活动，而不喜欢从事与人或动物打交道的职业	修理工、木匠、建筑工、裁缝等
类型 2：喜欢与人相接触	这类人喜欢与他人接触的工作，他们喜欢销售、采访、传递信息一类的活动	记者、营业员、邮递员、推销员等

续表

兴趣类型	特　点	相适应的职业
类型3:喜欢从事文字符号类工作	这类人喜欢与文字、数字、表格等打交道的工作	会计、出纳、校对员、打字员、档案管理员、图书管理员等
类型4:喜欢地理地质类职业	这类人喜欢在野外工作，如地理考察、地质勘探等活动	勘探工、钻井工、地质勘探人员
类型5: 喜欢生物、化学和农业类职业	这类人喜欢实验性的工作	农技员、化验员、饲养员等
类型6:喜欢从事社会福利和助人工作	这类人乐意帮助别人，他们试图改善他人的状况，喜欢独自与人接触	医生、律师、教师、护士、咨询人员
类型7:喜欢行政和管理的工作	这类人喜欢管理人员的工作，愿意做别人的思想工作，他们在各行各业中起着重要的作用	辅导员、行政管理人员等
类型8:喜欢研究人的行为	这类人喜欢谈论涉及人的主题，他们爱研究人的行为举止和心理状态	心理学工作者，哲学、人类学研究者
类型9:喜欢从事科学技术事业	这类人喜欢科技工作类活动	建筑师、工程技术人员
类型10: 喜欢从事想象的和创造性的工作	这类人喜欢需要有想象力和创造力的工作，喜欢创造新的式样和方法	演员、作家、创作人员、设计人员、画家等
类型11: 喜欢做操纵机器的技术工作	这类人喜欢运用一定的技术，操纵各种机器，制造产品或完成其他任务	驾驶员、飞行员、海员、机床工等
类型12: 喜欢从事具体的工作	这类人喜欢制作能看得见、摸得着的产品，希望很快看到自己的成果，从完成的产品中得到自我满足	厨师、园林工、农民、理发师等

需要注意的是，任何人的兴趣都不是与生俱来的，而是以一定的素质为前提，在生活实践过程中逐步产生和发展起来的。实践证明，兴趣是可以培养的。一般来说，兴趣爱好广泛的人容易注意和接触多方面的事物，在选择职业时，自由度就大一些，能为自己创造更多的有利条件。但兴趣并不代表能力，对某一特定职业有兴趣并不意味着能干好这个职业；同样，具有从事某项工作的能力但缺乏兴趣，要想取得事业成功可能性也是非常小的。只有对某一种职业感兴趣，并具有该职业所要求的能力时，才有可能做好这项工作。大学毕业生在具备了实现个人兴趣能力的同时，应好好把握主要兴趣，并据此做出科学、合理的选择。

（三）能力与职业的吻合原则

大学生走入社会进入职场，要想胜任工作，获得自身的发展，需要具备各种各样的能力。

1. 适应能力

适应能力指根据客观情况的变化，能随机应变地适时调节择业行为的能力。现代社会是复杂多变的，要适应各种状况，保证自己从学校到社会的顺利过渡，就应该提高自己的社会适应能力。学校教育是基础教育、通才教育，走上工作岗位以后，有些知识用不上，有些知识不够用，有的要从头学起。这就要求刚走上社会的毕业生，根据工作需要去调整自己的知识结构、能力结构以及行为方式，尽快地培养自己适应社会的应变能力。

2. 人际交往能力

人际交往能力指择业者以社会认可的方式，妥善处理人与人之间的关系，并与他人和谐共处、共同发展的能力。生活、工作中需要与许多人交往，这样就难免会产生矛盾。作为大学生，只有具备一定的人际交往能力，善于处理各种人际关系，才能在工作中充分施展自己的才能。在人际交往中，要善待他人，“将心换心，以诚相待”，要学会尊重他人，要“换位思考”，设身处地为他人着想，这样才能得到他人的尊重；要学会既能干大事又能做小事的本领，不能以“才子”自居，妄自尊大，要有甘当小学生的精神；学会处理具体问题，既坚持原则，又不失灵活。

3. 表达能力

表达能力指以语言或其他方式展示自己思想感情的能力。它是交流思想、交流感情的基础性素质，故又称语言文字沟通能力。人们在日常学习、工作、生活中，要交流思想、讨论问题、互通情况、阐述观点等，注意表达能力的培养。再好的见解和办法，如表达不确切、不清楚，也会直接影响观念的阐述。表达能力主要包括口头表达能力和书面表达能力。口头表达能力要求语言的流畅性、灵活性和艺术性；书面表达能力要求文句的逻辑性、艺术性和条理性。对一名大学毕业生来说，表达能力在将来的工作岗位上是极为重要的。有的大学生在工作岗位上，动手写东西很费劲，拿起笔来不知从何入手，写出来的东西，文字不顺，逻辑不清；有的连通知、申请都写得不像样；有的会设计，但不会写说明；有的外语不错，中文却不行，有的外语根本不能适应经济全球化发展的要求。因此，大学生在校期间要加强锻炼，不断提高中、外文表达能力。

4. 开拓创新能力

开拓创新能力指用已经积累的知识，通过不断地探索研究，在头脑中独立地创造出新的思维，提出新的见解和做出新的选择的能力。它包括发现问题、提出问题、发现规律的能力，创造性地分析问题和解决问题的能力，发明新技术，创造新产品的能力，提出新思想的能力等。它是由观察敏锐性、记忆保持性、思维灵活性、独立思考能力、创造性思维、创造性想象和创新意识等基本要素构成的。大学生在学校期间应不断增强开拓创新意识，加强开拓创新能力的培养，为今后工作中能有所发明、有所创造奠定良好的基础。

5. 动手能力

把创造性思维变成实际的物质成果，或是用生动形象的实践过程呈现创造性思维的转化能力即为动手能力，又称实验操作能力。这种能力对大学生，尤其是工科类大学生来说尤为重要。现实工作中，尤其是在科研、生产第一线，要的是理论上懂，实践中会干的人才；要的是既能讲出科学道理，又能干出样子的人才。目前，有些大学毕业生对于工作中遇到的问题，理论上懂，道理也讲得出来，但要亲自动手来解决这些问题，往往就显得能力欠缺，直接影响自己作用的充分发挥。所以，大学生在学校不仅要积累知识，还要通过参加科研活动，利用生产实习和勤工俭学等机会，着力培养和提高实际动手能力。

6. 组织管理能力

组织管理能力包括计划能力、组织实践能力、决断能力、指导能力和平衡能力。在目前毕业生就业市场上，具有一定的交往能力和组织工作能力的大学生越来越受到用人单位的普遍欢迎。许多单位挑选大学生时，在注重学业成绩的同时，对是否担任过学生干部、承担过社会工作很感兴趣。因为大学生将来无论从事何种工作，都离不开一定的组织管理能力。因此，大学生在校期间应积极参加社会活动，尽量做一些社会工作，不断增强自己的组织工作能力，以利于今后的工作。

【案例 4.3】

职业测试

1. 职业倾向测试

测试目的：看你对哪种职业有较大的倾向或潜力，以便帮助你选择和确定自己的职业。

测试方法：以下前 10 题为 A 组，后 10 题为 B 组。每组你认为“是”的得 1 分，认为“否”的得 0 分，然后比较两组得分。

（1）你是否很少写错别字？（　　）

（2）当你正在看一本侦探小说或电影时，你是否常常能在未看到结果前知道作品中哪个人物是罪犯？（　　）

（3）墙上的画挂歪了，你是否想去扶正？（　　）

（4）你是否宁可参加音乐会也不愿意待在家里闲聊？（　　）

（5）你是否常论及自己看过或听过的事物？（　　）

（6）你是否愿意少做几件事一定要做好，而不是多做几件而马马虎虎？（　　）

（7）你是否宁可读一些散文或小品也不愿意看小说？（　　）

（8）你是否喜欢打牌下棋？（　　）

（9）你是否对自己的消费预算有控制？（　　）

（10）你是否喜欢研究能使钟、开关、马达发生效用的原因？（　　）

（11）闲暇时，你是否较喜欢参加一些运动，而不愿意看书？（　　）

（12）你是否很想改变一下日常生活的一些管理，使自己有更充裕的时间？（　　）

（13）你是否喜欢与比你年轻的人在一起？（　　）

（14）你是否认为数学不难？（　　）

（15）对于你能办到的事情被人请求时，你是否乐于答应？（　　）

（16）你能列出 5 个你自己认为是朋友的人？（　　）

（17）你是否喜欢新朋友、新地方和新东西？（　　）

（18）你看书是否很快？（　　）

（19）你是否不喜欢太琐碎的事情或工作？（　　）

（20）你是否相信“小心谨慎，稳扎稳打”是至理名言？（　　）

测试结果分析：

（1）若 A 组分值比 B 组高，表明你是一个精明的人，适合从事需要耐心、谨慎和研究的工作，诸如医生、律师、科学家、修理工人、编辑、哲学家、机械师、工程师等职业。

（2）若 B 组分值比 A 组高，则表明你是一个广博的人，最大的长处在于成功地与人交往，你喜欢有人来实现你的想法，适合做人事、销售、顾问、运动教练、演员等工作。

（3）若 A、B 两组分值大体相等，就表明你不但能处理琐碎事务，也能维持良好的人际关系，适合的工作包括护士、秘书、教师、图书管理员、政治家、美容师、艺术家等职业。

2. 职业与个性吻合测试

（1）下面 4 种职业中，你会选择：

A. 模特　B. 消防员　C. 打字员　D. 音乐家

（2）下面 4 种职业中，你会选择：

A. 歌星　B. 投资者　C. 会计师　D. 心理学家

（3）下面 4 种职业中，你会选择：

A. 经理　B. 推销员　C. 工人　D. 作家

（4）下面 4 种职业中，你会选择：

A. 公关　B. 改革先锋　C. 教师　D. 科研人员

（5）下面 4 种职业中，你会选择：

A. 演员　B. 机师　C. 翻译　D. 哲学家

（6）下面 4 种职业中，你会选择：

A. 记者　B. 运动员　C. 医生　D. 诗人

（7）下面 4 种职业中，你会选择：

A. 律师　B. 探险家　C. 图书管理员　D. 画家

测试结果分析：

在你选择的职业中，选择 A 最多的是热血青年，个性活泼，反应快，适合做与人交际的工作，如记者、律师、公关、秘书等。

选择 B 最多的是脾气火暴青年，个性直率、冲动，精力旺盛，适合做竞争激烈，富有冒险的工作，如运动员、探险者、机师等。

选择 C 最多的是温柔婉约型的人，个性沉着，反应慢，情绪不易为人所知，适合的工作包括医务人员、翻译、图书管理员等。

选择 D 多的是多愁善感的人，个性孤僻，感情细腻、敏感，适合的工作包括诗人、画家、音乐家等。

如果 4 种答案都差不多，属于混合型的人。

资料来源：https://zhidao.baidu.com/question/498030680649695452.html.

恭喜你！完成任务分析与准备，明确了职业生涯规划的步骤及职业选择原则。接下来，你将进行任务操作。

【任务操作】

小组成员根据自我评价、社会信息的了解及个人目标，制定职业生涯发展规划。

（1）自我评价（见表 4.7）。

表 4.7　个人评价

姓　名		性　别		年　龄		所学专业	
价值观							
兴　趣							
特　长							
能　力							
性　格							

续表

<table>
<tr><td>姓 名</td><td></td><td>性 别</td><td></td><td>年 龄</td><td></td><td>所学专业</td><td></td></tr>
<tr><td>学业情况</td><td colspan="7"></td></tr>
<tr><td>身体素质</td><td colspan="7"></td></tr>
<tr><td rowspan="3">优势分析</td><td colspan="3">曾经做过什么？</td><td colspan="4"></td></tr>
<tr><td colspan="3">学会了什么？</td><td colspan="4"></td></tr>
<tr><td colspan="3">最成功的是什么？</td><td colspan="4"></td></tr>
<tr><td rowspan="2">弱势分析</td><td colspan="3">遇到的挫折是什么？</td><td colspan="4"></td></tr>
<tr><td colspan="3">经历中所欠缺的是什么？</td><td colspan="4"></td></tr>
</table>

（2）社会信息分析（见表 4.8）。

表 4.8　社会信息分析

<table>
<tr><td rowspan="4">大家对你的看法与期望</td><td>父母</td><td></td></tr>
<tr><td>亲戚朋友</td><td></td></tr>
<tr><td>老师</td><td></td></tr>
<tr><td>同学</td><td></td></tr>
<tr><td rowspan="4">人际关系分析</td><td>学校</td><td></td></tr>
<tr><td>专业</td><td></td></tr>
<tr><td>班级</td><td></td></tr>
<tr><td>寝室</td><td></td></tr>
<tr><td>社会需求与就业形势分析</td><td colspan="2"></td></tr>
<tr><td>社会对人才的素质要求分析</td><td colspan="2"></td></tr>
</table>

（3）个人目标分析（见表 4.9）。

表 4.9　个人目标分析

<table>
<tr><td rowspan="3">总目标</td><td>职业发展方向</td><td></td></tr>
<tr><td>职业发展地域</td><td></td></tr>
<tr><td>职业发展期望值</td><td></td></tr>
<tr><td rowspan="5">目标的素质要求</td><td>德</td><td></td></tr>
<tr><td>识</td><td></td></tr>
<tr><td>才</td><td></td></tr>
<tr><td>学</td><td></td></tr>
<tr><td>体</td><td></td></tr>
<tr><td rowspan="2">目标分析</td><td>实现目标的优势</td><td></td></tr>
<tr><td>实现目标的弱点与障碍</td><td></td></tr>
</table>

（4）实现目标的步骤与措施（见表 4.10）。

表 4.10　实现目标的步骤与措施

步骤		措施	目标
大学期间	大学总体目标		
	第一学期		
	第二学期		
	第三学期		
	第四学期		
	第五学期		
	第六学期		
大学以后	初入社会		
	发展期		
	稳定期		

（5）职业生涯执行检查评价（见表 4.11）。

表 4.11　职业生涯执行检查评价

自我评价	测评	综合测评排名	德育成绩	成绩排名
	获奖			
	规划落实			
	经验与教训			
父母评价建议				
同学与朋友评价建议				
教师评价建议				
成功外因评估				
目标修正				

恭喜你！完成任务操作，制定了个人职业生涯规划。接下来，你将进行任务考评与总结。

检查评价

【小组自评】

根据团队实训情况，首先团队负责人对小组成员的训练情况进行自评，其次小组之间进行互评，最后老师进行总结评价（见表 4.12）。

表 4.12 小组自评表

团队名称					
考评项目	个人职业生涯规划（100 分）				
	自我 评价	社会信息 分析	个人目标 分析	实现目标的步骤 与措施	职业生涯 执行
存在问题					
改进措施					

【综合评价】

各组代表展示，介绍任务完成过程、制作过程、总结改进，完成考核评价（见表 4.13）。

表 4.13 综合评价表

序号	评价项目	评价内容	分值	自评（30%）	互评（30%）	师评（40%）	合计
1	职业素养（30 分）	制订计划能力强，严谨认真	10				
		责任意识强	5				
		交流沟通、分享能力强	5				
		遵守职业规范	5				
		主动性强，保质保量完成工作相关任务	5				
2	专业能力（60 分）	制定职业生涯规划	25				
		执行职业生涯规划	35				
3	创新意识 10 分	创新性思维和行动力	10				
合计			100				
评价人签名：			时间：				

下篇

营销职业核心技能训练

项目五

市场调研项目训练

项目简介

“知己知彼，百战不殆”，可什么是“知己知彼”呢？从市场营销的角度来看，所谓“知己知彼”就是要了解自己、了解客户、了解竞争对手。企业只有在获得大量的、可靠的市场信息的基础上，才能做到“知己知彼，百战不殆”，才能在激烈的市场竞争中占据有利地位。而市场调查就是企业的“雷达”或“眼睛”，只有充分调查研究、分析市场，才可能真正把握市场脉搏，安排组织好有效的营销活动。通过本项目的实训，学生应了解市场调查方法，熟悉市场调查的实施过程，并能设计调查问卷、制定调查方案，撰写市场调查报告。

任务一　市场调查方案设计

市场调查流程

任务描述

本项任务将引领你在营销活动中进行市场调查方案的设计。根据任务分析，在了解设计市场调查方案对市场调查活动的重要性,熟知设计市场调查方案的内容和调查方法的基础上，进行具体的市场调查方案设计，并对任务实施进行检查评价。

【任务要求】

（1）通过本次训练，能依据调查目的科学地设计出完整的市场调研方案。

（2）通过本次训练，能运用适当的可行性研究方法对调研方案进行分析评价。

【学习目标】

知识目标：

（1）了解市场调查方案的含义。

（2）熟知市场调查方案设计的内容。

（3）掌握市场调查方案设计的步骤。

能力目标：

通过实训，提高学生独立思考问题的能力和制定市场调查方案的能力。

素养目标：

通过实训，结合行业动态引导学生积极思考行业发展对社会发展的贡献，提升学生主人翁意识。

【实施路径】

图 5.1　市场调查方案设计实施路径

【任务分组】

按照上一项目的分组，采用班组轮值指导。学生轮值担任组长，让每个学生都有锻炼组织协调项目管理、项目设计和项目评价的机会，通过小组协作，培养学生团队协作、互帮互助的精神和协同攻关的能力。角色扮演分配表如表 5.1 所示。

表 5.1　角色扮演分配表

团队名称			团队 Logo	
团队文化				
团队成员	学号	扮演角色	职责	

任务实施

【任务分析】

市场调查方案是市场调查活动的纲领，是整个调查活动的一个总体框架，对调查活动的顺利进行有着促进作用。市场调查方案的设计，直接影响后续的调查实施。要想提高市场调查方案设计的水平，就必须加强市场调查方案设计的实训。

【知识准备】

一、市场调研方案的概念

市场调研方案是在调查项目实施之前对整个项目各个方面、各个阶段任务的一个通盘考虑和安排，它是整个调查项目的总体框架或蓝图，起到保证市场调查工作顺利进行的重要作用。

二、市场调查方案设计的内容及步骤

（一）确定调查目的

确定市场调查的目的，即明确我们为什么要调查？在调查中要解决哪些问题？通过调查要取得什么资料？取得这些资料有什么用途？例如，某企业在经营过程中出现商品销售量下降的情形，此时确定的调查目的可能是“发现引起企业销售量下降的原因”。而这些原因可能是商品结构不合理、服务质量下降、消费者购买力下降、企业资金不足周转缓慢、企业促销不力、竞争者产品大幅度降价等。这些问题涉及面广，比较笼统，需要找出主要原因。只有确定了调查目的，才能确定调查的范围、内容和方式，否则就会因一些无关紧要的调查项目，而漏掉一些重要的调查项目，无法满足调查的要求。衡量一个调查方案是否科学的标准，主要就是看方案的设计是否体现调查目的的要求，是否符合客观实际。

（二）确定调查对象和调查单位

确定调查对象即解决向谁调查的问题，这与调查的目的是紧密联系在一起的。调查对象是根据市场调查目的选定符合条件的市场活动参与者，如有关性别、年龄、文化水平、收入水平、职业等方面都是确定调查对象时需要考虑的因素。

调查单位是指被收集资料的每个单位，即我们在调查中要进行调查研究的一个个具体的承担者。调查单位主要有两类：一类是客观存在的实体，如个人、家庭、企业、机关、学校、机器设备、房屋和产品等；另一类是已经发生的行为、事件和现象等。在全面调查中，调查对象的每个单位都是调查单位。在非全面调查中，调查单位是调查对象中被收集资料的部分单位。例如，为了了解某市各大超市的经营情况及存在的问题，需要对全市的超市进行全面调查，那么该市的所有超市就是调查对象，每一个超市就是一个调查单位。

（三）确定调查内容

市场调查的内容

确定调查内容就是确定调查项目。调查项目是指取得资料的项目，它是表明调查对象特征的各项标志，也就是明确向被调查者了解什么问题。例如，调查对象是消费者，可供选择的调查项目有姓名、住址、收入、职业和文化程度等内容。如果做商品调查，项目可以包括商品质量、销售数量和购买时间等。调查项目可以有多种选择，选择的原则取决于调查目的，也就是说，应该依据调查目的选择调查项目。调查项目是为了取得资料而设计的，是调查内容的具体化。在确定调查项目时，除了要考虑调查目的和调查对象的特点，还要注意以下问题：

（1）确定调查项目应当既是调查任务所需，又是能够取得答案的。凡是调查目的需要又可以取得的调查项目，都要列入调查项目中，否则不要列入。另外，项目也不宜过多。

（2）调查项目的表达必须明确，要使答案具有确定的表达形式，如数值式、文字式等，以便统一调查者填写的形式，便于调查数据的处理和汇总。否则，会使被调查者产生不同理解而做出不同的答案，造成汇总时的困难。

（3）调查项目之间尽可能相互关联，使取得的资料相互对照，以便了解现象发生变化的原因、条件和后果，从而检查准确性。

（4）调查项目的含义要明确、肯定，必要时还可以附以调查项目的解释。

（四）设计调查工具

在设计调查项目之后，必须进一步具体设计反映这些项目的调查工具。调查工具是指调查指标的物质载体，如调查提纲、调查表、调查卡片、调查问卷等。所有的调查项目最后都必须通过调查工具表现出来。设计调查工具时，必须考虑调查项目的多少、调查者和被调查者的方便、对资料进行整理分析时的需要等。只有科学地设计调查工具，才能使调查过程顺利，调查结果满意。

（五）确定调查方式和方法

在调查方案中，还要规定采用什么组织方式和方法取得资料。搜集调查资料的方式有普查、重点调查、典型调查、抽样调查等。具体调查方法有文案调查法、访问法、观察法和实验法等。在调查时，采用何种方式、方法不是固定和统一的，而是取决于调查对象和调查任务。在市场经济条件下，为准确、及时、全面地获得市场信息，尤其应注意多种调查方式的结合运用。

（六）确定调查时间和调查期限

调查时间是指调查资料所属的时间。如果所要调查的是一定时期的现象，就要明确规定资料所反映的是调查对象从何时起到何时止的资料。如果所要调查的是时点现象，就要明确规定统一的标准调查时点。

调查期限是规定调查工作的开始时间和结束时间，包括从调研方案设计到提交调研报告的整个工作时间，也包括各个阶段的起始时间，其目的是使调查工作能及时开展，按时完成。为了提高信息资料的时效性，在可能的情况下，调查期限应适当缩短。

在进行调研方案的设计中，调查时间和调查期限一般用调查时间进度表来表示。时间进度表就是将调查过程的每个阶段的活动、需要完成的任务和达到的目标做出时间规定。确定调查时间进度表，一方面可以指导和把握计划的完成进度；另一方面也可以控制调查成本，以达到用有限的经费获得最佳效果的目的。

（七）确定调查地点

在调查方案中，还要明确规定调查地点，选择某一城市，或是几个城市；选择某城市的一个区，还是特定的销售环境。调查地点与调查单位通常是一致的，但也有不一致的情况，当不一致时，尤其有必要规定调查地点。例如，人口普查规定调查登记常住人口，即人口的常住地点。若登记时不在常住地点，或不在本地常住的流动人口，则需要明确规定处理办法，以免使调查资料出现重复和遗漏。

（八）确定调查资料整理和分析方法

实地调查方法得到的原始资料大多是零散、不系统的，只涉及事物的表象，无法深入事物的本质和规律，也难免出现虚假、差错、短缺等现象，甚至加上调查人员的偏见，难以反映调查问题的本质与特征。这就要求对原始资料进行加工汇总，使之系统化、条理化。这一阶段的主要任务是运用所学的统计知识对搜集的资料进行分类、编号、分析、整理汇总等一系列资料研究工作。

（九）确定调研费用

调查费用预算示例表

确定调研费用是调研方案设计的重要内容。调查的开支费用会因调查项目的不同而不同。在制定预算时，应当制订较为详细的工作项目费用计划。通常在调查前期，计划准备阶段的费用安排应占到总预算的20%左右；具体实施调查阶段的费用安排可占到40%左右，而后期分析报告阶段的费用安排也可占总费用的40%。因此，我们必须全面考虑各个不同阶段的费用支出情况，避免节外生枝。

一般来说，市场调查所需的费用包括调查方案设计费、抽样和问卷设计费、调查表测试费、问卷的印刷和装订费、调查人员差旅费和劳务费、被调查者的礼品费、数据加工处理费、调查报告撰写费及其他费用等。

（十）确定提交调查报告的方式

调查报告是调查项目的重要部分，是呈交给客户的最终产品，研究者必须有足够的时间和精力，认真准备好书面报告和口头汇报。提交调查报告的方式主要包括调查报告的形式和份数、报告书的基本内容等。

需要强调的是，以上内容并非互相独立而是密切联系的，某一个内容上的变化往往会影响其他内容的执行。因此，要求通盘考虑整个调查过程，在制定调查方案时应对以后的步骤有所预见。综上所述，在调查过程的若干环节上，调查人员面临着设计上的选择。

三、市场调查方法

任何调查都离不开资料收集，在有些情况下，调查人员通过一些报纸、期刊、统计年鉴等就能得到所需的调查资料。但在有些情况下，除了能得到一些模糊的统计数字外，其他资料是收集不到的。这时，调查人员就必须通过访问法、观察法、实验法等实地调查去收集原始资料。

（一）文案调查法

文案调查法的实施

文案调研法是指利用企业内部和外部现有的各种信息、情报资料，对调查内容进行研究的一种调查方法，也称间接调查法、室内调查法、桌面调查法。与实地调查法相比，文案调研是收集已经加工过的次级资料，而不是对原始资料的收集；文案调研以收集文献性信息为主，具体表现为各种文献资料的收集和研究；文案调研所收集的资料包括动态和静态两个方面，尤其偏重动态角度，收集各种反映调查对象变化的历史与现实资料。在实施过程中可以通过企业内部和外部渠道收集信息。

文案调查法在市场调查中是信息收集的重要手段，可以为实地调研创造条件，并不受时空限制，可以发现问题并为市场研究提供重要参考信息。

（二）实地调查法

1. 观察调查法

观察调查法是调查员凭借自己的感官和各种记录工具，深入调查现场，在被调查者未察觉的情况下，直接观察和记录被调查者行为，以收集市场信息的一种方法。为使观察结果符合客观实际，那么观察者应客观、全面、持久性地进行观察。另外，还要注意遵守社会公德，不得侵害公民的各种权利，不得强迫被调查者做不愿做的事，不得违背其意愿观察被调查者的某些市场活动，并且还应为其保密。

观察调查法的工作程序如下：

（1）制订观察计划，拟定观察提纲。可以将观察计划制成观察表、卡片等。

（2）确定观察目标。选择符合调查目的并便于观察的单位作为观察对象。

（3）确定最佳的观察时间和地点。要求保持被观察者的自然状态，尽可能地减少观察活动对被观察者的干扰。遇到特殊情况，灵活地安排观察顺序。

（4）认真做好观察记录。记录形式多样，尽可能利用先进设备进行观察。记录方法包括填写观察表、利用音像设备、笔记等。

（5）分类整理、登记、存放观察记录。

（6）分析观察资料，完成观察报告。

【案例 5.1】

“奇怪”的客人

一次，一个美国家庭住进了一位日本客人。奇怪的是，这位日本客人每天都在做笔记，记录美国人居家生活的各种细节，包括吃什么食物、看什么电视节目等。一个月后，日本客人走了。不久，丰田公司推出了针对当今美国家庭需求而设计的物美价廉的旅行车。如美国男士喜欢喝玻璃瓶装的饮料而非纸盒装的饮料，日本设计师就专门在车内设计了能冷藏并能安全防止玻璃瓶破碎的柜子。直到此时，丰田公司才在报纸上刊登了他们对美国家庭的研究报告，同时向这个家庭表示感谢。

资料来源：李隽，王世法，王珊珊，等. 市场调研与预测[M]. 北京：清华大学出版社，2016.

2. 访问调查法

打电话应有的风度

访问调查法又称询问调查法，是指将所拟调查的事项，以当面、电话或书面等不同形式向被调查者提出询问，以获得所需调查资料的调查方法。这是一种最常用的市场实地调查方法，主要包括面谈访问法、电话访问法、邮寄问卷调查法、留置问卷访问等。

访问调查法较多，在选择具体方法时，需要根据调研课题的实际需要，同时综合考虑每种方法的特点而选择（见表 5.2）。

表 5.2　4 种访问调查法优缺点比较

比较项目	面谈访问法	电话访问法	邮寄问卷调查法	留置问卷法
调查范围	较窄	较窄	广	较广
调查对象	可控可选	可控可选	一般	可控可选
影响回答的因素	能了解、控制和判断	无法了解、控制和判断	难以了解、控制和判断	能了解、控制和判断
回收率	高	较高	较低	较高
回答速度	可快可慢	最快	慢	较慢
回答质量	较高	高	较低	较高
平均费用	最高	低	较低	一般

3. 实验调查法

实验调查法是指市场调查人员有目的、有意识地改变一个或几个影响因素，来观察市场现象在这些因素影响下的变动情况，以确定市场中各种因素的因果关系而使用的信息收集的方法。实验调查法按照实验场所可分为实验室实验和现场实验。实验室实验是指在人造的环境中进行实验，研究人员可以进行严格的实验控制，比较容易操作，时间短，费用低。现场实验是指在实际的环境中进行实验，其实验结果一般具有较大的实际意义。

单一实验组前后对比实验设计

实验调查法通过实验活动提供市场发展变化的资料，不是等待某种市场现象发生了再去调查，而是积极主动地改变某种条件，来揭示或确立市场现象之间的相互关联。它不但可以说明“是什么”，而且可以说明“为什么”，还具有可重复性，因此其结论的说服力较强。实验调查法对检验宏观管理的方针政策与微观管理的措施办法的正确性来说，都是一种有效的方法。

实验调查法的一般步骤：根据市场调查的课题提出研究假设；进行实验设计，确定实验方法，选择实验对象；进行实验；分析、整理实验资料并做出实验检测；得出实验结论。实验调查只有按这种科学的步骤来开展，才能迅速取得满意的实验效果。

（三）网络调查法

网络调查是指企业利用互联网收集和掌握市场信息的一种调查方法。网络调查主要利用企业的网站和公共网站进行市场调查研究。有些大型的公共网站建有网络调研服务系统，该系统往往拥有数十万条记录有关企业和消费者的数据库，利用这些完整、详细的会员资料，数据库可自动筛选受访样本，为网络调查提供服务平台。

网络调研的应用领域十分广泛，主要集中于产品消费、广告效果、生活形态、社情民意、统计网上直报、产品市场供求调研等方面的市场调查研究。

【案例 5.2】

澳大利亚某出版公司的网络问路

澳大利亚某出版公司计划向亚洲推出一本畅销书，但是不能确定用哪一种语言、在哪一个国家推出。后来决定在一家著名的网站做一下市场调查。方法是请人将这本书的精彩章节和片段翻译成多种语言文字，然后刊载在网上，看一看究竟用哪一种语言翻译的摘要内容最受欢迎。过了一段时间，他们发现，网络用户访问最多的网页是使用中文简体汉字和韩国文字翻译的摘要内容。于是他们跟踪一些留有电子邮件地址的网络用户，请他们谈谈对这部书摘要的反馈意见，结果大受称赞。于是该出版公司决定在中国和韩国翻译出版该书。图书出版后，受到了读者普遍欢迎，并且获得了可观的经济效益。

资料来源：https://www.shangxueba.com/ask/17230212.html.

四、市场调查方案的评价

在调查复杂的社会经济现象时，调查方案的设计通常不是唯一的，我们需要从多个调查方案中选取最优方案。同时，所设计的调查方案也不是一次完成的，而是需要经过必要的可行性研究，针对调查方案进行试点和修改。众所周知，决策失误是最大的失误。可行性研究是科学决策的必经阶段，是进行科学设计调查方案的重要步骤。因此，对调查研究工作而言，事先对方案进行科学的可行性研究是非常有必要的。针对市场调查方案进行的可行性研究的方法有很多，常见的有经验判断法、逻辑分析法和试点调查法等。

对于一个调查方案的质量评价，主要从以下 3 个方面入手：

（一）方案设计是否体现调查目的和要求

方案设计是否体现调查目的和要求，这一点非常重要。我们在设计方案时往往易忽视调查目的，使调查方案脱离调查目的，影响整个方案的质量。因为后期所确定的调查内容、调查方法、工作进度安排表、问卷设计、调查费用的预算等内容都要围绕调查的目的而确定。

（二）调查方案是否科学、完整和适用

调查方案的设计是否科学、完整、适用决定了所搜集资料的准确性和有用性，因此在设计方案时必须考虑方案设计的科学性、完整性和适用性。

（三）方案设计能否使调查质量有所提高

影响调查数据质量高低的因素是多方面的，但调查方案是否科学、可行，对最后的调查数据质量有直接的影响。调查方案设计合理，可以使调查实际的差错率大大降低。

恭喜你！完成任务分析与准备，明确了如何撰写市场调查方案。接下来，你将进行任务操作。

【任务操作】

一、根据材料确定调查内容

材料：一家奶制品公司想推出一种面向老年人的全新奶品。为了这次新产品的推出，该公司准备做一次营销调研。

假设你是这家公司的营销经理，请你确定一下此次调查活动的内容。

调查活动内容：____

____

____

____

____

____。

二、设计市场调查方案

结合本项内容，每个小组写一份“关于××职业学院大学生手机消费状况调查方案”，并制作成 PPT 在班级展示讨论。

（1）调查目的：

____

____

____

（2）调查对象：

____

____

____

（3）调查内容：

____

____

____

（4）调查方式方法：

____

____

____

（5）确定调查时间和调查地点：

调查时间：______________________________

调查地点：______________________________

（6）资料整理分析方法：

____

____

____

（7）调查费用预算：

____

____

____

（8）调查报告提交形式：

____

____

____

（9）各组派出同学代表，将调查报告制作成 PPT 进行展示汇报。

恭喜你！完成任务操作，进行了调查报告设计后。接下来，你将进行任务考评与总结。

检查评价

【小组自评】

根据团队实训情况，首先团队负责人对小组成员的训练情况进行自评，其次小组之间进行互评，最后老师进行总结评价（见表 5.3）。

表 5.3　小组自评表

团队名称				存在问题	改进措施
考评项目	确定调查内容（40 分）	企业自身环境分析			
		奶制品市场环境分析			
		老年人消费群体特征分析			
		确定调查活动内容			
	设计市场调查方案（60 分）	调查方案结构			
		调查目的和调查内容			
		调查地点和调查方式方法			
		调查人员和时间安排			
		调查费用预算			

【综合评价】

各组代表展示，介绍任务完成过程、制作过程、总结改进，完成考核评价（见表 5.4）。

表 5.4　综合评价表

序号	评价项目	评价内容	分值	自评（30%）	互评（30%）	师评（40%）	合计
1	职业素养（30 分）	分工合理，制订计划能力强，严谨认真	10				
		责任意识强	5				
		团队合作、交流沟通、分享能力强	5				
		遵守职业规范	5				
		主动性强，保质保量完成工作相关任务	5				
2	专业能力（60 分）	确定调查内容	25				
		设计市场调查方案	35				
3	创新意识（10 分）	创新性思维和行动力	10				
合计			100				
评价人签名：		时间：					

任务二　问卷设计能力训练

任务描述

本项任务将引领你在市场调查活动中逐步提高问卷设计的能力。根据任务分析，在了解问卷的结构和设计步骤及原则后，进行自我剖析，并对任务实施进行检查评价。

【任务要求】

（1）能运用问卷设计原则和注意事项对调查问卷进行分析评价。

（2）能依据调研方案科学地设计市场调查问卷。

【学习目标】

知识目标：

（1）了解市场调查问卷的基本结构以及问卷设计的步骤、方法和技巧。

（2）熟知市场调查问卷设计的步骤。

（3）掌握市场调查问卷的设计方法和技巧。

能力目标：

通过实训，培养学生团队协作和独立思考问题的能力，提高学生问卷设计能力。

素养目标：

通过实训，引导学生克服困难，不断钻研，培养积极向上的创新精神。

【实施路径】

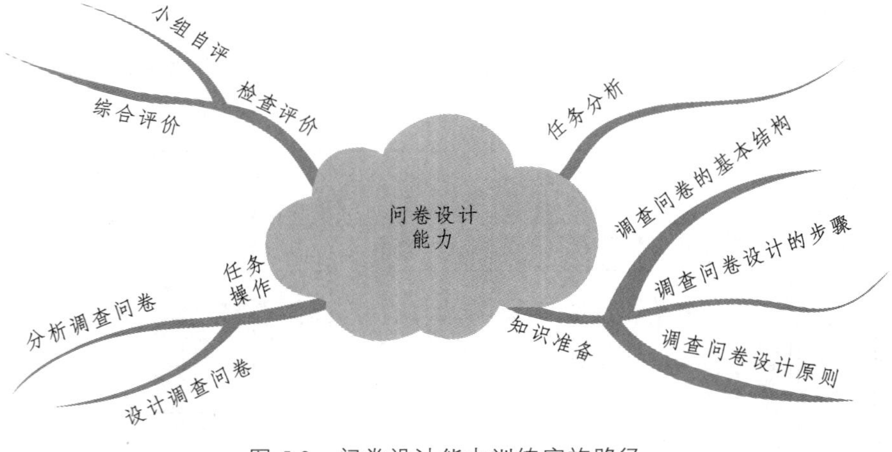

图 5.2　问卷设计能力训练实施路径

【任务分组】

按照上一任务的分组，采用班组轮值指导。学生轮值担任组长，让每个学生都有锻炼组织协调项目管理、项目设计和项目评价的机会，通过小组协作，培养学生团队协作、互帮互助的精神和协同攻关的能力。角色扮演分配表如表 5.5 所示。

表 5.5　角色扮演分配表

<table>
<tr><td>团队名称</td><td colspan="2"></td><td rowspan="2">团 队
Logo</td><td rowspan="2"></td></tr>
<tr><td>团队文化</td><td colspan="2"></td></tr>
<tr><td>团队成员</td><td>学号</td><td>扮演角色</td><td colspan="2">职 责</td></tr>
<tr><td></td><td></td><td></td><td colspan="2"></td></tr>
<tr><td></td><td></td><td></td><td colspan="2"></td></tr>
<tr><td></td><td></td><td></td><td colspan="2"></td></tr>
<tr><td></td><td></td><td></td><td colspan="2"></td></tr>
<tr><td></td><td></td><td></td><td colspan="2"></td></tr>
</table>

任务实施

【任务分析】

利用问卷在市场调查活动中进行信息的收集是获取资料的一种常用方式。问卷设计是否合理，直接影响收集到的信息的可信度和可用性。那么，问卷设计时需根据调查目的和内容进行科学设计，并通过问卷设计实训来提高问卷设计能力，从而达到通过问卷搜集有效信息的目的。

【知识准备】

一、调查问卷的基本结构

（一）标题

标题是对问卷调查主题的说明，使被调查者对所要回答的问题有一个大致的了解。因此，问卷标题应简明扼要，易引起回答者的兴趣。如“中国互联网发展状况及趋势调查”，这个标题将调查对象和调查内容和盘托出，十分鲜明。

（二）问卷说明

问卷说明是向被调查者简要说明调查的宗旨、目的和要求等内容，能起到解除他们回答问题顾虑的作用。其内容一般包括下列几个方面：

（1）称呼和问候。

（2）调查人员自我说明调查的主办单位和个人的身份。

（3）简要地说明调查的内容、目的、填写方法。

（4）说明作答的意义或重要性。

（5）说明所需时间。

（6）保证作答对被调查者无负面作用，并替他保守秘密。

（7）表示真诚的感谢，或说明将赠送小礼品。

例如：

××市××产品市场需求状况调查问卷

女士/先生：

您好！

我是××（单位名称）的市场调查员，目前我们正在进行一项有关××市××产品市场需求状况的问卷调查，希望从您这里得到有关消费者对该产品需求方面的市场信息，恳请您协助我们做好这次调查。该问卷不记名，回答无对错之分，务请您照实回答，我们准备了小礼品以表达您对我们工作支持的谢意。请在符合您情况的项目旁“□”内打“√”。谢谢！

（三）正文

问卷正文是市场调查所要收集的主要信息，它由一个个问句及相应的选择答案项目组成。显然，这部分内容是问卷设计的重点，是问卷的核心内容。问卷应覆盖调查项目研究的全部范围，主要是以提问的形式提供给被调查者。这部分内容设计的好坏直接影响整个调查的价值。正文一般包括被调查者信息、调查项目和调查者信息3部分。

1. 被调查者信息

被调查者信息主要包括了解被调查者的相关资料，以便对被调查者进行分类。一般包括被调查者的性别、年龄、职业、受教育程度等内容。这些内容可以了解不同年龄阶段、不同性别、不同文化程度的个体对待被调查事物的态度差异，在调查分析时能提供重要参考作用。具体列入多少项目，应根据调查目的、调查要求而定，并非多多益善。

2. 调查项目

调查项目是调查问卷的核心内容，是组织单位将要调查了解的内容。

3. 调查者信息

调查者信息是用来证明调查作业的执行、完成和调查人员的责任等情况，方便日后进行复查和纠正。一般包括调查者的姓名、电话、调查时间、地点等。

（四）结束语

结束语也称致谢语，一般放在问卷的最后，用来简短地对被调查者的合作表示感谢，也可以征询一下被调查者对问卷设计、问卷调查本身的看法和感受。当然，不同问卷的结束语略有不同，如邮寄问卷的结束语可能是“再次感谢您参与访问，麻烦您检查一下是否有尚未回答的问题后，将问题放入附近的回邮信封并投入信箱”。而一份拦截访问的问卷的结束语可能会是“访问到此结束，谢谢您，这里有一份小礼物送给您，请签收。谢谢您，再见”。

二、调查问卷设计的步骤

设计调查问卷是为了更好地收集调查者所需要的信息，因此，在设计调查问卷的过程中首先要把握调查的目的和要求，同时要争取被调查者的充分配合，以保证最终问卷能提供准确有效的信息资料。一般调查问卷必须通过认真仔细地设计、测试和调整，然后才可以大规模地使用。通常，问卷的设计可以分为以下步骤：

（一）明确调查目的，确定所需的信息资料

为什么要调查？对哪些对象进行调查？调查需要了解什么？在问卷设计之前，调查人员必须明确，这些信息中的哪些部分是必须通过问卷调查才能得到的，这样才能较好地说明所需要调研的问题，实现调研目标。在这一步中，调研人员应该列出所要调研的项目清单。

（二）确定调查方法的类型

不同类型的调查方法对问卷的格式和要求有所不同。在面谈访问调查中，被调查者能与调查者面对面交谈，因此调查者可以设计较长的、复杂的问题；街头拦截法访问调查时，为了取得被调查者的最大配合，就要求问卷内容尽量简短。

（三）确定问题的内容

在确定了所要收集的信息资料和调查方法之后，问卷设计人员就应该根据所列调研项目清单进行具体的问题设计。设计人员应根据信息资料的性质，确定提问方式、问题类型和如何对答案选项进行分类等。对一个较复杂的信息，可以设计一组问题进行调研。

一份问卷的内容不宜过多，否则不但浪费时间和资料处理的费用，还会使被调查者感到厌烦，从而影响调查的质量。把所有的问题提出来后，要对已编写好的问题逐一进行检查，将重复的、可要不可要的问题删掉，对表述不准确、不适合的问题进行修改，现有的问题如不能充分体现调查内容时，还应该进行补充。

（四）选择恰当的措辞

提问措辞的好坏，将直接或间接地影响调研的结果。因此对问题的用词必须十分审慎，要力求通俗、准确、客观。如果提问措辞不当，会造成被调查者人员拒绝回答或理解偏差的情况，从而影响调查的质量。

简单通俗的字词易于被不同文化背景、不同阶层的消费者理解和接受，也可以避免因理解错误而产生的回答偏差。因此，在问题设计中要尽量少用专业性字词和字母缩写等。例如，“您认为本商店的 POP 广告如何？”消费者不一定知道 POP 广告的意思，因而也就无从回答。

另外，不要使用含混不清的字词，如“一般”“可能”“很多”“差不多”等词的含义常常是模糊的，因此在问题中要避免出现。例如，“您通常几点上班？”这是一个不明确的问题，到底是指您何时离家还是在办公地点何时正式开始工作？问题应改为：“通常情况下，您几点离家去上班？”同时还要尽量避免双主题问题。例如，“您认为乘公共汽车或开私家车上班，哪一个更方便和经济？”这个问题就包含了方便和经济两个主题。因为一般来说，开私家车上班方便但不经济，乘公共汽车经济却不方便。这种问题常使被调查者不知如何回答。

（五）确定问题的顺序

各单项问题设计好以后，应按照问题的类型、难易程度安排询问的顺序。

1. 问题的编排应注意逻辑性

问题的编排应该注意尽量符合人们的思维习惯，这样才可能使调查有一个良好的开端。如果未仔细考虑，问题排序杂乱无章，让人思维空间变幻过快，心理上会产生明显的反差，就会影响被调查者回答问题的意愿，不利于其对问题的回答。问卷设计时，有关问句的排列，要依照一定的逻辑顺序，如时间顺序、类别顺序等。可以参照以下方法：

（1）简单易懂的问题放在前面，由简单到复杂，由表面到深层思考，把复杂的问题放在后面。这样容易得到被调查者的配合，使被调查者感到问题易回答。

（2）把能引起被调查者兴趣的问题放在前面，把枯燥的问题放在后面。

（3）一般性问题放在前面，特殊性问题放在后面。

（4）涉及应答者个人的资料应最后提出。

（5）先问行为方面的问题，再问态度、观念性问题。

（6）封闭性问题放在前面，开放性问题放在后面。

（7）问题排列的顺序必须按普通人的思考顺序，使问卷条理清楚，顺理成章，以提高回答问题的效率。

2. 问题的编排应该先易后难

一般性问题的最先出现可以使人们开始考虑有关概念、公司或产品类型，然后再问具体问题，也就是将容易回答的问题放在前面，难以回答的题目放在后面。问卷的前几道题容易作答能够减少应答者的反感情绪，提高其积极性，有利于建立起一种融洽关系。如果一开始就让他们感到费力，容易使他们对完成问卷失去兴趣。

（1）公开的事实或状态的描述简单一些，因此放在问卷的较前面位置，而对问题的看法、意见等需要动脑筋思考，因此放在问卷稍后一点的位置。

（2）从时间的角度来考虑，最近发生的事情容易回想，便于作答，因此放在问卷前面一点的位置。过去发生的事情，记忆容易受到干扰，不容易回想，因此放在问卷较后一点的位置。例如：可先问“你现在使用的是什么牌子的牙膏？”然后再问“在使用这种牌子的牙膏之前你使用过什么品牌？”

3. 问卷中一些特殊问题置于问卷最后

（1）特殊问题，如婚姻状况、政治信仰等一般放在问卷的后面，因为这类问题非常容易遭到被调查者的拒答，从而影响回答的连续性。

（2）复杂的开放性问题需要较长时间来回答，一般放在问卷最后。

（六）问卷的测试

在问卷用于实施调查之前，应先选一些符合抽样标准的被访者来进行试调查，在实际环境中对每一个问题进行讨论，以求发现设计上的缺失。如：是否包含了整个调研主题，是否容易造成误解，是否语意不清楚，是否抓住了重点等，并加以合理地修正。

（七）审批、定稿

问卷经过修改后还要呈交调研部长，审批通过后才可以定稿、复印，正式实施调研。

三、调查问卷设计原则

问卷设计要紧紧围绕研究的问题、测量的变量来进行，尽可能做到所收集的正是所需要的资料，不多也不少，既不能漏掉必需的资料，也不能包揽许多无关的资料。设计问卷时要考虑被调查者的社会背景、文化程度、心理反应、主观意愿、客观能力等多种因素，尽可能使问卷适合于被调查者。被调查者真诚、有效的合作是问卷调查取得成功的基础。问卷设计还要考虑问卷的使用方式和资料的分析方式，不同的使用和分析方式对问卷有着不同的要求。总的来讲，问卷设计时应遵循以下原则：

（一）目的性原则

问卷调查是通过向被调查者询问问题来进行调查的，所以，询问的问题必须是与调查主题有密切关联的。这就要求在进行问卷设计时要重点突出，避免可有可无的问题，并把主题分解为更详细的题目，即把它分别做成具体的询问形式供被调查者回答。

（二）逻辑性原则

设计问卷时，要讲究问卷的排列顺序，使问卷条理清楚、顺理成章，以提高回答问题的效果。

（三）可接受性原则

调查问卷的设计要比较容易让被调查者接受。被调查者对是否参加调查有着绝对的自由，调查对他们来说是一种额外负担，他们既可以采取合作的态度，接受调查；也可以采取对抗行为，拒答。因此，请求合作就成为问卷设计中一个十分重要的问题。应在问卷说明词中，将调查目的明确告诉被调查者，让对方知道该项调查的意义和自身回答对整个调查结果的重要性。问卷说明要亲切、温和，提问部分要自然、有礼貌、有趣味，必要时可采用一些物质奖励，并承诺为被调查者保密，以消除其某种心理压力，使被调查者自愿参与，认真填写问卷。此外，还应使用适合被调查者身份、水平的用语，尽量避免列入一些会令被调查者难堪或反感的问题。例如：

（1）您至今未买汽车的原因是什么？（　　）

A. 买不起　　B. 没有用　　C. 不懂　　D. 不会日常维护和保养

（2）您至今未买汽车的主要原因是什么？（　　）

A. 价格高　　B. 用途较少　　C. 性能不了解　　D. 其他

显然，问题（2）更容易让人接受，能够让被调查者乐于回答。而问题（1）中的提问方式容易让人反感、不想回答，导致调查结果不理想。

（四）便于处理性原则

成功的问卷设计除了考虑紧密结合调查主题与方便信息收集外，还要考虑调查结果容易得出。这就需要考虑问卷在调查后的整理与分析工作。为了提高数据整理的方便性和准确性，问题的排列及回答的符号、位置等都应科学合理地进行设计。必须在设计问卷时充分考虑后续数据统计和分析工作，这就要求调查指标是能够累加和便于累加的，并且可以进行具体的数据分析，即便是主观性的问题，在进行问卷设计时也要有很强的总结性，从而使调查工作收到预期的效果。

（五）非诱导性原则

非诱导性指的是问题要设置在中性位置，不参与提示或主观臆断。如果设置具有了诱导和提示性，就会在不自觉中掩盖事物的真实性。例如，设计问卷时，问“××品牌的电冰箱物美价廉，您是否愿意选购？”这样的问题容易使被调查者由引导得出肯定性的结论，具有一定的诱导性，而且限制了回答的内容，最终导致回答信息失真，以致降低结论的可信度。

恭喜你！完成任务分析与准备，明确了一份合格的问卷应该怎样设计。接下来，你将进行任务操作。

【任务操作】

一、分析“在校大学生网上购物调查问卷”

以小组为单位分析该调查问卷的结构是否合理？将讨论结果填入表 5.6 中。

在校大学生网上购物调查问卷

各位同学：

您好！我是阿里巴巴天猫商城的调查人员，此次问卷的目的是了解在校大学生的网上购物行为，以便我们制定更好的服务策略。请允许我们占用您几分钟的时间。请您仔细填写问卷，您的态度和意见对我们的决策有至关重要的作用。我们会对您的信息绝对保密！真诚地感谢您积极参与我们的问卷调查，同时我们会有小礼品相送。

（1）您的性别？

A. 男　B. 女

（2）您所在的班级？

A. 大一　B.大二　C. 大三　D. 大四

（3）您的经济来源？

A. 来自家庭　B. 自己兼职　C. 助学贷款　D. 其他，请写出（　）

（4）您每月的花费是多少？

A. 400 元以下　B. 400 ~ 600 元　C. 600 ~ 900 元　D. 1 000 元以上

（5）您每年大约会花费多少钱来购买非食品类商品？

A. 200 元　B.500 元　C. 800 元　D. 1 000 元以上

（6）您身边使用网上购物的同学多吗？

A. 很少　B. 一般　C. 很多　D. 没怎么注意

（7）您使用网上购物的频率？

A. 从没用过（如果选择此项，请只需回答后面的第 19 题和 20 题）

B. 偶尔　C. 经常　D. 大部分东西都在网上购买

（8）您选择网络购物平台的标准？

A. 诚信　B. 价格　C. 服务　D. 其他，请写出（　）

（9）您经常在什么网络购物平台消费？

A. 淘宝　B. 当当　C. 卓越亚马逊　D. 其他，请写出（　）

（10）您是通过什么方式了解以上购物平台的？

A. 媒体广告　B. 朋友介绍　C. 偶然遇见　D. 其他，请写出（　）

（11）您选择网上购物的原因是什么？

A. 过程方便　B. 价格实惠　C. 种类多样　D. 其他，请写出（　）

（12）您常在网上购买什么类型的商品？

A. 数码类产品　B. 鞋包　C. 书籍　D. 衣服

E. 其他，请写出（　）

（13）您使用什么支付方式在网上购买商品？

A. 货到付款　B. 支付宝　C. 网上银行　D. 邮政汇款

（14）您网上看到的商品与购买后收到的商品有区别吗？

A. 没有　　B. 有，但差别不大　　C. 差别很大　　D. 完全不同

（15）您在购物后，如果发现商家有欺诈行为，您会怎么办？

A. 立即联系，要求退款　　B. 请求相关职能部门介入

C. 向周围的人宣传这家店的欺诈行为　　D. 无可奈何，自认倒霉

（16）通过您的网上购物经历，您是否感到满意？

A. 非常满意　　B. 满意　　C. 一般　　D. 不满意

（17）您觉得现在网上购物平台有哪些方面有待提高？（多选）

A. 支付安全　　B. 购物体验　　C. 售后服务　　D. 商品质量

（18）您觉得是哪些原因使您对网络购物犹豫不决？

A. 买贵重物品还是亲自购买比较好　　B. 常听说某某网购被骗，有点害怕

C. 对售后服务不太相信　　D. 亲自购买可以享受一种购物乐趣

（19）您觉得网络购物这个行业的发展前景如何？

A. 很好，是个不错的行业　　B. 还可以，可以试试

C. 前景不乐观，做这个的公司太多了　　D. 不怎么关注

（20）谈谈您对网络购物及快递服务的现状和未来的看法。

____

____

再次感谢您，祝您愉快，再见！

表 5.6　问卷分析表

团队名称		
要点	存在问题	修改意见
问卷题目		
问卷卷首语		
问题内容逻辑顺序		
问题的措辞		
问题的答案		

二、设计市场调查问卷

根据任务一所制定的“关于××职业学院大学生手机消费状况调查方案”，进行市场调查问卷的设计。

（1）问卷题目：

____

（2）问卷卷首语：

____

____

____

____

（3）问卷内容：

（4）评估问卷：

三、展示汇报

各组派出同学代表，将问卷设计情况制作成 PPT 进行展示汇报。

恭喜你！完成任务操作，进行了问卷分析和问卷设计训练。接下来，你将进行任务考评与总结。

检查评价

【小组自评】

根据团队实训情况，首先团队负责人对小组成员的训练情况进行自评，其次小组之间进行互评，最后老师进行总结评价（见表 5.7）。

表 5.7　小组自评表

<table>
<tr><td colspan="2">团队名称</td><td colspan="6"></td></tr>
<tr><td rowspan="2">考评项目</td><td colspan="3">分析“在校大学生网上购物调查问卷”（40 分）</td><td colspan="4">设计市场调查问卷（60 分）</td></tr>
<tr><td>问卷题目分析</td><td>问题内容分析</td><td>问题答案分析</td><td>问卷题目的拟定</td><td>卷首语的撰写</td><td>问卷问题的拟定</td><td>问卷答案的拟定</td></tr>
<tr><td></td><td></td><td></td><td></td><td></td><td></td><td></td><td></td></tr>
<tr><td></td><td></td><td></td><td></td><td></td><td></td><td></td><td></td></tr>
</table>

续表

团队名称							
存在问题							
改进措施							

【综合评价】

各组代表展示，介绍任务完成过程、制作过程、总结改进，完成考核评价（见表 5.8）。

表 5.8　综合评价表

序号	评价项目	评价内容	分值	自评（30%）	互评（30%）	师评（40%）	合计
1	职业素养（30 分）	分工合理，制订计划能力强，严谨认真	10				
		责任意识强	5				
		团队合作、交流沟通、分享能力强	5				
		遵守职业规范	5				
		主动性强，保质保量完成工作相关任务	5				
2	专业能力（60 分）	问卷分析能力	25				
		设计市场调查问卷	35				
3	创新意识（10 分）	创新性思维和行动力	10				
合计			100				
评价人签名：		时间：					

任务三　市场调查报告撰写

任务描述

本项任务将引领你在营销活动中提高市场调查报告的撰写能力。根据任务分析，在了解市场调查报告的重要性及撰写内容与结构后，进行自我剖析，并对任务的实施进行检查评价。

【任务要求】

（1）通过本次训练，学生能够掌握市场调查报告编写的内容和方法。

（2）通过本次训练，学生能够自觉增强团队意识，提高合作能力。

（3）通过本次训练，学生能制作精美的 PPT 并展示，提高沟通表达能力。

【学习目标】

知识目标：

（1）了解市场调查报告撰写的原则。

（2）熟知调查报告撰写的内容与结构。

（3）掌握调查报告撰写的技巧。

能力目标：

通过实训，培养学生与人沟通协调和团队合作的能力，提高市场调查报告撰写能力。

素养目标：

通过实训，让学生更多地了解行业、了解社会，进一步认知行业发展的趋势，培养学生积极进取的人生态度。

【实施路径】

图 5.3　市场调查报告撰写能力训练实施路径

【任务分组】

按照上一任务的分组，采用班组轮值指导。学生轮值担任组长，让每个学生都有锻炼组织协调项目管理、项目设计和项目评价的机会，通过小组协作，培养学生团队协作、互帮互助的精神和协同攻关的能力。角色扮演分配表如表 5.9 所示。

表 5.9　角色扮演分配表

<table>
<tr><td>团队名称</td><td colspan="2"></td><td rowspan="2">团 队
Logo</td><td rowspan="2"></td></tr>
<tr><td>团队文化</td><td colspan="2"></td></tr>
<tr><td>团队成员</td><td>学号</td><td>扮演角色</td><td colspan="2">职 责</td></tr>
<tr><td></td><td></td><td></td><td colspan="2"></td></tr>
<tr><td></td><td></td><td></td><td colspan="2"></td></tr>
<tr><td></td><td></td><td></td><td colspan="2"></td></tr>
<tr><td></td><td></td><td></td><td colspan="2"></td></tr>
<tr><td></td><td></td><td></td><td colspan="2"></td></tr>
</table>

任务实施

【任务分析】

市场调查报告是市场营销活动方案制订的基础，它是以科学的方法对市场的供求关系、购销状况以及消费情况等进行深入细致的调查研究后所写成的书面报告。其作用在于帮助企业了解、掌握市场的现状和趋势，提高营销活动的影响范围，增强企业在市场经济大潮中的应变能力和竞争能力。要让市场调查报告科学清晰地展示市场调研的成果，就必须提高市场调查报告撰写能力。

【知识准备】

一、市场调查报告的概念及类型

（一）市场调查报告的概念

市场调查报告是市场调查人员以书面形式，反映市场调查内容及工作过程，并提供调查结论和建议的报告。它是市场调查成果的集中体现，具有十分重要的意义，具体表现在以下几个方面：

1. 市场调查报告是调查工作的最终成果

市场调查从制订调查方案，收集、整理和分析资料，到撰写和提交市场调查报告，是一个完整的工作程序，缺一不可。市场调查报告作为其中最后一个环节，集中体现了市场调查的最终成果。

2. 市场调查报告是用户评价调研活动的重要依据

调查报告是经过整理、归纳和汇总的调查资料，要便于用户阅读和理解。用户对调研活动及其价值的评价往往会依据调查报告。因此，市场调查报告是用户评价调研活动的重要依据。

3. 市场调查报告是企业市场决策的重要依据

企业决策人员虽不参与市场调查，但要充分利用市场调查结果。决策者们往往在反复阅读、深入研究调查报告的基础上，制定相应的市场决策。市场调查是企业走向市场的第一步。

（二）市场调查报告的类型

市场调查报告可以从不同的角度进行分类。按其所涉及内容含量的多少，可以分为综合性市场调查报告和专题性市场调查报告；按调查对象的不同，可分为关于市场供求情况的市场调查报告、关于产品情况的市场调查报告、关于消费者情况的市场调查报告、关于销售情况的市场调查报告以及有关市场竞争情况的市场调查报告；按表述手法的不同，可以分为陈述型市场调查报告和分析型市场调查报告。

小贴士：

中国报告大厅

中国报告大厅是市场研究报告、统计数据的集成商和供应商，主要提供针对企业用户的各类信息，提供有深度的研究报告、市场调查、统计数据等。

为了满足企业对原始数据的需求，也为了能给企业提供更为全面和客观的研究报告，中国报告大厅与国内各大数据源（包括政府机构、行业协会、图书馆、信息中心等权威机构）建立起战略合作关系。

经过多年的努力，中国报告大厅与国内 100 多家最优质的研究公司建立了良好的合作关系，推出超过 50 000 份有价值的研究报告。中国报告大厅的目标是打造一个真正的一站式服务的多用户报告平台。

中国报告大厅汇聚全国各大市场研究信息生产商的研究成果，依托独有的资源优势，为客户提供最准确、最及时、最权威、最专业的研究报告。

中国报告大厅关注的领域已经涵盖互联网、移动、增值服务、计算机、软件、数码、游戏、医药、保健、建筑、化工、农业、机电、家电、纺织、能源等 30 多个大行业。

中国报告大厅具有如下优势：

（1）从业多年，经验丰富，信誉良好，采购流程安全快捷；

（2）为客户提供最完善的售前、售后服务；

（3）可获赠数据中心会员资格，全方面了解行业动态；

（4）30 多个行业超过 50 000 份不同的专家群体撰写研究报告，内容涵盖面广；

（5）拥有高素质的研究团队，密切关注市场最新动向，实时更新网站信息，汇聚各行业最新研究成果。

二、市场调查报告的内容与结构

（一）封面与标题

1. 封面

封面包括市场调查报告的标题、委托方、调查方的项目负责人、提交报告的日期等，如有保密要求也应在封面上标明。封面通常单独占用一页。

2. 标题

标题是画龙点睛之笔，它必须准确揭示调查报告的主题思想，做到题文相符。因此，标题要简单明了，高度概括，具有较强的吸引力。

标题的形式主要有以下 3 种：

（1）直叙式标题。

直叙式标题是反映调查意向或只反映调查地点和调查项目的标题，如《××市居民住宅消费需求调查》等。

（2）表明观点式标题。

表明观点式标题是直接阐明作者的观点、看法，或对事物的判断、评价的标题，如《“低成本”航空市场不应忽视》等调查报告的标题。

（3）提出问题式标题。

提出问题式标题是以设问、反问等形式突出问题的焦点和尖锐性，吸引读者阅读，促使读者思考的标题，如《××牌产品为什么滞销？》等形式的标题。

以上几种标题的形式各有所长，特别是第二、三种形式的标题，它们既表明作者的态度，又揭示了主题，具有很强的吸引力。但从标题不易看出调查的范围和调查对象。因此，这种形式的标题又可分为正标题和副标题，并分成两行表示，如：

皇帝的女儿也“愁嫁”——关于舟山鱼滞销情况调查

××牌产品为什么滞销？——对××牌产品销售情况的调查分析

（二）目录

目录是整个报告的检索部分，用目录或索引形式列出报告所分的主要章节和附录，并注明页码，便于读者了解报告结构，有利于读者阅读某一部分内容（见图 5.4）。整个目录的篇幅不宜过长，以一页为宜。

目　　录

图 5.4　目录参考格式

（三）摘要

摘要是调研报告中的内容提要，是整个报告的精华。摘要的主要内容应包括：

（1）简要说明调查的由来和委托调查的原因。

（2）简要介绍调查对象和调查内容。

（3）简要介绍调查研究的方法。

（4）简要说明调查执行结论与建议。

【案例 5.3】

《××学院××眼镜店市场调研报告》摘要

本次调研针对××学院在校生对眼镜的需求情况及在购买眼镜时所要考虑的影响因素进行调研，主要涉及××学院眼镜市场的目标市场及 4PS 策略。

本次调研采用了文献资料（宏观环境、微观环境）和实地调研（问卷调查法）相结合的调研方式，首先分析宏观环境中本年度眼镜市场的走向与政府出台的政策；微观环境中竞争者（如明仁、宝岛等）的经营策略等。随后对××学院 8 个院系进行了简单随机抽样，共抽取样本 288 人。我们采用问卷调查法，调查××学院在校生近视眼的市场状况，所需要的眼镜的款式、价格以及有多少学生愿意用眼镜来装饰自己。最后通过分析得出：××学院眼镜有很大的市场，学生比较喜欢戴有框架的眼镜，可接受价格在 265 元左右，且有的同学会选择用眼镜来装饰自己；有小部分同学会选择隐形眼镜。学生比较喜欢青春阳光的眼镜款式并且他们只有在度数不足或眼镜损坏时才会更换眼镜，主要是通过朋友介绍、亲身体验和宣传单的方式获得商品信息。消费者喜欢的促销活动是推行贵宾卡和赠送相关的产品，消费者所期望的服务有忠诚的服务态度、打折、免费清洗和免费检查视力等。

通过调研发现：××眼镜店眼镜款式比较单一，隐形眼镜价格较高且护理和清洗不规范，营业人员服务态度较差，该眼镜店只采取发放宣传单的方式进行宣传。因此，我们建议××眼镜店，可以推出款式多样的框架眼镜并将隐形眼镜的价格适当降低，并且对营业人员进行培训，采用营业推广的方式让学生了解本店的促销活动，并且可推出会员制，稳定老顾客。

资料来源：李隽，王世法，王珊珊，等. 市场调研与预测[M]. 北京：清华大学出版社，2016.

（四）引言

引言是市场调查报告的开头部分，一般说明市场调查的目的和意义，介绍市场调查工作基本概况，包括市场调查的时间、地点、内容和对象以及采用的调查方法、方式。

（五）调查概况

本部分应包括研究背景和目的（即研究者要对调查的由来或受委托进行该项调查的原因做出说明）、调查研究方法（对调查的过程、时间、地点、对象、资料收集方法和抽样方法等做比较详细的介绍）。

（六）调查结果

调查结果部分是调查报告的主要内容。在一份调查报告中，调查结果应以陈述形式进行表述，并配以表格、图形，以进一步支持和加强对结果的解释，还要对图表中数据资料所隐含的趋势、关系或规律加以客观描述。

（七）结论和建议

结论和建议与正文部分的论述要紧密对应，不可以提出无证据的结论，也不能有没有结论性意见的论证。同时这部分内容要具有可行性和可操作性，且有应用价值。具体应包括：

1. 概括全文

经过层层剖析后，综合说明调查报告的主要观点，深化报告的主题。

2. 形成结论

在对真实资料进行深入细致的科学分析的基础上，得出报告的结论。

3. 提出看法和建议

通过分析，形成对事物的看法，并在此基础上，提出建议和可行性方案。

（八）局限性

叙述由于时间、预算、组织限制等因素的制约而导致调查项目结果的局限性。

（九）附件

附件中可包括以下内容：项目策划书、实地调查问卷的抄本、抽样有关细节的补充说明、现场走访人员约访时间表、主要质量控制数据、技术细节说明、调查获得的原始数据图表、提供资料人员的名单等。

【案例 5.4】

《××学院××眼镜店市场调研报告》附件

资料来源：李隽，王世法，王珊珊，等. 市场调研与预测[M]. 北京：清华大学出版社，2016.

三、市场调查报告的写作原则

（一）实事求是

市场调查研究是为了揭示事情的真相，在研究过程中要求实事求是，按照严格的程序进行科学的研究，克服个人偏见和主观印象。因此，作为市场调查研究结果的调研报告也必须真实、准确，要以实事求是的科学态度，准确而全面地总结和反映调查结果。

（二）重点突出

市场调查研究报告的内容编排应该密切结合调查宗旨，重点突出调研目标完成和实现情况。一份高质量的调查报告既要具备全面性、系统性，又要具备针对性和适用性。因此，在编写调查报告时必须对信息资料进行严格分类和筛选，剔除一切无关信息。

（三）篇幅适当

调查报告的价值需要以质量和有效性进行度量，而非篇幅的长短。因此，在撰写调查报告时，应根据调查目的和调查报告内容的需要确定篇幅的长短。市场调查阶段积累的大量信息资料虽然弥足珍贵，但如果全部纳入调查报告中必然会使调查报告的内容冗长繁杂，阅读者难以领略重点而产生反感。因此，调查报告篇幅的长短，内容的取舍、详略都应该根据需要确定。

（四）解释充分

调查研究的目的在于利用丰富的信息资料说明市场现象所蕴含的特征、规律和趋势：这些信息资料所蕴含的市场特征、规律和趋势并非每个人都能领会，需要调研人员运用专业知识和科学的理论进行解释；一份高质量的调查报告应该充分利用统计图表、统计数据等各种形式的表现方法来说明和显示资料，让阅读者更容易接受和认同。

（五）便于阅读

为了提高调查报告的可阅读性，应做到版面设计合理、语言简洁、字迹清晰、书写整洁。同时，任何调查研究报告的阅读和使用都有其特定的对象，因此要结合不同对象的工作性质、文化程度等因素来安排调查报告的写作风格。

恭喜你！完成任务分析与准备，明确了一份完整的市场调研报告应该怎样撰写。接下来，你将进行任务操作。

【任务操作】

一、对某市区大型超市的服务满意度实施现场顾客访问调查

在超市的入口处，在每 10 名成年人中抽出一位进行访问调查，每位同学至少完成对 10 位消费者的访问。本次调查完成量要超过 200 份。

访问提纲如下：

（1）消费者对商场购物环境的总体满意度：

A. 非常满意　B. 比较满意　C. 一般　D. 不满意　E. 很不满意

（2）消费者对卖场营业员服务态度的总体满意度：

A. 非常满意　B. 比较满意　C. 一般　D. 不满意　E. 很不满意

（3）消费者对卖场收银员服务态度的总体满意度：

A. 非常满意　B. 比较满意　C. 一般　D. 不满意　E. 很不满意

（4）消费者对卖场售后服务态度的总体满意度：

A. 非常满意　B. 比较满意　C. 一般　D. 不满意　E. 很不满意

（1）制作招聘访问员广告，在校园内张贴。

招聘访问员广告：____

____

____

____

（2）拟定面试题目，按照一定程序进行面试录用。

面试题目：____

____

____

____

（3）对录用同学进行项目培训，撰写基础培训提纲。

培训提纲：____

____

____

____

（4）各小组成员陪同应聘上岗的访问员实施调查。

（5）调查结束后，访问员总结访问经验，小组人员进行汇总，撰写调查工作总结。

调查工作总结：____

____

____

____

（6）根据调查存在的问题进行交流探讨。

存在的问题：____

____

____

____

改进措施：____

____

____

____

二、市场调查报告撰写

结合本项内容，每个小组写一份“关于××职业学院大学生手机消费状况的调查报告”，并提供给班级中的其他组（假定该同学为报告的使用者），与其进行良好的沟通，同时针对“报告使用者”的反馈对报告的实施进行修改和完善。

（1）确定调查报告题目。

（2）撰写调查报告。

（3）口头报告给班级其他组（假定该同学为报告的使用者），并进行沟通交流。

（4）修改调查报告。

（5）各组派出同学代表，将调研报告制作成 PPT 进行展示汇报。

恭喜你！完成任务操作，进行了市场调查报告撰写的训练。接下来，你将进行任务考评与总结。

检查评价

【小组自评】

根据团队实训情况，首先团队负责人对小组成员的训练情况进行自评，其次小组之间进行互评，最后老师进行总结评价（见表 5.10）。

表 5.10　小组自评表

团队名称							
考评项目	对某市区大型超市的服务满意度实施现场顾客访问调查（40 分）			关于××职业学院大学生手机消费状况的调查报告（60 分）			
	实施过程	表达能力	应变能力	调研报告结构	数据收集整理	数据分析	结论及措施
存在问题							
改进措施							

【综合评价】

各组代表展示，介绍任务完成过程、制作过程、总结改进，完成考核评价（见表 5.11）。

表 5.11　综合评价表

序号	评价项目	评价内容	分值	自评（30%）	互评（30%）	师评（40%）	合计
1	职业素养（30分）	分工合理，制订计划能力强，严谨认真	10				
		责任意识强	5				
		团队合作、交流沟通、分享能力强	5				
		遵守职业规范	5				
		主动性强，保质保量完成工作相关任务	5				
2	专业能力（60分）	组织招聘访问员	25				
		撰写调研报告	35				
3	创新意识（10分）	创新性思维和行动力	10				
合计			100				
评价人签名：		时间：					

项目六

营销环境分析能力训练

项目简介

市场营销是指企业在竞争的市场环境下，按照市场形势变化的要求而组织和管理企业的一系列活动，直至在市场上完成商品的销售、取得效益、达到目标的经营过程。市场营销主要受企业微观营销环境和宏观营销环境的影响。

任务一　微观营销环境分析

任务描述

本项任务将引领你分析影响企业营销活动的微观环境，明确微观营销环境具体包括的内容。根据任务分析，在了解微观营销环境主要内容的基础上，进行自我剖析，并对任务的实施进行检查评价。

【任务要求】

（1）通过本次训练，让学生了解影响企业的微观营销环境因素有哪些。

（2）通过本次训练，提升学生的微观营销环境因素分析能力。

【学习目标】

知识目标：

（1）熟知市场营销微观环境的影响因素。

（2）掌握市场营销微观环境包括哪些内容。

能力目标：

通过实训，培养学生积极思考和仔细观察事物的能力，提高学生对微观营销环境的分析能力。

素养目标：

通过实训，在分析企业微观营销环境时，引导学生正确认识自己的社会责任，培养良好的道德品质。

【实施路径】

图 6.1　微观营销环境分析能力训练实施路径

【任务分组】

按照上一项目的分组，采用班组轮值指导。学生轮值担任组长，让每个学生都有锻炼组织协调项目管理、项目设计和项目评价的机会，通过小组协作，培养学生团队协作、互帮互助的精神和协同攻关的能力。角色扮演分配表如表 6.1 所示。

表 6.1　角色扮演分配表

<table>
<tr><td>团队名称</td><td colspan="2"></td><td rowspan="2">团　队
Logo</td><td rowspan="2"></td></tr>
<tr><td>团队文化</td><td colspan="2"></td></tr>
<tr><td>团队成员</td><td>学号</td><td>扮演角色</td><td colspan="2">职　责</td></tr>
<tr><td></td><td></td><td></td><td colspan="2"></td></tr>
<tr><td></td><td></td><td></td><td colspan="2"></td></tr>
<tr><td></td><td></td><td></td><td colspan="2"></td></tr>
<tr><td></td><td></td><td></td><td colspan="2"></td></tr>
<tr><td></td><td></td><td></td><td colspan="2"></td></tr>
</table>

任务实施

【任务分析】

微观营销环境直接影响企业的营销能力和效率。对于微观环境来说，企业可以根据自身的需求来进行选择、引导和改善，通过分析企业的微观营销环境来制定相应的策略。营销人员必须熟知哪些微观环境因素会影响市场营销活动。

【知识准备】

企业的微观营销环境指与企业紧密相连、直接影响企业营销能力和效率的各种力量及因素的总和，主要包括企业内部环境、供应商、营销中介、顾客、竞争者、社会公众等。

一、企业内部环境

企业内部环境
扩展阅读

企业开展营销活动要充分考虑企业内部的环境因素。企业是组织生产和经营的经济单位，是一个系统组织。企业内部设置的计划、技术、采购、生产、营销、质检、财务、后勤等部门需相互协作共同完成企业任务目标。销售部门与企业其他部门之间既有多方面的合作，也经常因信息不对称而与生产、技术、财务等部门产生不协调。所以，企业在制订营销计划，开展营销活动时，必须进行企业内部环境分析，以便协调和处理好各部门之间的关系。

二、供应商

供应商是指对企业进行生产所需而提供特定的原材料、辅助材料、设备、能源、劳务、资金等资源的供货单位。供应商对企业营销业务有实质性的影响，其所供应的原材料数量和质量将直接影响产品的数量及质量；所提供的资源价格会直接影响产品成本、价格和利润。在物资供应紧张时，供应商更起着决定性的作用。对供应商的环境分析主要从资源供应商的可靠性、资源供应的价格及其变动趋势、供应资源的质量水平等方面进行。

（一）资源供应商的可靠性

原材料、零部件、能源及机器设备等货源的保证供应，是企业营销活动顺利进行的前提。如棉纺厂不仅需要棉花等原料来进行加工，还需要设备、能源作为生产手段与要素，任何一个环节在供应上出现了问题，都会导致企业的生产活动无法正常开展。因此，为了更好地实现企业营销活动目标，就必须及时了解和掌握供应商的情况，分析其状况和变化。

（二）资源供应的价格及其变动趋势

供应的货物价格变动会直接影响企业产品的成本。如果供应商提高原材料价格，必然会使企业的产品成本上升。生产企业如提高产品价格，则会影响市场销路。为此，企业必须密切关注和分析供应商的货物价格变动趋势，以便调整营销计划。

（三）供应资源的质量水平

供应商能否供应质量有保证的生产资料直接影响企业产品的质量，进一步会影响销售量、利润及企业信誉。例如劣质葡萄难以生产优质葡萄酒，劣质建筑材料难以保证建筑物的百年大计。为此，企业必须了解供应商的产品，分析其产品的质量标准，从而来保证自己产品的质量，赢得消费者，赢得市场。

三、营销中介

房地产营销中介
示例图

营销中介是指为企业营销活动提供各种服务的企业或部门的总称。

营销中介对企业营销产生直接的、重大的影响，只有通过有关营销中介所提供的服务，企业才能把产品顺利地送达到目标消费者手中。营销中介的主要功能是帮助企业推广和分销产品。

（一）中间商

中间商指把产品从生产商流向消费者的中间环节或渠道，它主要包括批发商和零售商两大类。中间商对企业营销具有极其重要的影响，它能帮助企业寻找目标顾客，为产品打开销路，为顾客创造地点效用、时间效用和持有效用。一般企业都需要与中间商合作，来完成企业营销目标。为此，企业需要选择适合自己营销的合格中间商，必须与中间商建立良好的合作关系，必须了解和分析其经营活动，并采取一些激励性措施来推动其业务活动的开展。

（二）营销服务机构

营销服务机构指企业营销中提供专业服务的机构，包括广告公司、广告媒介经营公司、市场调研公司、营销咨询公司、财务公司等。这些机构对企业的营销活动会产生直接的影响，它们的主要任务是协助企业确立市场定位，进行市场推广，为活动提供方便。一些大企业或公司往往有自己的广告和市场调研部门，但大多数企业则以合同方式委托这些专业公司来办理有关事务。为此，企业需要关注、分析这些服务机构，选择最能为本企业提供有效服务的机构。

（三）物资分销机构

物资分销机构指帮助企业进行保管、储存、运输的物流机构，包括仓储公司、运输公司等。物资分销机构的主要任务是协助企业将产品实体运往销售目的地，完成产品空间位置的移动。到达目的地之后，还有一段待售时间，需要协助保管和储存。这些物流机构是否安全、便利、经济直接影响企业营销效果。因此，在企业营销活动中，必须了解和研究物资分销机构及其业务变化动态。

（四）金融机构

金融机构指企业营销活动中进行资金融通的机构，包括银行、信托公司、保险公司等。金融机构的主要职能是为企业营销活动提供融资及保险服务。在现代化社会中，任何企业都要通过金融机构开展经营业务。金融机构业务活动的变化还会影响企业的营销活动，如银行贷款利率上升，会使企业成本增加；信贷资金来源受到限制，会使企业经营陷入困境。

四、顾客

顾客是指使用进入消费领域的最终产品或劳务的消费者和生产者，也是企业营销活动的最终目标市场。顾客对企业营销的影响程度远远超过前述的环境因素。顾客是市场的主体，任何企业的产品和服务，只有得到了顾客的认可，才能赢得这个市场，现代营销强调把满足顾客需要作为企业营销管理的核心。

顾客群体主要包括为满足个人或家庭消费需求购买产品或服务的个人和家庭；为生产其他产品或服务，以赚取利润而购买产品或服务的组织；购买产品或服务以转售，从中盈利的组织；购买产品或服务，以提供公共服务或把这些产品及服务转让给其他需要的人的政府机构；国外购买产品或服务的个人及组织。

市场中顾客需求各不相同，要求企业以不同的方式提供产品或服务，它们的需求、欲望和偏好直接影响企业营销目标的实现。为此，企业要注重对顾客进行研究，分析顾客的需求规模、需求结构、需求心理以及购买特点，这是企业营销活动的起点和前提。

【案例 6.1】

通用汽车公司成功的背后

斯隆掌管美国通用汽车公司大权时，美国经济已发展到一个新的水平，消费者已不满足于“低层次需要”。斯隆根据当时消费者多层次的购买动机，果断地调整了经营策略，本着“分期付款、旧车折价、年年换代、密封车身”的原则，向消费者提供新一代轿车，其中包括适合富翁有钱人的最豪华、最气派的凯迪拉克牌，向中产人士提供的别克牌、奥尔兹莫比尔牌等，向普通大众提供的简易、经济的雪佛兰牌，因而抢走了福特“替代马车式的 T 型汽车”的大部分市场，一举奠定了它的汽车“新帅”的地位。通用汽车公司从此称霸于世界。

资料来源：马连福. 现代市场调查与预测[M]. 北京：首都经济贸易大学出版社，2002.

五、竞争者

竞争是商品经济的必然现象。在商品经济条件下，任何企业在目标市场进行营销活动时，不可避免地会遇到竞争对手的挑战。即使在某个市场上只有一个企业在提供产品或服务，没有“显在”的对手，也很难断定在这个市场上没有潜在的竞争企业。

企业竞争对手的状况将直接影响企业营销活动。如竞争对手的营销策略及营销活动的变化就会直接影响企业营销，最为明显的是竞争对手的产品价格、广告宣传、促销手段的变化，以及产品的开发、销售服务的加强都将直接对企业造成威胁。为此，企业在制定营销策略前必须先弄清竞争对手，特别是同行业竞争对手的生产经营状况，做到知己知彼，有效地开展营销活动。

一般来说，企业在营销活动中需要了解、分析竞争对手的情况主要如下：

（1）竞争企业的数量有多少；

（2）竞争企业的规模和能力的大小强弱；

（3）竞争企业对竞争产品的依赖程度；

（4）竞争企业所采取的营销策略及其对其他企业策略的反应程度；

（5）竞争企业能够获取优势的特殊材料来源及供应渠道。

六、社会公众

社会公众是企业营销活动中与企业营销活动发生关系的各种群体的总称。公众对企业的态度，会对其营销活动产生巨大的影响，它既有助于企业树立良好的形象，也可能妨碍企业的形象。所以企业必须采取处理好与主要公众的关系，争取公众的支持和偏爱，为自己营造和谐、宽松的社会环境。

（一）融资公众

融资公众指影响企业融资能力的金融机构，如银行、投资公司、证券经纪公司、保险公司等。

（二）媒介公众

媒介公众主要指报纸、杂志、广播电台和电视台等大众传播媒体。

（三）政府公众

政府公众指负责管理企业营销业务的有关政府机构。企业的发展战略与营销计划，必须和政府的发展计划、产业政策、法律法规保持一致，注意咨询有关产品安全卫生、广告真实性等法律问题，倡导从业者遵纪守法，向有关部门反映行业的实情，争取立法有利于产业的发展。

（四）社团公众

社团公众包括保护消费者权益的组织、环保组织及其他群众团体等。

（五）社区公众

社区公众指企业所在地邻近的居民和社区组织。

（六）一般公众

一般公众指上述各种关系公众之外的社会公众。一般公众虽未有组织地对企业采取行动，但企业形象会影响他们的惠顾。

（七）内部公众

内部公众指企业的员工，包括高层管理人员和一般职工。企业的营销计划，需要全体职工的充分理解、支持和具体执行。经常向员工通报有关情况，介绍企业发展计划，发动员工出谋献策，关心职工福利，奖励有功人员，增强内部凝聚力。员工的责任感和满意度，必然传播并影响外部公众，从而有利于塑造良好的企业形象。

恭喜你！完成任务分析与准备，明确了影响企业的微观营销环境因素。接下来，你将进行任务操作。

【任务操作】

根据材料分析老干妈目前的微观营销环境。

材料：

老干妈公司成立以来，得到了贵州省各级政府的大力扶持和帮助，在创始人陶华碧的带领下，老干妈公司的全体员工秉持“诚信为本，务实进取”的企业精神。经过九年的努力，在全国知名企业和国家重点农业产业化龙头企业中发扬创业精神，是目前中国最大的辣椒制品生产企业之一，销售网络遍布全国 65 个城市，产品远销美国、澳大利亚、加拿大、新西兰等 30 多个国家和地区。“老干妈”已成为中国知名企业，并在辣椒制品的生产和销售方面处于领先地位。老干妈已成为辣椒调味制品的代名词，成为中国乃至世界许多消费者的必备口味。2019 年 12 月，老干妈入选 2019 中国品牌强国盛典榜样 100 品牌。

目前，越来越多的辣椒酱标志诞生并进入市场，新的辣椒酱标志更受欢迎，这必将影响老干妈在辣椒市场上的地位。资料显示，近两年来，老干妈的销量没有增加反而减少，实体商务与大型电子商务均出现滞销。事实上，老干妈的经营问题从陶碧华辞去董事长一职之时开始出现，消费者对老干妈的差评接踵而来。据调查，我国辣椒市场规模目前仍在持续扩大，老干妈面临的竞争压力也随之而来。

（1）企业内部环境分析：

____

（2）供应商分析：

（3）营销渠道分析：

（4）社会公众和消费者分析：

（5）根据分析得出结论和建议：

（6）各组派出同学代表，将老干妈目前的微观营销环境分析制作成 PPT 进行展示汇报。

恭喜你！完成任务操作，进行了老干妈目前的微观营销环境分析。接下来，你将进行任务考评与总结。

检查评价

【小组自评】

根据团队实训情况，首先团队负责人对小组成员的训练情况进行自评，其次小组之间进行互评，最后老师进行总结评价（见表 6.2）。

表 6.2　小组自评表

团队名称			
评价项目	评价指标	存在问题	修改意见
微观营销环境分析	团队合作		
	企业内部环境分析		

续表

团队名称			
微观营销环境分析	供应商分析		
	营销渠道分析		
	社会公众和消费者分析		
	结论和建议		
	PPT 制作及讲解		

【综合评价】

各组代表展示，介绍任务完成过程、制作过程、总结改进，完成考核评价（见表 6.3）。

表 6.3　综合评价表

序号	评价项目	评价内容	分值	自评（30%）	互评（30%）	师评（40%）	合计
1	职业素养（30 分）	分工合理，制订计划能力强，严谨认真	10				
		责任意识强	5				
		团队合作、交流沟通、分享能力强	5				
		遵守职业规范	5				
		主动性强，保质保量完成工作相关任务	5				
2	专业能力（60 分）	企业微观营销环境分析能力	60				
3	创新意识（10 分）	创新性思维和行动力	10				
合计			100				
评价人签名：		时间：					

任务二　宏观营销环境分析

任务描述

本项任务将引领你分析影响企业营销活动的宏观环境，明确宏观营销环境具体包括的内容。根据任务分析，在了解宏观营销环境主要内容的基础上，进行自我剖析，并对任务的实施进行检查评价。

【任务要求】

（1）通过本次训练，让学生了解影响企业的宏观营销环境因素有哪些。

（2）通过本次训练，提升学生对宏观营销环境因素的分析能力。

【学习目标】

知识目标：

（1）熟知市场营销宏观环境的影响因素。

（2）掌握市场营销宏观环境包括哪些内容。

能力目标：

通过实训，培养学生观察事物的洞察能力，增强学生的组织协调能力和语言沟通能力，提高学生宏观营销环境的分析能力。

素养目标：

通过实训，引导学生树立正确的国家意识，确立国家利益至上的价值观念。

【实施路径】

图 6.2　宏观营销环境分析能力训练实施路径

【任务分组】

按照上一任务的分组，采用班组轮值指导。学生轮值担任组长，让每个学生都有锻炼组织协调项目管理、项目设计和项目评价的机会，通过小组协作，培养学生团队协作、互帮互助的精神和协同攻关的能力。角色扮演分配表如表 6.4 所示。

表 6.4　角色扮演分配表

<table>
<tr><td>团队名称</td><td colspan="2"></td><td rowspan="2">团 队
Logo</td><td rowspan="2"></td></tr>
<tr><td>团队文化</td><td colspan="2"></td></tr>
<tr><td>团队成员</td><td>学号</td><td>扮演角色</td><td colspan="2">职 责</td></tr>
<tr><td></td><td></td><td></td><td colspan="2"></td></tr>
<tr><td></td><td></td><td></td><td colspan="2"></td></tr>
<tr><td></td><td></td><td></td><td colspan="2"></td></tr>
<tr><td></td><td></td><td></td><td colspan="2"></td></tr>
<tr><td></td><td></td><td></td><td colspan="2"></td></tr>
</table>

任务实施

【任务分析】

宏观营销环境是影响企业微观环境的一系列巨大的社会力量，包括经济、政治、法律、科学技术、社会文化、自然地理等方面的因素。对于宏观环境来说，企业难以按自身的要求和意愿随意改变它，但可以主动适应环境的变化和要求来制定相应的策略。如果企业善于适应环境就能生存和发展，否则就难免被淘汰。营销人员必须熟知哪些宏观环境因素会影响市场营销活动。

【知识准备】

市场营销宏观环境指对企业营销活动造成市场机会和环境威胁的企业外在不可控因素。企业一般只能通过调整企业内部人力、物力、财力及产品价格、促销渠道等可以控制的因素来适应其变化和发展。

市场营销宏观环境主要包括政治法律环境、经济环境、人口环境、自然环境、科学技术环境、社会文化环境等因素。

一、政治法律环境

（一）政治环境

政治环境指影响企业市场营销活动的各种政治因素，主要包括企业市场营销活动的外部政治形势和状况以及国家管理市场的方针政策。一个国家如果政局不稳，社会矛盾尖锐，秩序混乱，就会影响经济的发展和人民的购买力。政府的方针、政策决定了国民经济的发展方向，也会对企业的经营活动产生影响。例如，由于各地区生产力水平、经济发展程度不同，政府对各地区的经济政策也不同：有的地区的经济政策宽松些，有的严格些；对某些行业采取倾斜政策，对不同的行业采取不同的优惠、扶持或限制政策。对国际政治环境的分析，应了解“政治权力”与“政治冲突”对企业营销活动的影响。政治权力影响市场营销，往往表现为由政府机构通过采取某种措施约束外来企业，如进口限制、外汇控制、劳工限制、绿色壁垒等。政治冲突是指国际上的重大事件与突发性事件，这类事件在以和平与发展为主流的时代从未绝迹，对企业市场营销工作影响或大或小，有时带来机会，有时带来威胁。

（二）法律环境

法律是由国家制定或认可并以国家强制力保证实施的，反映由特定物质生活条件所决定的统治阶级意志的规范体系。法律环境对市场消费需求的形成和实现，具有一定的调节作用。企业研究并熟悉法律环境，既保证自身严格依法管理和经营，也可运用法律手段保障自身的权益。

各个国家的社会制度不同、经济发展阶段和国情不同，体现统治阶级意志的法制也不同，从事国际市场营销的企业，必须对有关国家的法律制度和有关的国际法规、国际惯例进行了解，才能进行有效的营销活动。

【案例 6.2】

“沈阳飞龙”的失误

沈阳飞龙医药保健品集团自 1991 年组建以来，4 年完成销售额 20 亿元，实现利润 4.2 亿元，成长为全国保健业的领导者，其生产的延生护宝液成为“明星产品”。

然而天有不测风云。从 1994 年下半年开始，国内保健品市场一片混乱，到 1995 年年初，全国一下子冒出 2.8 万种保健品，泛滥成灾，严重冲击了“沈阳飞龙”的销售。“沈阳飞龙”作为保健品行业的先驱者，销售陷入困境。经过了解才知道：卫生部原来对保健品按三类中药审批如同报新药一样严格，但不知道是哪个部门放松了条件，发放保健品许可证时，检测标准参照食品标准。标准的放松造成了保健品市场的失控：凡是液体类的保健品按饮料标准检测，与检验汽水差不多，只要大肠杆菌不超标就可以生产。加之保健品不受广告法的限制，从而使保健品的营销环境发生了翻天覆地的变化。“沈阳飞龙”管理层信息获取不及时，因此被放松的政策打得措手不及，销售量严重滑坡。

沈阳飞龙医药保健品集团的失误给我们的启示是：如果不注重宏观环境的变化，再优秀的企业也会沦为落伍者。

资料来源：崔晓文. 广告学概论[M]. 北京：清华大学出版社，2009.

二、经济环境

经济环境对市场活动有着直接的影响，对经济环境的分析，主要可以从生产和消费两个方面进行：

（一）生产方面

生产决定消费，市场供应、居民消费都有赖于生产。生产方面调查主要包括能源和资源状况、交通运输条件、经济增长速度及趋势产业结构、国民生产总值、通货膨胀率、失业率等。

（二）消费方面

消费对生产具有反作用，消费规模决定市场的容量，也是经济环境分析不可忽视的重要因素。消费方面调查主要是了解某一国家（或地区）的国民收入、消费水平、消费结构、物价水平、物价指数等。

三、人口环境

市场是由有购买欲望同时又有支付能力的人构成的，人口是构成市场的第一位因素。人口的多少直接影响市场的潜在容量，因而企业需考察和分析市场的总体人口、人口地理分布、年龄结构、人口性别、家庭生命周期等。

（一）人口总量

一个国家或地区的总人口数量，是衡量市场潜在容量的重要因素。统计分析一个国家或地区的总人口，可以概括地了解该市场的市场容量。目前，世界人口环境正发生明显的变化，把握全球人口环境的变化趋势有利于适时调整营销策略。

（二）人口地理分布

人口在地区上的分布与消费者的需求有着紧密关系。居住在不同地区的人，由于地理环境、气候条件、自然资源、风俗习惯的不同，消费需求的内容和数量也存在差异。

（三）年龄结构

消费者的年龄差异，使消费者对商品及其服务产生不同的需求，因而市场因年龄结构的差异而形成差异化的市场。随着社会经济的发展，科学技术的进步，生活条件和医疗条件的改善，平均寿命大大延长，人口老龄化趋势明显，许多国家人口老龄化加速，出生率下降引起市场需求变化。如美国等发达国家人口出生率下降，出生婴儿数和学龄前儿童减少，对儿童食品、童装、玩具等生产经营者产生影响。

（四）人口性别

人口性别是消费者需求差异产生的重要原因之一。性别不同，消费者购买习惯与购买行为也会不同。通常男性消费者购买动机形成迅速，购买行为果断，感情色彩在购买过程中影响较小；而女性消费者购买动机具有较强的主动性，感情色彩在购买过程中影响较大，并且受外界环境因素影响大。

（五）家庭生命周期

家庭生命周期是指一个家庭形成、发展直至消亡的过程，反映家庭从形成到解体呈循环运动的变化规律。在市场营销学中，特指消费者作为家庭成员所经历家庭各个阶段形态的变化，用以分析和揭示消费者在不同阶段消费的形式、内容和特征等，从而作为市场细分的变量。一般可以分为无巢期、筑巢期、满巢期、空巢期和鳏寡期 5 个阶段（见表 6.5）。

表 6.5　家庭生命周期特征表

家庭生命周期阶段		家庭特征婚姻状况	子女成长阶段
无巢期		单身/离异/丧偶	无子女
筑巢期		夫妻二人	无子女
满巢期	满巢 1 期	夫妻二人/离异/丧偶	子女婴幼儿/幼儿园
	满巢 2 期	夫妻二人/离异/丧偶	子女读小学
	满巢 3 期	夫妻二人/离异/丧偶	子女读中学
	满巢 4 期	夫妻二人/离异/丧偶	子女读大学
空巢期		夫妻二人	子女独立生活
鳏寡期		离异/丧偶	子女独立生活

四、自然环境

各个国家和地区由于地理位置不同，气候和其他自然环境也有很大的差异，它们不是人为造成的，也很难通过人的作用去加以控制，只能在了解的基础上去适应这种环境，应注意对地区气候条件、季节因素、使用条件等方面进行深入分析。自然环境对人们的消费行为有很大的影响，制约着许多产品的生产和经营，如衣服、食品、住房等。

五、科学技术环境

科学技术是第一生产力，科技的发展对经济发展有巨大的影响，不仅直接影响企业内部的生产和经营，还同时与其他环境因素互相依赖、互相作用，给企业营销活动带来有利与不利的影响。例如，一种新技术的应用，可以为企业创造新产品，产生巨大的经济效益；也可以迫使企业成功的传统产品不得不退出市场。新技术的应用，会引起企业市场营销策略的变化，也会引起企业经营管理的变化，还会改变零售商业结构和消费者购物习惯。

科学技术是社会生产力新的和最活跃的因素。科技环境不仅直接影响企业内部的生产与经营，还同时与其他环境因素互相依赖、相互作用。企业在进行科技环境分析研究时应注意以下问题：

（1）新技术出现的影响力及对本企业的营销活动可能造成直接和间接的冲击；

（2）了解和学习新技术，掌握新的发展动向，以便采用新技术，开发新产品或转入新行业，以求生存和发展；

（3）利用新技术改善服务，提高企业的服务质量和效率；

（4）利用新技术对企业进行管理，提高管理水平和企业营销活动效率；

（5）新技术的出现对人民生活方式带来的变化及其由此对企业营销活动可能造成的影响；

（6）新技术的出现引起商品实体流动的变化；

（7）国际营销活动中要对目标市场的技术环境进行考察，以明确其技术上的可接受性。

六、社会文化环境

社会文化主要指一个国家、地区的民族特征、价值观念、生活方式、风俗习惯、宗教信仰、伦理道德、教育水平、语言文字等的总和。主体文化是占据支配地位的，起凝聚整个国家和民族的作用，由千百年的历史所形成的文化，包括价值观、人生观等；次级文化是在主体文化支配下所形成的文化分支，包括种族、地域、宗教等。文化对所有营销参与者的影响是多层次、全方位、渗透性的。它不仅影响企业营销组合，而且影响消费心理、消费习惯等，这些影响是通过间接的、潜移默化的方式来进行的。

（一）教育水平

教育程度不仅影响劳动者收入水平，而且影响消费者对商品的鉴别力，影响消费者心理、购买的理性程度和消费结构，从而影响企业营销策略的制定和实施。

（二）宗教信仰

宗教分布状况、宗教要求与禁忌、宗教组织与宗教派别等都会对营销活动产生影响。

（三）价值观念

价值观念指人们对社会生活中各种事物的态度和看法。不同文化背景下，价值观念有所不同，影响消费需求和购买行为。对于不同的价值观念，营销管理者应研究并采取不同的营销策略。

（四）消费习俗

消费习俗指历代传递下来的一种消费方式，是风俗习惯的一项重要内容。消费习俗在饮食、服饰、居住、婚丧、节日、人情往来等方面都表现出独特的心理特征和行为方式。

（五）消费流行

由于社会文化多方面的影响，消费者产生共同的审美观念、生活方式和情趣爱好，从而导致社会需求的一致性，这就是消费流行。消费流行在服饰、家电以及某些保健品方面表现得最为突出。

（六）亚文化群

亚文化群可以按地域、宗教、种族、年龄、兴趣爱好等特征划分。企业在用亚文化群来分析需求时，可以把每一个亚文化群视为一个细分市场，分别制定不同的营销方案。

恭喜你！完成任务分析与准备，明确了影响企业市场营销的宏观环境因素。接下来，你将进行任务操作。

【任务操作】

根据材料分析麦当劳在中国重庆目前的宏观营销环境。

材料：

麦当劳是全球大型跨国连锁餐厅，1955 年创立于美国芝加哥，在世界上大约拥有 3 万间分店，主要售卖汉堡包、薯条、炸鸡、汽水、冰品、沙拉等快餐食品。

麦当劳公司旗下最知名的麦当劳品牌拥有超过 32 000 家快餐厅，分布在全球 120 多个国家和地区。在世界各地的麦当劳按照当地人的口味对餐点进行了适当的调整。另外，麦当劳公司还有其他一些餐饮品牌，如午后浓香咖啡、墨西哥大玉米饼快餐店等。

（1）经济环境分析：

（2）社会文化环境分析：

（3）技术环境分析：

（4）根据分析得出结论和建议：

（5）各组派出同学代表，将麦当劳在中国重庆目前的宏观营销环境分析制作成 PPT 进行展示汇报。

恭喜你！完成任务操作，进行了麦当劳在中国重庆目前的宏观营销环境分析。接下来，你将进行任务考评与总结。

检查评价

【小组自评】

根据团队实训情况，首先团队负责人对小组成员的训练情况进行自评，其次小组之间进行互评，最后老师进行总结评价（见表 6.6）。

表 6.6　小组自评表

团队名称			
评价项目	评价指标	存在问题	修改意见
宏观营销环境分析	团队合作		
	政治法律环境分析		
	经济环境分析		
	社会文化环境分析		
	技术环境分析		
	结论和建议		
	PPT 制作及讲解		

【综合评价】

各组代表展示，介绍任务完成过程、制作过程、总结改进，完成考核评价（见表 6.7）。

表 6.7　综合评价表

序号	评价项目	评价内容	分值	自评（30%）	互评（30%）	师评（40%）	合计
1	职业素养（30 分）	分工合理，制订计划能力强，严谨认真	10				
		责任意识强	5				
		团队合作、交流沟通、分享能力强	5				
		遵守职业规范	5				
		主动性强，保质保量完成工作相关任务	5				
2	专业能力（60 分）	企业宏观营销环境分析能力	60				
3	创新意识（10 分）	创新性思维和行动力	10				
合计			100				
评价人签名：		时间：					

任务三　市场营销环境分析方法

任务描述

本项任务将引领你熟知市场营销环境分析的方法和运用这些方法的技巧。根据任务分析，在了解 SWOT 分析法和波特五力模型分析法后，进行自我剖析，并对任务实施进行检查评价。

【任务要求】

（1）通过本次训练，让学生掌握 SWOT 分析法。
（2）通过本次训练，让学生掌握波特五力模型分析法。

【学习目标】

知识目标：
（1）了解 SWOT 分析法和波特五力模型分析法及其含义。
（2）熟知 SWOT 分析法和波特五力模型分析法的内容。
（3）掌握 SWOT 分析法和波特五力模型分析法的运用技巧。
能力目标：
通过实训，培养学生积极思考、主动探索的能力，提高学生对市场营销环境的分析能力。
素养目标：
通过实训，培养学生积极进取、勇于探索和百折不挠的精神。

【实施路径】

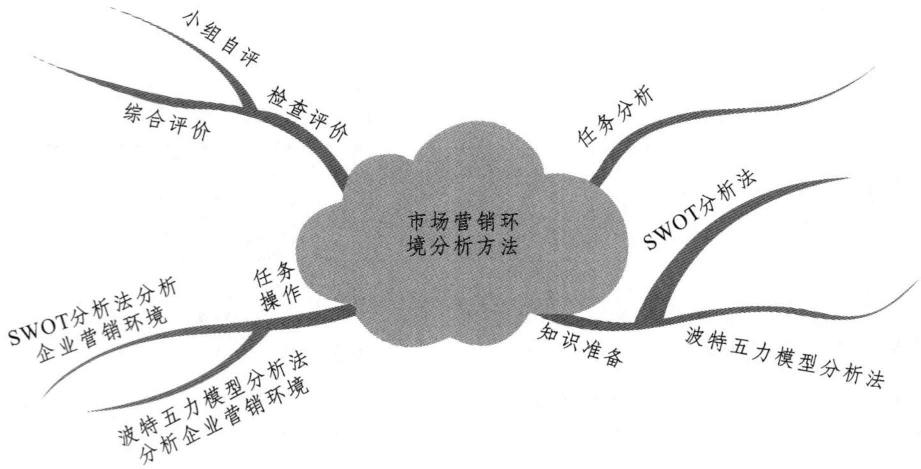

图 6.3　市场营销环境分析方法训练实施路径

【任务分组】

按照上一任务的分组，采用班组轮值指导。学生轮值担任组长，让每个学生都有锻炼组织协调项目管理、项目设计和项目评价的机会，通过小组协作，培养学生团队协作、互帮互助的精神和协同攻关的能力。角色扮演分配表如表 6.8 所示。

表 6.8　角色扮演分配表

<table>
<tr><td>团队名称</td><td colspan="2"></td><td rowspan="2">团 队
Logo</td><td rowspan="2"></td></tr>
<tr><td>团队文化</td><td colspan="2"></td></tr>
<tr><td>团队成员</td><td>学号</td><td>扮演角色</td><td colspan="2">职 责</td></tr>
<tr><td></td><td></td><td></td><td colspan="2"></td></tr>
<tr><td></td><td></td><td></td><td colspan="2"></td></tr>
<tr><td></td><td></td><td></td><td colspan="2"></td></tr>
<tr><td></td><td></td><td></td><td colspan="2"></td></tr>
<tr><td></td><td></td><td></td><td colspan="2"></td></tr>
</table>

任务实施

【任务分析】

市场营销环境分析是企业经营的前提，是获取利润的前提，是有效制定营销策略的保证。企业面对的市场营销环境多种多样，分析市场营销环境，就是要找出有利于企业经营的机会，避免不利于企业经营的威胁。现实生活中，机会与威胁往往是相伴相生的，而且不同企业的内部环境的特点各不相同，因此营销环境分析必须将内外因素结合起来考虑，运用科学的方法进行分析。

【知识准备】

一、SWOT 分析法

SWOT 分析是企业战略性营销分析中常用的一种分析方法，从某种意义上来说隶属于企业内部分析方法。“S”指企业的优势（Strengths），“W”指企业的劣势（Weaknesses），“O”表示来自企业外部的机会（Opportunities），“T”表示企业面临外部的威胁（Threats）（见图 6.4）。运用各种调查研究方法，分析出公司所处的各种环境因素，即外部环境因素和内部环境因素。外部环境因素包括机会因素和威胁因素，它们是外部环境对公司的发展直接有影响的有利和不利因素，属于客观因素；内部环境因素包括优势因素和弱势因素，它们是公司在其发展中自身存在的积极和消极因素，属主观因素，在调查分析这些因素时，不仅要考虑到历史与现状，而且更要考虑未来发展问题。

从整体上看，SWOT 可以分为两部分：第一部分为 SW，主要用来分析内部条件；第二部分为 OT，主要用来分析外部条件。利用这种方法可以从中找出对自己有利的、值得发扬的因素，以及对自己不利的、要避开的因素，发现存在的问题，找出解决办法，并明确以后的发展方向。根据这个分析，可以将问题按轻重缓急分类，明确哪些是急需解决的问题，哪些是可以稍微延后的事情，哪些属于战略目标上的障碍，哪些属于战术上的问题，并将这些研究对象列举出来，依照矩阵形式排列，然后用系统分析的结果，把各种因素相互匹配起来加以分析，从中得出一系列相应的结论，而结论通常带有一定的决策性，有利于领导者和管理者做出较正确的决策和规划。

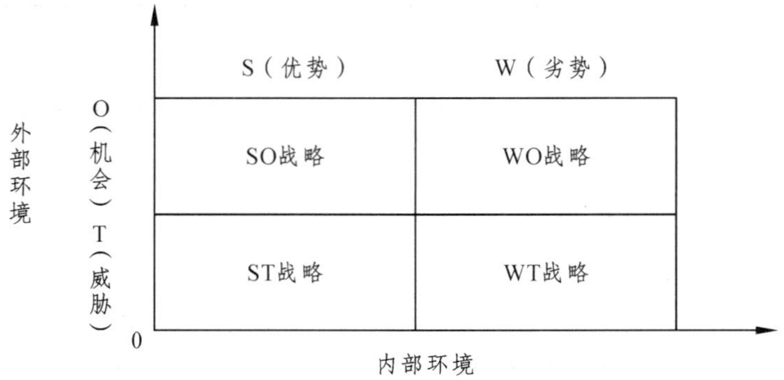

图 6.4　SWOT 分析模型

S（优势），是组织机构的内部因素，具体包括有利的竞争态势、充足的财政来源、良好的企业形象、技术力量、规模经济、产品质量、市场份额、成本优势、广告攻势等。

W（劣势），也是组织机构的内部因素，具体包括设备老化、管理混乱、缺少关键技术、研究开发落后、资金短缺、经营不善、产品积压、竞争力差等。

O（机会），是组织机构的外部因素，具体包括新产品、新市场、新需求、外国市场壁垒解除、竞争对手失误等。

T（威胁），也是组织机构的外部因素，具体包括新的竞争对手、替代产品增多、市场紧缩、行业政策变化、经济衰退、客户偏好改变、突发事件等。

SWOT 分析法的优点在于考虑问题全面，是一种系统思维，而且可以把对问题的“诊断”和“开处方”紧密结合在一起，条理清楚，便于检验。

二、波特五力模型分析法

1979 年，哈佛商学院教授迈克尔·波特开发了五力模型。五力模型将大量不同的因素汇集在一个简便的模型中，以此分析一个行业的基本竞争态势。5 种力量模型确定了竞争的 5 种主要来源，即供应商和购买者的议价能力，新进入者的威胁，替代品的威胁以及来自同业竞争者的竞争程度（见图 6.5）。

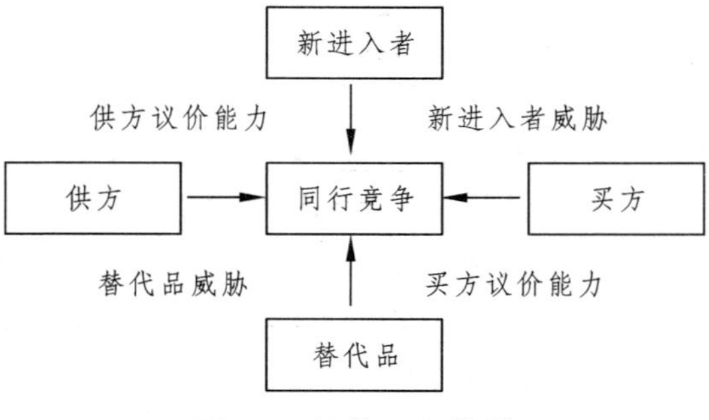

图 6.5　波特五力模型

任何产业，无论是国内的或国际的，无论生产产品的或提供服务的，竞争都无时无刻不存在。因此，波特五力模型是企业制定竞争战略时经常利用的战略分析工具。

波特五力模型用于竞争战略的分析，可以有效地分析客户的竞争环境。波特的五力分析法是对一个产业盈利能力和吸引力的静态断面扫描，说明的是该产业中的企业平均具有的盈利空间，所以这是一个产业形势的衡量指标，而非企业能力的衡量指标。通常，这种分析法也可用于创业能力分析，以揭示本企业在本产业或行业中具有何种盈利空间。

（一）供应商的议价能力

供方主要通过其提高投入要素价格与降低单位价值质量的能力，来影响行业中现有企业的盈利能力与产品竞争力。供方力量的强弱主要取决于他们所提供给买方的是什么投入要素，当供方所提供的投入要素价值构成了买方产品总成本的较大比例、对买方产品生产过程非常重要或者严重影响买方产品的质量时，供方对于买方的潜在讨价还价力量就大大增强。一般来说，满足如下条件的供方集团具有比较强大的讨价还价力量：

（1）供方行业为一些具有比较稳固市场地位而不受市场激烈竞争困扰的企业所控制，其产品的买方很多，以致每一单个买方都不可能成为供方的重要客户。

（2）供方各企业的产品各具有一定特色，以致买方难以转换或转换成本太高，或者很难找到可与供方企业产品相竞争的替代品。

（3）供方能够方便地实行前向联合或一体化，而买方难以进行后向联合或一体化。

（二）购买者的议价能力

购买者主要通过其压价与要求提供较高的产品或服务质量的能力，来影响行业中现有企业的盈利能力。其购买者议价能力主要受以下因素影响：

（1）购买者的总数较少，而每个购买者的购买量较大，占了卖方销售量的很大比例。

（2）卖方行业由大量相对来说规模较小的企业所组成。

（3）购买者所购买的基本上是一种标准化产品，同时向多个卖方购买产品在经济上也完全可行。

（4）购买者有能力实现后向一体化，而卖方不可能前向一体化。

（三）新进入者的威胁

新进入者在给行业带来新生产能力、新资源的同时，将希望在已被现有企业瓜分完毕的市场中赢得一席之地，这就有可能会与现有企业发生原材料与市场份额的竞争，最终导致行业中现有企业盈利水平降低，严重的话还有可能危及这些企业的生存。进入威胁的严重程度取决于两方面的因素，这就是进入新领域的障碍大小与预期现有企业对于进入者的反应情况。

进入障碍主要包括规模经济、产品差异、资本需要、转换成本、销售渠道开拓、政府行为与政策、不受规模支配的成本劣势、自然资源、地理环境等方面，其中有些障碍是很难借助复制或仿造的方式来突破的。预期现有企业对进入者的反应情况，主要是采取报复行动的可能性大小，则取决于有关厂商的财力情况、报复记录、固定资产规模、行业增长速度等。总之，新企业进入一个行业的可能性大小，取决于进入者主观估计进入所能带来的潜在利益、所需花费的代价与所要承担的风险三者的相对大小情况。

（四）替代品的威胁

两个处于不同行业中的企业，可能会由于所生产的产品是互为替代品，从而在它们之间产生相互竞争行为，这种源自替代品的竞争会以各种形式影响行业中现有企业的竞争战略。

（1）现有企业产品售价以及获利潜力的提高，将由于存在着能被用户方便接受的替代品而受到限制。

（2）由于替代品生产者的侵入，现有企业必须提高产品质量或者通过降低成本来降低售价或者使其产品具有特色，否则其销量与利润增长的目标就有可能受挫。

（3）源自替代品生产者的竞争强度，受产品买方转换成本高低的影响。

总之，替代品价格越低、质量越好、用户转换成本越低，其所能产生的竞争压力就强；而这种来自替代品生产者的竞争压力的强度，可以具体通过考察替代品销售增长率、替代品厂家生产能力与盈利扩张情况来加以描述。

（五）同业竞争者的竞争程度

大部分行业中的企业相互之间的利益都是紧密联系在一起的，作为企业整体战略一部分的各企业竞争战略，其目标都在于使自己的企业获得相对于竞争对手的优势，所以，在实施中就必然会产生冲突与对抗现象。这些冲突与对抗就构成了现有企业之间的竞争。现有企业之间的竞争常常表现在价格、广告、产品介绍、售后服务等方面，其竞争强度与许多因素有关。

一般来说，出现下述情况将意味着行业中现有企业之间竞争加剧：行业进入障碍较低，势均力敌竞争对手较多，竞争参与者范围广泛；市场趋于成熟，产品需求增长缓慢；竞争者企图采用降价等手段促销；竞争者提供几乎相同的产品或服务，用户转换成本很低；一个战略行动如果取得成功，其收入相当可观；行业外部实力强大的公司在接收了行业中实力薄弱企业后，发起进攻性行动，结果使刚被接收的企业成为市场的主要竞争者；退出障碍较高，即退出竞争要比继续参与竞争代价更高。在这里，退出障碍主要受经济、战略、感情以及社会政治关系等因素的影响，具体包括：资产的专用性、退出的固定费用、战略上的相互牵制、情绪上的难以接受、政府和社会的各种限制等。

波特的竞争力模型的意义在于，5 种竞争力量的抗争中蕴含着 3 类成功的战略思想，那就是总成本领先战略、差异化战略、集中战略。

恭喜你！完成任务分析与准备，明确了分析市场营销环境的方法。接下来，你将进行任务操作。

【任务操作】

一、请用 SWOT 分析法对家乐福败走中国香港地区时的营销环境进行分析

材料：

家乐福败走中国香港地区

继 1997 年年底八佰伴及 1998 年中大丸百货公司在香港地区相继停业后,2000 年 9 月 18 日，世界第二大超市集团家乐福位于香港杏花村、屯门、元朗等地的超市全部停业，撤离中国香港。

法国家乐福集团，在全球共有 5 200 多间分店，遍布 26 个国家及地区，全球的年销售额达到 363 亿美元，盈利达 7.6 亿美元，员工逾 24 万人。家乐福超市在台湾、深圳、北京、上海等地的大型超市，生意蒸蒸日上，为何独败香港？

（1）优势分析：

（2）劣势分析：

（3）机会分析：

（4）威胁分析：

（5）结论和建议：

（6）制作成 PPT 进行展示汇报。

二、请用波特五力模型法分析小米手机的营销环境

材料：

2011 年 8 月 16 日，小米手机正式发布。第一个为“手机发烧友”而专门推出的高配置-低价格的小米智能手机步入了大众的视野，并且吸引了社会的关注。小米手机的董事长雷军将超越苹果作为奋斗的长期目标，该手机将市场定位于中、低档消费者，对于许多消费者来说，可谓是一款高品质、高智能、高实惠的手机。移动终端技术和元器件完美结合体现了小米低价格、高配置的特点，使其每款产品都能够成为当年智能手机行业的领头羊。小米手机的销售渠道主要是以线上销售——小米手机官网为主，除此之外目前也在推行少量的实体店销售。因此，小米手机的营销模式既节约了成本，又符合当前年轻人追求时尚的理念。其手机于 2011 年 11 月正式发售，定价 1 999 元，从而也得到消费者高度的认可。目前，在定价上，小米 Note 突破了小米原有的低价模式。容量及版本存在差异，定价自然也不同，

16GB 版本、64GB 容量版，分别定价为 2 299 元、2 999 元，于 2015 年 1 月 15 日上市。从小米 Note 的售价可以看出，小米改变了以往性价比的固有销售模式，正向中高端市场迈进。

（1）新进入者的威胁分析：

____

____

____

____

（2）替代品的威胁分析：

____

____

____

____

（3）供应商的议价能力分析：

____

____

____

____

（4）购买者的议价能力分析：

____

____

____

____

（5）替代产品或服务的威胁分析：

____

____

____

____

（6）制作成 PPT 进行展示汇报。

恭喜你！完成任务操作，运用相应的市场营销环境分析法对企业的营销环境进行分析。接下来，你将进行任务考评与总结。

检查评价

【小组自评】

根据团队实训情况，首先团队负责人对小组成员的训练情况进行自评，其次小组之间进行互评，最后老师进行总结评价（见表 6.9）。

表 6.9　小组自评表

团队名称			
评价项目	评价指标	存在问题	修改意见
SWOT 分析法分析营销环境	优势分析		
	劣势分析		
	机会分析		
	威胁分析		
	结论和建议		
	PPT 制作及讲解		
波特五力模型分析法分析营销环境	新进入者的威胁分析		
	潜在的竞争对手分析		
	供应商的议价能力分析		
	顾客的议价能力分析		
	替代产品或服务的威胁分析		
	PPT 制作及讲解		

【综合评价】

各组代表展示，介绍任务完成过程、制作过程、总结改进，完成考核评价（见表 6.10）。

表 6.10　综合评价表

序号	评价项目	评价内容	分值	自评（30%）	互评（30%）	师评（40%）	合计
1	职业素养（30 分）	分工合理，制订计划能力强，严谨认真	10				
		责任意识强	5				
		团队合作、交流沟通、分享能力强	5				
		遵守职业规范	5				
		主动性强，保质保量完成工作相关任务	5				
2	专业能力（60 分）	SWOT 分析法分析营销环境	25				
		波特五力模型分析法分析营销环境	35				
3	创新意识（10 分）	创新性思维和行动力	10				
合计			100				
评价人签名：		时间：					

项目七

市场细分与市场定位策划

项目简介

准确的市场细分和市场定位在企业开展消费者行为分析时非常重要，精准合理的市场分析和定位能够帮助企业更清楚地了解不同市场的消费者的需求特点，消费习惯偏好等，还能帮助企业更好地锁定目标消费群体，更有效地针对不同细分市场的消费者进行营销推广。

在现代市场营销理论及企业实际运用中，市场细分和市场定位即为STP战略，包括市场细分、目标市场和市场定位3个方面。在现代市场经济条件下，营销人员掌握市场细分与市场定位策划能力是必备技能。

任务一　目标市场选择

任务描述

各小组通过前期的市场调研，选择当地某企业经营项目（产品）开展实训，通过所选企业（或本校专业实训基地，或毕业生创业项目）项目（产品）所处市场机会进行分析，寻找市场机会，根据市场机会运用市场细分有关知识，进行市场细分和目标市场的选定。

【任务要求】

目标市场选择运用要求：① 选择企业经营项目（产品）；② 分析市场机会；③ 运用市场细分理论进行市场细分；④ 选择目标市场；⑤ 选择目标市场营销策略。操作过程中按市场细分与目标市场选择的要点展开，注意得体、恰当、适用。

【学习目标】

知识目标：

（1）熟悉市场细分的概念和原则、目标市场类型。

（2）掌握市场细分的依据和方法、目标市场营销策略。

能力目标：

（1）能够运用市场细分的依据和方法对某一项目（产品）进行市场细分，并选择目标市场。

（2）能够恰当运用目标市场营销策划对某一项目（产品）进行目标市场策略的选择。

素养目标：

（1）培养信息处理、与人交流、与人合作的职业能力。

（2）具备革新创新能力，提升诚实、创新的职业素养，为从事营销职业奠定基础。

【实施路径】

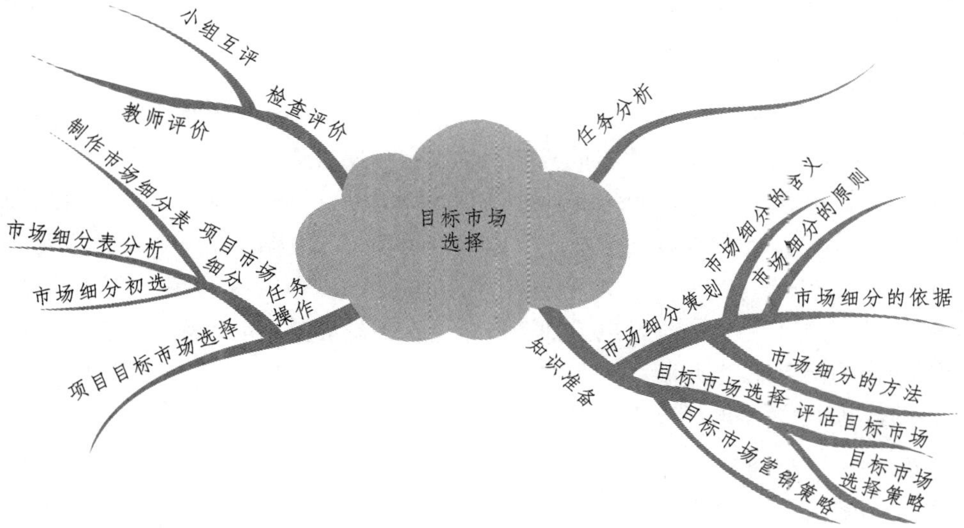

图 7.1　目标市场选择实施路径

【任务分组】

按照项目一的分组情况开展实训。

任务实施

【任务分析】

企业项目（产品）目标市场选择包括市场机会分析、市场细分、目标市场选择 3 个子任务。市场机会分析需要通过调研发现目标企业的市场机会，并对企业市场机会做出分析与评价；市场细分需要了解和把握消费者的不同偏好，正确运用市场细分变量进行市场细分，制定市场细分表描述各细分市场；目标市场选择要求在全面考虑相关因素的基础上，有针对性地选择目标市场，并选择目标市场营销策略。

【知识准备】

在现代市场营销理论中，市场细分、目标市场和市场定位是 STP 战略营销的 3 大核心内容。比如江小白以年轻消费者为目标市场，展示年轻个性的市场定位，是 STP 策划的典型范例。

一、市场细分策划

市场细分是市场研究中最吸引人的领域之一，它不仅需要使用诸多数理分析方法科学工作，还需要研究者发挥想象力和洞察力进行艺术创造。

（一）市场细分的含义

市场细分，就是根据消费者明显不同的需求特性，把市场区分为两个或者两个以上的消费者群体，以便企业选择目标市场。将一群具有近似特征的消费者群体，从差异万千的大市场中划分出来，作为一个个分市场，这就是市场细分的过程。

（二）市场细分的原则

企业可根据单一因素，亦可根据多个因素对市场进行细分。选用的细分标准越多，相应的子市场也就越多，每一子市场的容量相应就越小；相反，选用的细分标准越少，子市场就越少，每一子市场的容量则相对较大。如何寻找合适的细分标准，对市场进行有效细分，在营销实践中并非易事。一般而言，成功、有效的市场细分应遵循以下 4 个基本原则。

1. 可衡量性

可衡量性是指细分的市场是可以识别和衡量的，即细分出来的市场不仅范围明确，而且对其容量大小也能大致做出判断。有些细分变量，如具有“依赖心理”的青年人，在实际中是很难测量的，以此为依据细分市场就不一定有意义。

2. 可进入性

可进入性是指细分出来的市场应是企业营销活动能够抵达的，即企业通过努力能够使产品进入并对顾客施加影响的市场。一方面，有关产品的信息能够通过一定媒体顺利传递给该市场的大多数消费者；另一方面，企业在一定时期内有可能将产品通过一定的分销渠道运送到该市场。否则，该细分市场的价值就不大。

3. 有效性

有效性是指细分出来的市场，其容量或规模要大到足以使企业获利。进行市场细分时，企业必须考虑细分市场上顾客的数量，以及他们的购买能力和购买产品的频率。如果细分市场的规模过小、市场容量太小、细分工作烦琐、成本耗费大、获利小，就不值得企业去开发。

4. 差异性

差异性是指各细分市场的消费者对同一市场营销组合方案会有差异性反应，或者说对营销组合方案的变动，不同细分市场会有不同的反应。如果不同细分市场顾客对产品需求差异不大，行为上的同质性远大于其异质性，此时，企业就不必费力对市场进行细分。对于细分出来的市场，企业应当分别制定独立的营销方案。如果无法制定出这样的方案，或其中某几个细分市场对是否采用不同的营销方案不会有大的差异性反应，便不必进行市场细分。

（三）市场细分的依据

市场细分的依据实际上也就是客观地存在于市场上的消费者需求差异化的各种因素。通常，消费者市场细分的依据如下：

1. 地理因素

地理因素主要包括消费者所居住的地区以及这些地区的自然特点，如区域类型、城市乡村、人口密度、气候、城市规模等。企业之所以可以按照地理标准来细分市场，关键在于生活在具有不同地理特征地区的消费者，对同一类产品往往会有不同的需要与偏好，他们对于企业制定的营销策略往往也会产生不同的反应。地理因素是一个静态因素，往往容易辨别，它对于分析研究不同地区消费者的需求特点、需求总量及其发展变化趋势具有一定的意义，有助于企业地域市场的开拓。目前，现代市场营销学中强调的“本土化营销”理念，其目的就是适应本地区顾客的需求。

地理细分变量的划分标准

2. 人口因素

人口因素的细分是把目标市场的顾客，按年龄、性别、家庭生命周期、职业、收入、教育、种族等，根据其特征因素，分成不同的子市场。人口因素在细分顾客市场中的应用比较多，参见表 7.1。

表 7.1　人口因素主要变量与营销要点

人口因数	主要变量	营销要点
性别	男、女	研究男女消费需求特点
年龄	婴儿、儿童、少年、青年、成年、老年	研究年龄结构、比重及各档次年龄的消费特征
收入	高收入、中高收入和低收入者	掌握不同收入层次的消费特征和购买行为
家庭生命周期	单身期、新婚期、育儿期、满巢期、空巢期、寡鳏期	研究各家庭处在哪一阶段，不同阶段消费需求的数量和结构
职业	工人、农民、军人、学生、干部、教育工作者、文艺工作者等	研究不同职业的习惯特点及消费差异
文化程度	小学、中学、大学等	研究不同文化层次人群购买种类、行为、习惯及结构
民族	汉族、满族、回族、蒙古族等	研究不同民族的文化、宗教、风俗及不同的消费习惯

3. 行为因素

行为因素是根据顾客对产品的使用、忠诚度、购买后的反应等特征因素，按照一定的行为进行细分，经常使用到的是顾客对产品的使用程度、品牌忠诚度与利益因素的结合。

（1）购买习惯。即使在地理环境、人口状态等条件相同的情况下，由于购买习惯不同，仍可以细分出不同的消费群体。购买时间习惯标准，就是根据顾客产生需要购买或使用产品的时间来细分市场的。例如：欢度中秋节，人们总是要购买月饼，家庭团聚；春节前，商品及团圆饭的预定达到高峰。从购买地点习惯看，一般日用品消费者愿意去超市、便利店购买，这就为企业市场定位提供了依据。

（2）利益因素。顾客的消费总是希望尽量地满足某种需要，寻找一种商品、服务或是环境，也许是满足心理上的欲望。可根据顾客对产品的态度、追求的利益的类型对市场进行细分，这种细分的方法越来越受到营销工作者的重视，被广泛地推广使用。

（3）顾客状况。根据顾客是否使用和使用的情况来细分市场。一般可分为经常性的消费、首次消费、潜在的顾客、非顾客等。大企业往往注重将潜在顾客转变为实际顾客，小型企业则注重保持现有顾客，并设法将使用竞争者产品的顾客转变为自己企业的顾客。

牙膏需求者市场细分

（4）品牌忠诚度。企业还可根据顾客对产品的忠诚程度细分市场。有些顾客经常变换品牌，有些顾客则在较长时期内专注于某一或少数几个品牌。通过了解顾客品牌忠诚程度情况，以及品牌忠诚者与品牌转换者的各种行为与心理特征，不仅可为企业细分市场提供依据，同时也有助于企业了解为什么有些顾客忠诚本企业产品，而另外一些顾客则忠诚于竞争企业的产品，从而为企业选择目标市场提供启示。

4. 心理因素

心理因素的细分就是根据顾客的社会阶层、生活方式、性格等特征因素进行细分。社会阶层是职业、收入、社会地位、教育等多种因素作用的结果。社会阶层不同，会产生不同的价值观念、行为方式、生活方式。所以，社会阶层也是市场细分的重要因素。

（1）社会阶层。社会阶层是指在某一社会中具有相对同质性和持久性的群体。处于同一阶层的成员具有类似的价值观、兴趣爱好和行为方式，不同阶层的成员则在上述方面存在较大的差异。很显然，识别不同社会阶层的顾客所具有的不同的特点，对于很多产品的市场细分将提供重要的依据。

（2）生活方式。人们生活在不同的社会环境中，会逐渐养成不同的生活方式和价值观念。随着生活水平的不断提高，人们的生活方式也发生了明显的变化。

（3）性格因素。性格是人特有的心理特征，存在理智、冲动等性格类型，性格不同会导致对所处环境做出不同的反应（见表 7.2）。

表 7.2　不同性格的消费需求特点

性格	消费需求特点
习惯型	偏爱、信任某些熟悉的企业或品牌，消费时注意力集中，定向性强，反复购买
理智型	不易受广告等外来因素影响，消费时头脑冷静，注重对企业或产品的了解和比较
冲动型	容易受信息或企业、产品的外表或促销的刺激而产生消费，对企业或产品的评价以直观为主，在消费前并没有明确目标
时髦型	易受相关群体、流行时尚的影响，以标新立异、赶时髦为荣，消费时注重引人注意，或显示身份和个性
节俭型	对产品的价格比较敏感，力求以较少的钱换来更多的利益，消费时精打细算、讨价还价

（四）市场细分的方法

1. 单一因素细分法

单一因素细分法即根据影响消费者需求的某一个重要因素进行市场细分。如奶粉企业，按年龄细分市场，分为婴儿、儿童、中老年等奶粉。

2. 综合因素细分法

综合因素细分法即根据影响消费者需求的两种或两种以上的因素进行市场细分。如服装企业，按性别、年龄收入 3 个变量细分市场。

3. 系列因素细分法

系列因素细分法是根据两种或两种以上的因素，且按照一定的顺序，由粗到细依次地对市场进行细分，下一阶段的细分是在上一阶段选定的子市场中进行的。这种方法可使目标市场更加明确具体，有利企业更好地制定相应的市场营销策略。

软饮料市场细分

二、目标市场选择

市场细分的目的在于发现市场机会，从一系列细分市场中，选择出适合企业的市场营销策略。目标市场就是企业决定进入的市场。

目标市场选择是企业选择某一部分市场作为营销对象的决策，即在市场细分的基础上选择一个或多个细分市场作为目标市场的方案及措施。

（一）评估目标市场

目标市场应具备的条件如下：

（1）具有一定的规模及成长潜力。企业必须考虑的首要问题是，即将进入的目标市场是否具有一定的规模和成长潜力。最佳的目标市场应该与企业的实力相匹配。过大的目标市场，对于实力较弱的企业来说，难以有效地占领和控制；较小的目标市场，则又不利于较大企业发挥生产潜力。

（2）具有足够的吸引力。细分市场即使具有一定的规模和成长潜力，但是从长期盈利的观点来看，细分市场也未必具有长期吸引力。细分市场吸引力的衡量指标是成本和利润。

（3）符合企业的营销战略目标和资源条件。细分市场即使具有了一定的规模和成长潜力，并且具有长期吸引力，企业也必须结合其市场营销战略目标和资源来综合评估。

（二）目标市场选择策略

目标市场是企业打算进入的细分市场，或打算满足的具有某一共同需求的顾客群体。企业在选择目标市场时有 5 种可供选择的模式（见图 7.2）。

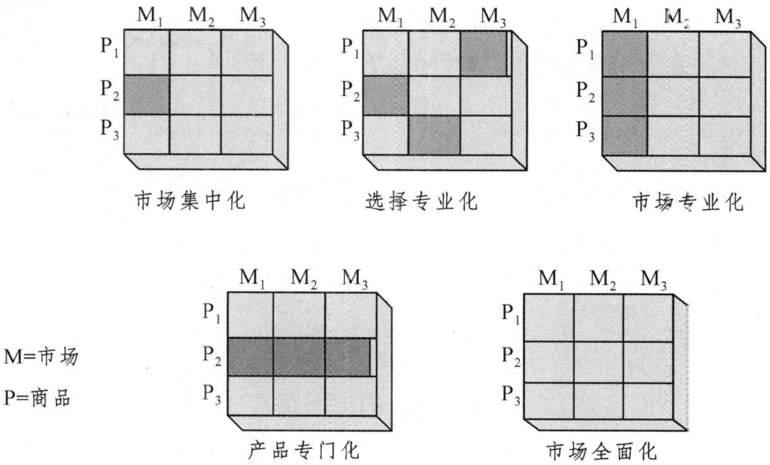

图 7.2　目标市场的 5 种模式

1. 市场集中化

企业只选择一个细分市场，并且只生产一种产品，满足一个细分市场的需求。例如某服装生产企业只选择儿童服装市场，并且只生产儿童服装中的上衣或某一品类（见图 7.3）。

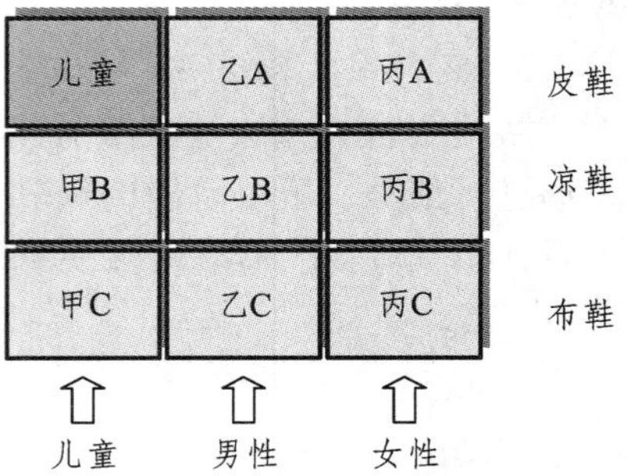

图 7.3 市场集中化

单一市场集中模式使企业能够集中力量，在一个细分市场上，具有较大的市场占有率，而不是在较大市场上占有太低的市场份额。但是，这种模式风险较大。由于目标市场范围狭窄，一旦市场情况突然变坏，如顾客偏好发生转移，价格猛跌，或者出现强有力的竞争者等，企业就可能陷入困境。

2. 产品专门化

企业生产一种产品，向各类顾客销售。例如，许多冰箱生产厂家同时向来自家庭、科研单位实验室、饭店餐馆等顾客销售冰箱，但并不生产他们需要的其他电器。这种模式不仅可以分散风险，利于企业发挥生产、技术潜能，而且可以在某个产品领域树立很高的声誉。该模式通常出现在单一市场选择策略之后。

3. 市场专业化

企业面对一个细分市场，生产、经营他们所需的各种产品。这样可以分散风险，并在这一类顾客中树立良好声誉。例如，许多电器厂家，专门生产各种家用电器，从电冰箱、洗衣机到电视机、录像机和家庭组合音响，应有尽有。市场专业化经营的产品类型众多，能有效地分散经营风险。但是，由于集中于某一类顾客，一旦这一类顾客购买力下降，或减少在这方面的开支，实行这种策略的企业收益就会下降。

4. 选择专业化

企业选择若干个细分市场为目标市场，其中每个细分市场都能提供有吸引力的市场机会，但是彼此之间很少或根本没有任何联系。实际上这是一种多元化经营的模式，可以较好地分散企业的风险。即使企业在某个细分市场失利，也能在其他细分市场得到弥补。采用选择专业化模式的企业应具有较强资源和营销实力。例如许多服装企业为了分散风险选择不同市场生产不同产品（见图 7.4）。

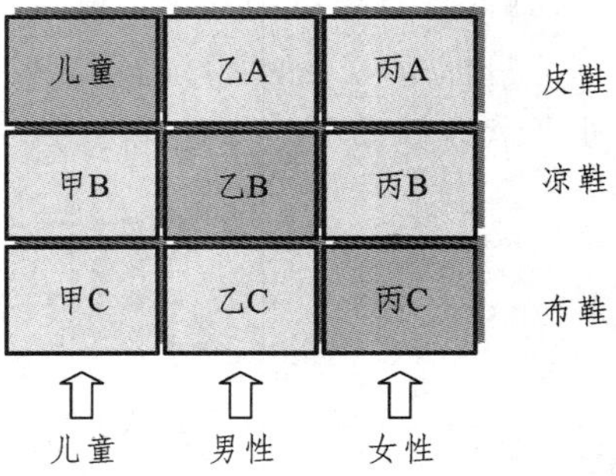

图 7.4 选择专业化

5. 市场全面化

企业生产各种产品或一种产品，满足市场上所有顾客群体的需求，以期覆盖整个市场。实力雄厚的大企业宜选用这种模式。例如，美国通用汽车公司在汽车市场上采用的便是这种目标市场策略。

【案例 7.1】

娃哈哈的目标市场选择

娃哈哈根据消费者需求不断推出不同的产品适合不同的市场，如儿童营养液、hello-C、矿泉水等。1987 年推出儿童营养液；1991 年推出果奶；1996 年进军纯净水；1998 年推出非常可乐；2001年推出茶饮料；2005年年初，"营养快线"上市，当年全国销售额达8亿元，2006年销售超25亿；2006年3月，"爽歪歪"面市，当年突破10亿元；2006年7月份，高调推出"咖啡可乐"；2007年推出富锌含氧活性矿物质水；2009年推广啤儿茶爽；2010年，推出了升级版的hello-C果粒饮料和金银花凉茶……

（三）目标市场营销策略

目标市场营销策略通常有3种形式。

1. 无差异营销策略

无差异营销通常也叫无差异目标市场策略。这种策略着眼于满足整个市场的共同需要，而舍弃在细分市场中所表现的某些差异；以整个市场为目标市场，推出一种产品，以一种市场营销组合力求满足整个市场的某种需求。

这种策略最大的优点是生产集中，品种单一，批量大，生产成本很低；其所面对的市场选择能力不强，不需大量广告宣传，因而营销费用相对较少。例如，美国的可口可乐公司，拥有世界性的专利，在相当长的一段时间内仅生产一种口味、一种规格和形状的瓶装可口可乐，来满足世界各地消费者对饮料的共同需求。

但是，如在同一细分市场上有几家企业都采取无差异性营销，必将导致竞争日趋激烈，给企业带来较大的风险。

2. 差异性营销策略

差异性营销策略也叫差异性目标市场策略。通过市场细分，选择几个子市场为目标市场，并针对每个子市场的不同需求特征，设计不同的产品和采用几种不同的营销组合。例如，在饮料市场竞争激烈的压力下，可口可乐公司改变了原来的目标市场策略，针对各地区消费者的不同口味、消费习惯等特征，设计出不同的饮料，并采用不同形式、大小的包装容器；针对各地区消费者的文化习惯设计出不同的广告形式和广告用语，从而确保了它在世界饮料市场的霸主地位。

这种策略的优点在于符合消费者的不同需求，增加了销售机会，有利于市场的拓展；可以使企业在几个细分市场同时占据优势，提高企业声誉，树立企业的良好形象，从而有利于企业在竞争中获取更大的市场占有率。这种策略的缺陷是同时经营几个细分市场，使企业资源过于分散，从而失去竞争优势；同时会导致生产成本和营销费用增加，降低营销活动的经济效益。

3. 集中性营销

集中性营销一般也称密集性目标市场策略。对一些资源条件较弱的小企业，其市场营销决策者的指导思想是：与其在一个大市场或几个细分市场上占有一个小份额，不如在一个细分市场中占有大份额。因此，选择一个细分市场为目标市场，集中企业的资源，实行专业化经营。

采用这种策略，可为企业带来的好处是：① 由于集中经营，对目标市场的需求调研也可较为深入，从而采取针对性较强的营销手段，使企业在这一细分市场中占据有利地位。② 集中经营中专业化程度的提高可相对降低产品生产成本和营销费用。③ 可使企业对自己产品的质量精益求精，提高产品品牌和企业的声誉。

但是也要看到，这种策略选择市场较为狭小，风险也较大。例如，市场需求发生变化、竞争者的出现都可能导致目标市场收益滑坡，国内诸如此类现象举不胜举。为此，企业可同时选择几个、很少甚至根本没有任何联系的细分市场作为目标市场，实施集中性与差异化相结合的营销方式，这样当某一目标市场失去吸引力时，企业仍能从其他目标市场上获利。

对比上述 3 种策略，前两种是以整个市场为目标，以满足整个市场的共同需求或几种不同的需求为指导思想来判定的策略。而最后一种则是以一个或几个细分市场为目标市场，满足一小部分需求为指导思想来制定的策略。

恭喜你！完成任务分析与准备，明确了市场细分的依据和方法，掌握了目标市场选择策略与营销策略。接下来，你将进行任务操作。

【任务操作】

一、选择市场细分方法

开展所选项目（产品）的市场细分，完成某产品市场细分表，如表 7.3 所示。

表 7.3　ALS 化妆笔市场细分表

<table>
<tr><th>地区</th><th>年龄</th><th>职业</th><th>收入/元</th><th>使用情况</th><th>品牌偏好</th></tr>
<tr><td rowspan="6">北京</td><td>16～23</td><td>女学生</td><td>依靠父母</td><td>用量一般</td><td>不明显</td></tr>
<tr><td rowspan="3">20～40</td><td rowspan="3">服务业女职工
企业女职工
高薪高职女性</td><td>8 000～9 999</td><td rowspan="3">大量</td><td rowspan="3">明显</td></tr>
<tr><td>10 000～15 999</td></tr>
<tr><td>16 000 及以上</td></tr>
<tr><td rowspan="2">40 岁以上</td><td rowspan="2">职业妇女
退休妇女</td><td>10 000～25 000</td><td rowspan="2">少量</td><td rowspan="2">明显</td></tr>
<tr><td>10 000 及以下</td></tr>
<tr><td rowspan="6">上海</td><td>16～23</td><td>女学生</td><td>依靠父母</td><td>用量一般</td><td>不明显</td></tr>
<tr><td rowspan="3">20～40</td><td rowspan="3">服务业女职工
企业女职工
高薪高职女性</td><td>8 000～9 999</td><td rowspan="3">大量</td><td rowspan="3">明显</td></tr>
<tr><td>10 000～15 999</td></tr>
<tr><td>16 000 及以上</td></tr>
<tr><td rowspan="2">40 岁以上</td><td rowspan="2">职业妇女
退休妇女</td><td>10 000～25 000</td><td rowspan="2">少量</td><td rowspan="2">明显</td></tr>
<tr><td>10 000 及以下</td></tr>
<tr><td rowspan="6">西安</td><td>16～23</td><td>女学生</td><td>依靠父母</td><td>少量</td><td>不明显</td></tr>
<tr><td rowspan="3">20～40</td><td rowspan="3">服务业女职工
企业女职工
高薪高职女性</td><td>3 000～4 999</td><td rowspan="3">大量</td><td rowspan="3">明显</td></tr>
<tr><td>5 000～8 999</td></tr>
<tr><td>9 000 及以上</td></tr>
<tr><td rowspan="2">40 岁以上</td><td rowspan="2">职业妇女
退休妇女</td><td>6 000～12 000</td><td rowspan="2">少量</td><td rowspan="2">明显</td></tr>
<tr><td>5 000 以下</td></tr>
</table>

（1）“市场细分表”设计步骤及其要求。

根据市场细分理论，掌握市场细分的标准、原则和方法，联系具体市场或有关项目资料，进行“市场细分表”的设计。

第一步：确定整体市场的范围。

依据项目开发需要，确定整体市场的范围。整体市场的确定具有相对性，针对自己所进入的市场情况来确定整体市场的范围。

第二步：确定市场细分标准。

根据具体项目要求，选择一定的细分标准来设计“市场细分表”。一般来说，消费者市场的细分标准常用的变量有：区域、性别、年龄、职业、收入、使用情况、品牌偏好情况等。

第三步：制作“市场细分表”。

根据确定的市场细分标准，制作细分表格，填入有关数据和市场资料。

所确定的细分标准填入横向表格第一行。填写细分标准时需注意次序（根据细分标准排序）。一般来说应这样排列：区域、性别、年龄、职业、收入、使用情况、品牌偏好情况。

根据具体资料，依据所列细分标准次序完成细分表格的资料填入，表示各细分市场的具体情况。

（2）“市场细分表”分析步骤。

① 在“市场细分表”上已展示出整体市场划分的若干个细分市场，能够辨识具体的细分市场。

② 依据“市场细分表”上展示出的细分市场进行初步选择，对所初选的细分市场进行标号命名。

③ 根据市场需求状况和企业营销实力现状，正确选择企业准备进入哪些细分市场，并分析选择的理由。初选细分市场分析可以从“市场规模”“市场成长性”“营利性”“风险性”方面着手。

④ 细分市场选择的数量一般根据企业的营销目标与营销实力来确定，中小企业选择的细分市场不宜太多，范围不宜太大。

二、 ALS 化妆笔细分市场初选分析

根据北京、上海、西安 3 地的调查情况看，3 地的化妆笔使用群体存在明显差异，在“市场细分表”上把全国化妆笔市场大致可以分为 3 类市场，对它们的分析如下：

（1）“女学生”市场评估。

全国在校高中及大中专院校的女生共计 3 814 万左右，是一个很大的化妆笔消费群体，但进入学生化妆笔市场的风险较大。这个消费群体的收入主要来自父母，购买力具有不稳定性；这个消费群体具有很大的成长性，一个品牌一旦被接受，品牌市场份额急速扩大，但学生都有很强的猎奇心理，也不会轻易归宿于一个品牌；这个市场的营利率是不确定的，学生消费能力有限，还受社会时尚的影响较大。3 地学生在生活方式、文化教育上存在较大差异，地区消费差异性大。通过对 3 地的调研，ALS 要进入学生化妆笔市场难度较大。

（2）“20 ~ 40 岁职业妇女”市场评估。

全国 20 ~ 40 岁的妇女共约 1.8 亿人。其中，城市占 30%，约 5 400 万人，该市场规模大。3 地调研结果显示，这一年龄段购买者占整个化妆笔市场购买者的 70%，以服务业女职工、企业女职工和高薪高职女性为主。这一市场成长性好。她们具有一定的购买能力，对品牌偏好和新产品灵敏的反应性强。这个市场营利性好。消费者有固定的收入来源，有强烈的品牌

意识，有档次划分的内在心理需求。为此，进入这个市场风险小。企业打入这一市场后，无论产品的品种、档次差异有多大，都能找到较合适的买方。

（3）“40 岁以上妇女”市场评估。

我国 40 岁以上的妇女有 1.5 亿左右，城市妇女占 30%，约 4 500 万，也是一个很大的消费市场。这个消费群体“重功能，轻品牌”，她们比较看中产品功能，要得到实惠，企业在他们身上不易获得高额的利润。40 岁以上的女性往往都有某一种或某几种自己认为比较适合的品牌。为此，这个市场的成长性较差，不易开拓。这个市场的产品档次跨度大，高收入的职业女性，购买的商品要求上档次；低收入者对价格的考虑是第一位的，档次的划分则次之。为此，企业很难适应档次差异的悬殊，企业营利具有不确定性，进入这一市场有一定的风险。

三、根据市场细分表完成所选项目（产品）的目标市场选择

示例：ALS 化妆笔的细分市场应选择如下：① 年龄在 20 ~ 40 岁；② 个人收入在 10 000 ~ 15 999 元；③ 以经济发达的大、中型城市为主。

恭喜你！完成任务操作，完整体验了项目（产品）市场细分和目标市场选择的流程和操作要领。接下来，你将进行任务考评与总结。

检查评价

【小组互评】

根据市场细分与目标市场选择的操作要领，小组交叉进行初评，填写小组互评表，按照满分 40 分评分（见表 7.4）。

表 7.4　小组互评表

<table>
<tr><td colspan="2">小组名称</td><td colspan="2"></td><td>作品名称</td><td colspan="3"></td></tr>
<tr><td rowspan="2">考评项目</td><td colspan="4">市场细分（25 分）</td><td colspan="3" rowspan="2">目标市场选择（15 分）</td></tr>
<tr><td>市场细分表设计（7）</td><td>市场细分标准选择（5）</td><td>市场细分表分析（8）</td><td>整体效果（5）</td></tr>
<tr><td>得分</td><td></td><td></td><td></td><td></td><td></td><td></td><td></td></tr>
<tr><td>存在问题</td><td></td><td></td><td></td><td></td><td></td><td></td><td></td></tr>
</table>

【教师评价】

教师对各组实训过程和提交的成果进行综合评价（见表 7.5）。

表 7.5　教师评价表

<table>
<tr><td>序号</td><td>评价项目</td><td>评价内容</td><td>分值</td><td>自评（30%）</td><td>互评（30%）</td><td>师评（40%）</td><td>合计</td></tr>
<tr><td rowspan="3">1</td><td rowspan="3">职业素养（30 分）</td><td>分工合理，制订计划能力强，严谨认真</td><td>10</td><td></td><td></td><td></td><td></td></tr>
<tr><td>责任意识、服从意识</td><td>5</td><td></td><td></td><td></td><td></td></tr>
<tr><td>团队合作、交流沟通、互相协作、分享能力强</td><td>5</td><td></td><td></td><td></td><td></td></tr>
</table>

续表

序号	评价项目	评价内容	分值	自评（30%）	互评（30%）	师评（40%）	合计
1	职业素养（30分）	遵守行业规范	5				
		主动性强，保质保量完成工作页相关任务	5				
2	专业能力（60分）	市场细分表制作	25				
		市场细分分析	15				
		目标市场选择	20				
3	创新意识（10分）	创新性思维和行动力	10				
合计			100				
评价人签名：　　时间：							

任务二　市场定位策划

任务描述

各小组通过任务一的目标市场选择，采用市场定位图的方法对所选择项目（产品）进行市场定位图设计，并运用定位策略的有关知识对其进行市场定位。

【任务要求】

目标市场选择运用要求：① 市场定位图设计；② 确定产品定位的依据；③ 市场定位图分析；④ 运用定位策略确定市场定位。操作过程按市场定位的要点展开，注意得体、恰当、适用。

【学习目标】

知识目标：

（1）了解市场定位的本质。

（2）掌握市场定位的方法、操作流程和市场定位策略。

能力目标：

（1）能够运用市场定位图的方法进行市场定位。

（2）能够恰当运用市场定位策略有关知识，为产品开展市场定位。

素养目标：

（1）培养信息调查、分析与处理的职业能力；

（2）具备革新创新能力，提升诚实、创新的职业素养，为从事营销职业奠定基础。

【实施路径】

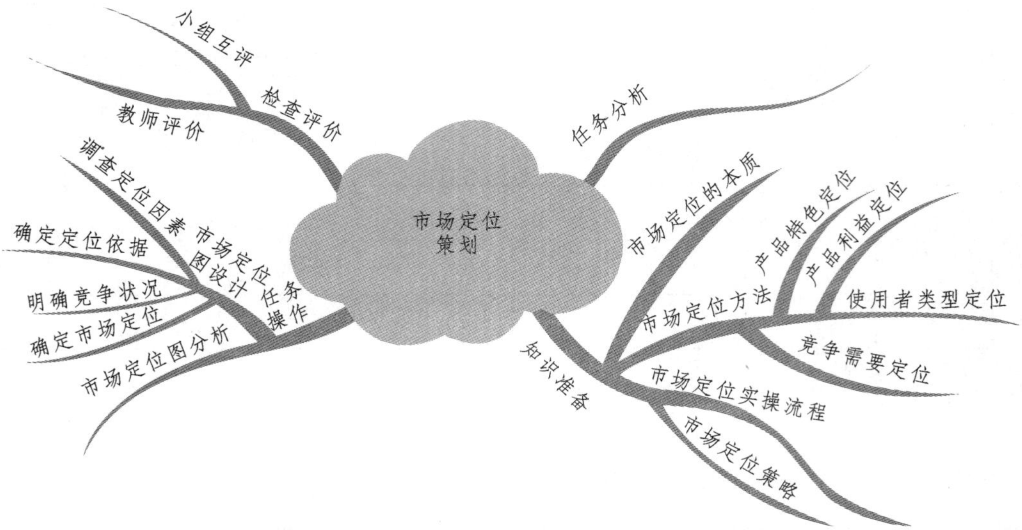

图 7.5　市场定位策划选择实施路径

【任务分组】

按照项目一的分组情况开展实训。

任务实施

【任务分析】

企业项目（产品）市场定位包括全面挖掘产品特点、了解竞争对手产品定位、研究消费者需求、对产品进行初步定位、对产品明确定位、定位宣传沟通等任务。各组需要运用以上操作步骤，采用市场定位图的方法为所选择项目开展市场定位。

【知识准备】

一、市场定位的本质

市场定位是企业根据市场细分的原则，为自己的产品或服务选择合理的目标市场并在这些特定的市场范围内确立、巩固、发展自己的产品或服务的占有率和形象的过程。市场定位实质上是勾画企业产品在目标市场即目标顾客心目中的形象，使企业所提供的产品具有一定的特色，适应一定顾客的需要和偏好，并与竞争者的产品有所区别。

影响定位的因素包括竞争者的定位状况、目标顾客对产品的评价标准以及目标市场潜在的竞争优势等 3 个方面。所以，市场定位分析主要包括：目标市场定位（销售区域、目标消费者的选择等）、消费心理定位（产品价格、品牌等）。

二、市场定位方法

企业经营的产品不同，面对的顾客不同，所处的竞争环境也不同，因而市场定位方法也不同。企业进行市场定位的方法是多维度的。

（一）根据产品特色定位

根据产品本身特征，确定它在市场上的位置。构成产品内在特色的许多因素都可以作为市场定位所依据的原则，如产品功能、成分、材料、质量、档次、价格等。

【案例 7.2】

王老吉凉茶兴起于清道光年间（约 1830 年），已有 180 年历史。1992—2002 年，红色王老吉一直处于不瘟不火的状态，但销量稳定，用“健康家庭，永远相伴”的广告语进行宣传推广，无法体现出王老吉的独特价值。通过市场研究发现，广东消费者饮用红色王老吉的场合多为烧烤、登山等活动，而湖南的饮用场合主要集中在“外出就餐、聚会”等，原因很简单，就是“预防上火”。于是王老吉的推广主题被定为“怕上火，喝王老吉”。2003 年，王老吉的销量激增。

资料来源：市场定位案例[OL]. 百度文库，2020.

（二）根据产品利益定位

产品本身的属性及由此衍生的利益，解决问题的方法以及重点需要满足的程度也能使顾客感受到它的定位。

（三）根据使用者类型定位

企业把产品指引给适当的潜在使用者，根据使用者的心理与行为特征，以及特定消费模式塑造出恰当的形象。

（四）根据竞争需要定位

企业根据竞争者的特色与市场位置，结合企业自身发展需要，将本企业产品定位在与其相似的另一类竞争者产品的档次，或定位在与竞争直接有关的不同属性或利益。

三、市场定位实操流程

（一）全面挖掘产品本身的特异点

定位图

产品定位的基础工作就是要全面透彻研究产品的各种属性，以期从众多属性中挖掘出能让人眼睛一亮的直击心灵的定位点。

对产品属性的研究，方法很多，最简单方便的是属性排列法，即将产品所有可能想到的属性一一排列出来，对每一属性进行横向和纵向分析。纵向分析就是客观地描述出产品每一种属性的具体内涵和表现；横向分析就是结合主要竞争对手产品的同种属性进行比较，评估每一种属性与竞争对手产品的相同属性相比的优劣，优劣的重要标准是能否凸现产品的特异性。基于横向和纵向的属性分析，排列出可以选用的产品属性。

（二）深入了解竞争对手产品明确的定位

产品定位中，对市场上所有竞争对手的产品定位要进行深入研究，避免产品定位雷同，寻找市场定位的空隙，是成功定位的关键所在。

研究竞争对手的产品定位，可以通过排列图法进行。所谓排列图就是将挖掘出来的各产品属性排列出来，在每一属性上分别分析比较各个竞争品牌的各自定位表现，找出各竞争对手产品定位利用的产品属性，最后在此基础上确定本企业产品定位中应该避免使用的产品属性。

（三）充分研究消费者对产品的价值追求

差异化剔除后保留下来的产品属性，并不一定都是目标消费者感兴趣的，不一定是目标消费者在购买该产品时特别看重或在乎的属性。因此，还需要对目标消费者购买该产品时注重追求的价值进行分析研究，把不符合消费者需求的、消费者不太关注的产品属性再予以剔除。

（四）对产品进行初步定位

接下来就是初步定位，其目的是确立企业产品在目标市场上所处的位置。要为产品明确定位提供理论和实践的依据。

（五）对产品进行明确定位

如果产品的初步市场定位进展得比较顺利，企业对产品的主观市场定位与客观产品营销状况一致，那么这个初步定位就是正确的。如果不一致，就要权衡利弊，进行适当调整。调整的内容包括产品质量、产品包装、产品广告、产品营销方法等。

（六）定位宣传沟通

上述几方面的工作完成了，只是提出了一种定位主张或定位方向，形成了产品定位的基本概念。产品的个性形象也还只停留在企业自己心中，目标消费者并不知道该产品的个性。因此，定位工作的另一个至关重要的要素就是需要大力进行定位的宣传沟通。只有通过宣传沟通工作，把定位确定下来的产品独特个性形象与凝结定位内涵的具体符号（品牌），告诉目标消费者，让其知晓、熟悉，才能让消费者对该产品的鲜明特点产生差异性的深刻印象，目标消费者才有可能基于对产品独特个性形象的熟悉和喜爱而形成品牌偏好。这种品牌偏好会引导消费者在选购该品牌商品时产生有利于促进其购买的产品定位的联想。

四、市场定位策略

（一）填补定位策略

填补定位策略是指企业为避开强有力的竞争对手，将产品定位在目标市场的空白部分或是空隙部分。此策略可以避开竞争，迅速在市场上站稳脚跟，并能在消费者或用户心目中迅速树立一种新形象。这种策略风险较小，成功率较高，常常被多数企业所采用。

（二）并列定位策略

并列定位策略是指企业将产品定位在现有竞争者的产品附近，服务于相近的顾客群，以同类同质产品满足同一个目标市场。采用此策略有一定的风险，但一旦成功就会取得巨大的市场优势，因为这个市场肯定是最有利可图的。

（三）对抗定位策略

对抗定位策略是指企业要从竞争对手中抢夺市场份额，改变消费者

市场定位的误区

原有的认识，挤占对手原有的位置，取而代之。采用此策略要求企业有决心并有能力击败竞争对手。

恭喜你！完成任务分析与准备，明确了市场定位的本质和操作流程等知识，掌握了市场定位营销策略。接下来，你将进行任务操作。

【任务操作】

一、完成定位图设计

根据市场定位的操作步骤，选择市场定位方法完成项目（产品）的市场定位图的设计，如范例所示：

根据市场定位理论，设计“市场定位图”。定位图表明 H 家电生产厂准备进入电冰箱市场。通过市场调查分析了解到，消费者对产品最为关注的是质量水准和价格高低；又了解到这一市场上已有 A、B、C 3 个生产厂家，其市场定位位置如图 7.6 所示。

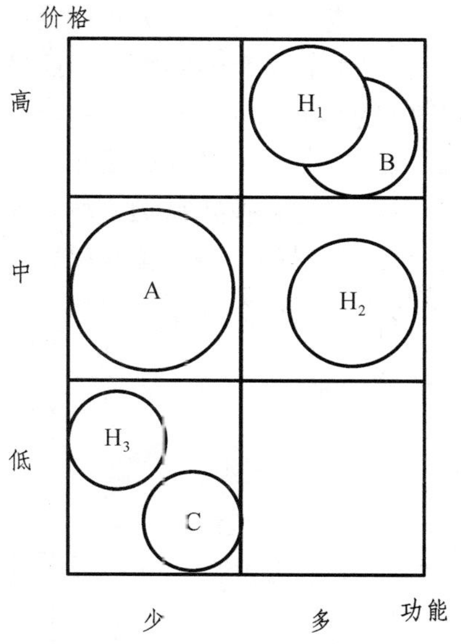

图 7.6　H 进入电冰箱市场定位图

“市场定位图”是以矩阵表为基础设计的，图中圆圈表示竞争对手的定位位置与企业自己的定位方案；圆圈的大小表示一定的企业及其占有的市场份额大小。要求定位图的制作规范。

具体操作步骤如下：

（1）调查影响市场定位因素。

① 竞争对手的市场定位状况。要了解竞争者产品市场定位，产品的特色是什么，在顾客心目中的形象如何，衡量竞争者在市场中的竞争优势。

② 目标顾客对产品的评价标准。要了解购买者对所要购买的产品的最大愿望和偏好，以及他们对产品优劣的评价标准是什么。不同产品评价标准是不同的。一般来说，消费者主要关心的是产品功能、质量、价格、款式、服务、节电、低噪声等。

③ 企业的潜在竞争优势。企业的竞争优势有两种形式：一是在同样条件下比竞争者的价格更低，从而在价格上具有竞争优势；二是可以提供更多的产品、具备更多的特色，可以更好地满足顾客需求，从而在产品特色上具有竞争优势。

（2）确定产品定位的依据。

在对消费者调查的基础上，确定产品定位的依据。一般来说，产品定位的因素有产品功能、质量、价格、款式、服务、节电、低噪声等。

根据消费者对产品评价最关注的因素，根据这些定位因素的不同组合，可以绘制不同的定位图。为分析方便，要求采用价格和功能两个变量组合确定的平面定位图（见图 7.7）。

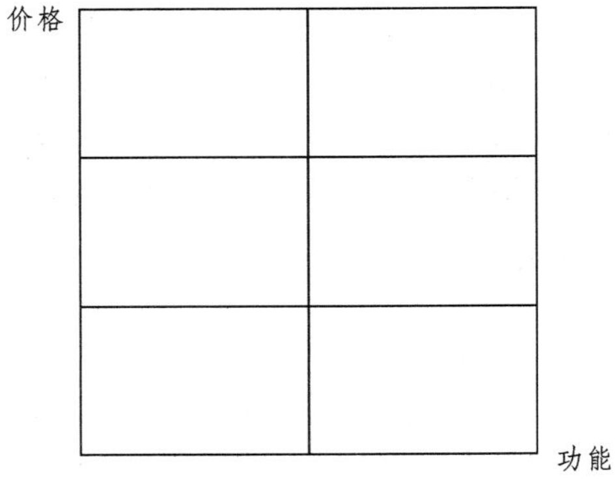

图 7.7　平面定位

（3）明确目标市场竞争状况。

在对竞争者调查、分析的基础上，把现有竞争者的定位情况在定位图上标示出来。

图 7.8 中 3 个圆圈表示 3 家竞争对手，A 企业生产的是中等价格、较少功能的产品，市场规模最大；B 企业生产的是高价、多功能的产品，市场规模一般；C 企业生产的是低价、少功能的产品，市场规模最小。

（4）确定企业产品的市场定位。

企业根据市场、竞争状况，准确判定企业的竞争优势所在，选择合适的定位战略，进行正确的市场定位。

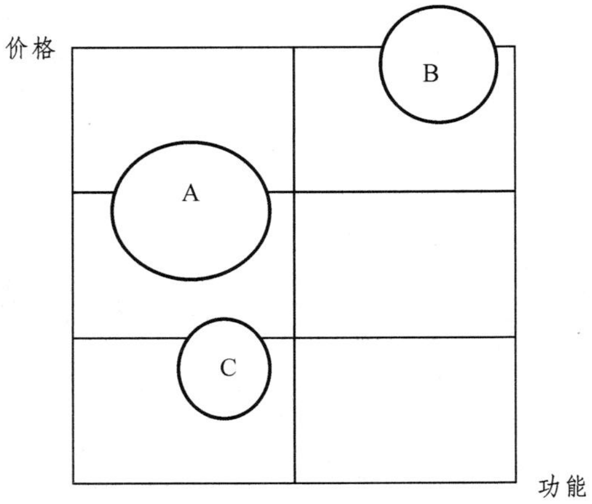

图 7.8　竞争者定位

二、完成定位图分析，确定市场定位

根据市场定位策略的有关知识，选择恰当合理的定位策略，完成项目（产品）的市场定位图分析，确定其市场定位，如范例所示：

（1）运用填补定位策略，采用 H_2 定位方案。

填补定位可以避开竞争，迅速在市场上站稳脚跟，并能在消费者或用户心目中迅速树立一种形象。这种定位方式风险较小，成功率较高，常常被多数企业所采用。

如果本企业能以较低的成本，生产出高质量的产品，采用“填补定位策略”，应该采用

H_2 定位方案，在这个市场上没有竞争对手，有利于企业成功。

定位注意：① 研究市场的空白处是因为没有潜在的需求，还是竞争对手无暇顾及。② 如果确定存在潜在需求，就要考虑这一市场部分是否有足够的需求规模，是否足以使企业有利可图。③要客观地考虑企业的营销管理能力是否能胜任市场部分的开发，自身是否有足够的技术开发能力去提供足够的产品。

（2）运用并列定位策略，采用 H_3 定位方案。

并列定位有一定的风险，但不少企业认为这是一种更能激励自己奋发向上的可行的定位尝试，一旦成功就会取得巨大的市场优势。因为这个市场部分肯定是最有利可图的部分。

如果本企业实力有限则可以采用“并列定位策略”，应该采用 H_3 定位方案，在这个市场上竞争对手力量也很有限，有利于小企业成功。

定位过程中需要注意的是，必须知己知彼，尤其应清醒估计自己的实力，不一定试图压垮对方，只要能够平分秋色就是巨大的成功。

（3）运用对抗定位策略，采用 H_1 定位方案。

对抗定位的目的在于企业准备扩大自己的市场份额，决心并且有能力击败竞争者。

如果市场上对优质高价电冰箱需求量较大，且本企业具有比 B 企业实力更强，能开发出更好的产品的优势，采用对抗定位策略，应该采用 H_1 定位方案。

恭喜你！完成任务操作，完整体验了项目（产品）市场定位的流程和操作要领。接下来，你将进行任务考评与总结。

检查评价

【小组互评】

根据市场细分与目标市场选择的操作要领，小组交叉进行初评，填写小组互评表，按照满分 40 分评分（见表 7.6）。

表 7.6　小组互评表

小组名称			作品名称			
考评项目	市场定位图设计（25 分）				市场定位图分析（15 分）	
	市场定位因素调查（5）	确定产品定位依据（8）	明确市场竞争状况（7）	确定市场定位（5）		
得分						
存在问题						

【教师评价】

教师对各组实训过程和提交的成果进行综合评价（见表 7.7）。

表 7.7 教师评价表

序号	评价项目	评价内容	分值	自评（30%）	互评（30%）	师评（40%）	合计
1	职业素养（30分）	分工合理，制订计划能力强，严谨认真	10				
		责任意识、服从意识	5				
		团队合作、交流沟通、互相协作、分享能力强	5				
		遵守行业规范	5				
		主动性强，保质保量完成工作页相关任务	5				
2	专业能力（60分）	市场定位图设计	35				
		市场定位图分析	25				
3	创新意识（10分）	创新性思维和行动力	10				
合计			100				
评价人签名：		时间：					

项目八

市场营销组合策划

项目简介

企业经过市场分析，选定了目标市场之后，就开始筹划后续的一系列营销组合。在市场营销组合策划中，企业需要根据环境的变化、目标市场的需求、企业自身经营状况、竞争者情况，有效地选择和制定市场营销组合。以恰当的产品、合适的价格、完善的渠道和有效的促销推广方式（见图 8.1），在最适当的时机把顾客需要的产品呈现到目标顾客的面前，实现企业的营销目标。

图 8.1　市场营销组合

任务一　产品策划

任务描述

企业的营销活动以满足市场需要为中心，而市场需要的满足主要是通过提供某种产品或服务来实现的。各小组通过对项目（产品）进行产品组合、包装策略、品牌策略等进行调研与分析，并运用产品策略的有关知识对其进行产品整体策划。

【任务要求】

产品策划运用要求：① 云南生态五谷杂粮营销策划案分析；② 制定所选项目（产品）的产品组合策略。操作过程按产品策划的要点展开，注意得体、恰当、适用。

【学习目标】

知识目标：

（1）了解市场定位的本质。

（2）掌握市场定位的方法、操作流程和市场定位策略。

能力目标：

（1）能够运用市场定位图的方法进行市场定位。

（2）能够恰当运用市场定位策略有关知识，为产品开展市场定位。

素养目标：

（1）培养信息调查、分析与处理的职业能力；

（2）具备革新创新能力，提升诚实、创新的职业素养，为从事营销职业奠定基础。

【实施路径】

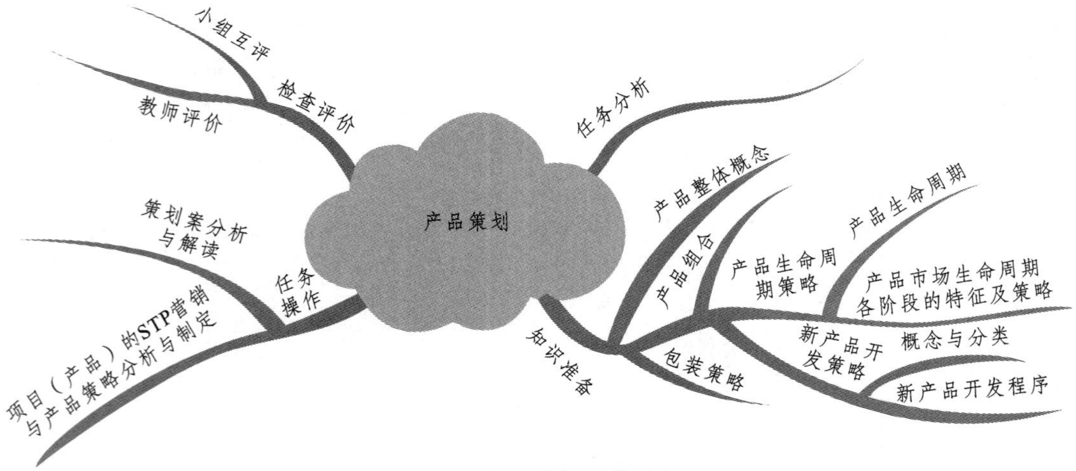

图 8.2　产品策划实施路径

【任务分组】

按照项目一的分组情况开展实训。

任务实施

【任务分析】

企业项目（产品）市场定位包括全面挖掘产品特点、了解竞争对手产品定位、研究消费者需求、对产品进行初步定位、对产品明确定位、定位宣传沟通等任务。各组需要运用以上操作步骤，采用市场定位图的方法对所选择项目进行市场定位。

【知识准备】

一、产品整体概念

整体产品是指向市场提供的、能够满足消费者某种需求和利益的有形物品及无形服务的总体。具体来说包括以下类型：

（一）核心利益（Core Benefit）或核心产品

核心利益或核心产品是指顾客购买产品时所追求的基本服务或利益，是顾客真正要购买的东西。核心利益是产品整体概念中最基本和最重要的部分，如旅馆的核心利益是休息与睡眠。

（二）基本产品（Basic Product）或形式产品

基本产品或形式产品即实现核心利益所必需的产品基本形式，是核心利益的基本载体。如旅馆的基本产品是床、浴室、毛巾、衣柜、厕所等。

（三）期望产品（Expected Product）

购买者在购买该产品时通常期望或默认的产品应该具有的一组属性和条件。如旅馆的期望产品是干净的床、新的毛巾、清洁的厕所、相对安静的环境、获得满意。

（四）附加产品（Augmented Product）

提供超过顾客期望的服务和利益的部分（或称顾客提供的各种附加利益的总和）。营销者利用附加产品来实现把公司的提供物与竞争者提供的物区别开来的目的。如旅馆的附加产品是电视机、网络接口、鲜花、结账快捷、美味的晚餐、优良服务。

（五）潜在产品（Potential Product）

它包括该产品所有在将来可能出现的附加部分和改变部分，指出产品将来的发展方向，如旅馆的潜在产品是伞套家庭式旅馆的出现。

酒店的产品层次

产品整体概念层次如图 8.3 所示。

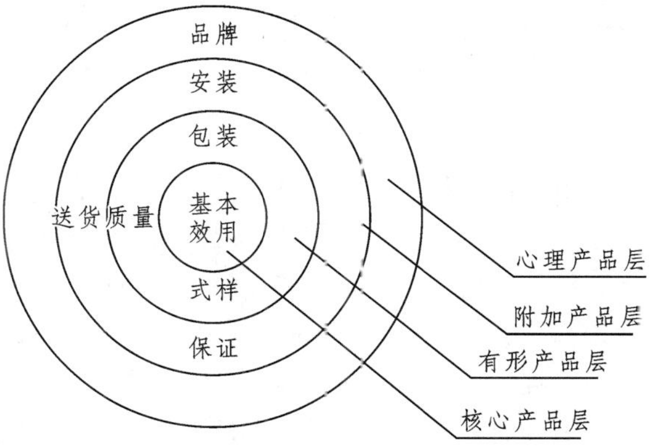

图 8.3　产品整体概念层次

二、产品组合

（一）产品组合的概念

产品组合是指一个企业生产经营的所有产品线和产品品种的组合方式，即全部产品的结构。

（二）产品线

产品线也称产品系列或产品大类，是指在功能、结构上密切相关，能满足同类需求的一组产品。每条产品线内包含若干个产品项目。

（三）产品项目

产品项目是指产品线中各种不同品种、规格、型号、质量和价格的特定产品。产品项目是构成产品线的基本元素。

（四）产品组合的广度

产品组合的广度是指一个企业生产经营的产品系列的多少，即拥有产品线的多少。产品线多，则产品组合广度宽，反之则窄。

（五）产品组合的深度

产品组合的深度是指企业的每条生产线中产品项目的多少。产品项目多，则产品组合深度长，反之则短。

【案例 8.1】

宝洁公司的产品线和产品项目

	产品组合的宽度				
	洗护发剂	牙膏	沐浴露	纸尿布	纸巾
产品组合的深度	飘柔 潘婷 海飞丝 沙萱 伊卡璐	佳洁士 格利	舒肤佳 玉兰油 激爽 伊卡璐	帮宝适 露肤	媚人 粉扑 旗帜 绝顶

（六）产品组合的关联性

产品组合的关联性是指企业各条产品线在最终使用、生产条件、分销渠道或其他方面的相关程度。

（七）产品组合策略

产品组合策略是指企业根据市场需求和自身能力条件，确定生产经营规模和范围的决策。产品组合策略也就是企业对产品组合的广度、深度和关联性等方面进行选择、调整的决策。企业在制定产品组合策略时，应根据市场需求、企业资源、技术条件、竞争状况等因素，经过科学分析和综合权衡，确定合理的产品结构。同时，随着市场因素的变化，适时地调整产品组合，尽可能使其达到最佳化，为企业带来更多的利润。

产品组合策略一般有以下几种：扩大产品组合策略、缩减产品组合策略、产品线延伸策略（见表 8.1）。

表 8.1　产品组合策略分析

策略类型	优　点	缺　点
扩大产品组合策略	满足不同消费者的需要、提高占有率、完善产品系列、扩大市场规模、分散经验风险	不利于专业化、较高的投资水平
缩减产品组合策略	集中企业有限资源、有利于生产的专业化、提高单个产品的生产效率和质量	选择不当易加大经营风险、不能满足不同消费者的需要
向上延伸策略	提高企业的整体形象、获得较高的利润、提高企业的技术和管理水平	企业的固有形象不易改变、较高的投资水平
向下延伸策略	可借助原有的品牌形象、增加销售额、扩大市场占有率、完善产品系列	处理不当会影响原有的好品牌形象

三、产品生命周期策略

（一）产品生命周期

产品生命周期过程可以用一条曲线来表示，又称产品生命周期曲线（见图 8.4）。

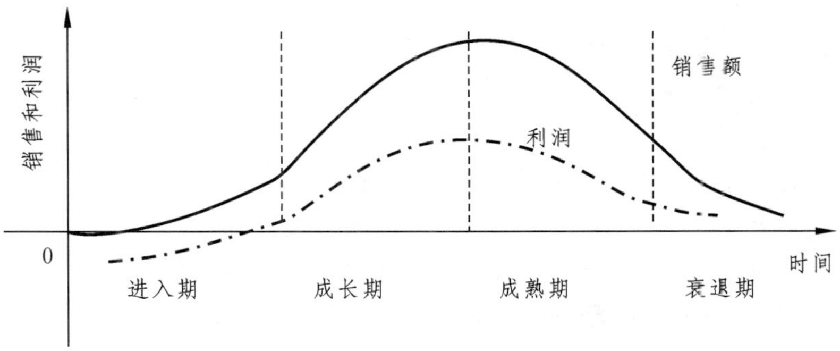

图 8.4　产品生命周期

根据该曲线的特点，我们可以将产品生命周期分为 4 个阶段，即引入阶段、成长阶段、成熟阶段和衰退阶段。处于不同阶段的产品有着不同的市场状况与营销对策。

（二）产品市场生命周期各阶段的特征及策略

1. 引入阶段

引入阶段又称试销期，指产品从设计投产直到投入市场进入测试的阶段。在这一阶段，顾客对产品不熟悉，因而产品市场状况呈以下特点：

（1）生产不稳定，生产的批量较小；

（2）成本比较高，企业负担较大（通常没有利润，甚至亏损）；

（3）人们对该产品尚未接受，销售增长缓慢；

（4）产品品种少；

（5）市场竞争小。

在这种情况下，企业的着眼点应是建立新产品的知名度，广泛宣传，大力推销，吸引潜在顾客的注意和试用，争取打通分销渠道，占领市场。这一阶段企业营销策略的重点要突出一个“快”字，即尽量以最短的时间、最快的速度使产品进入成长阶段。

2. 成长阶段

成长阶段又称畅销期，指新产品通过试销效果良好，购买者逐步接受该产品，产品在市场上站住脚并且打开了销路的阶段。这一阶段的特点如下：

（1）大批量生产经营，成本降低，企业利润迅速增加；

（2）销量上升较快，一般来说价格也有所提高；

（3）生产同类产品的竞争者开始介入。

在这一阶段，产品的产量不断增加，工艺装备和各种专用设备全部投入生产线，销售增长快，企业开始有较多的利润。同时，随着更多的生产经营者加入这一行列，竞争逐渐加剧。在这种情况下，企业必须保持良好的产品质量和服务质量，切勿因产品畅销而急功近利，片面追求产量和利润。为了促进市场的成长，企业营销策略的重点应该突出一个“好”字。

3. 成熟阶段

成熟阶段又称饱和期，指产品进入大批量生产并稳定地进入市场销售，产品需求趋向饱和的阶段。这一阶段的特点主要如下：

（1）购买者一般较多；

（2）产品普及并日趋标准化；

（3）销售数量相对稳定；

（4）成本低，产量大；

（5）生产同类产品的企业之间在产品质量、花色、品种、规格、包装、成本和服务等方面的竞争加剧。

企业在这一阶段，不应满足于保持既得利益和地位，而要积极进取，争取稳定市场份额，延长产品市场寿命。企业营销策略的重点是“改”，即对原有的产品市场和营销组合进行改进。

4. 衰退阶段

衰退阶段又称滞销或衰落期，指产品走向淘汰的阶段。这时，产品在市场上已经老化，不能适应市场需求，市场上已经有其他性能更好、价格更低廉的新产品，足以满足消费者的需求。这时产品的市场情况如下：

（1）产品的销量和利润呈锐减状态。

（2）产品价格显著下降。这意味着一个产品已经日薄西山了，预示着该产品即将退出市场。

在这一阶段，大多数企业应当机立断，弃旧图新，及时对产品进行更新换代。这一阶段企业的策略重点在于“转”，即转向研制开发新产品或转入新市场。

产品生命周期营销策略分析如表 8.2 所示。

表 8.2 产品生命周期营销策略分析

产品生命周期	基本思路	具体策略	策略目的
引入阶段	快	先声夺人（高价高促）	树立品牌，赢得高消费人群的青睐
		密集渗透（低价高促）	应对潜在的激烈竞争，扩大市场规模
		愿者上钩（高价低促）	当竞争、市场不大时赢得高消费群体
		以廉取胜（低价低促）	价格敏感、市场较大时扩大市场规模

续表

产品生命周期	基本思路	具体策略	策略目的
成长阶段	好	建立品牌形象	树立品牌忠诚
		开辟新市场	细分和扩大市场份额
		密集分销	扩大市场规模，降低生产成本
		改进产品	提高产品质量，增加产品品种
成熟阶段	改	改进市场	扩大市场规模，提高销量
		改进营销组合	保持市场占有率
		改进产品	吸引新顾客
衰退阶段	退	立即放弃	尽快转入新产品
		逐步放弃	逐步转入新产品
		自然淘汰	最大限度地获取利润

四、新产品开发策略

美国杜邦公司“尼龙袜”产品生命周期策略

（一）新产品的概念与分类

市场营销理论中强调消费者的观点认为，凡是消费者认为是新的、能从中获得新的满足的、可以接受的产品即属于新产品。

新产品基本可分为两大类，即市场型新产品和技术型新产品。市场型新产品主要指产品实体的主体和本质没有什么变化，只改变了产品的色泽、形状、设计装潢等。其中也包括因营销手段和要求的变化而引发消费者“新”感觉的流行产品。技术型新产品是指由于科学技术的进步和工程技术的突破而产生的新产品。

但在市场上，纯属以上两种情况的新产品为数不多，大多数新产品是两者的“混合型”。这既要求以一定的新技术、新发明作前提，又依赖于市场营销其他因素。因此，我们又可将新产品进一步分为以下 4 种：

1. 全新型新产品

全新型新产品也称创新型新产品。此类产品与上述技术型新产品有时有相同的意义，即指由新技术、新材料及新工艺应用于生产过程而制造出的过去从未有过的产品。

2. 换代型新产品

换代型新产品是指性能有重大突破和改进的产品。

3. 改进型新产品

改进型新产品即在原有产品的基础上在材料、结构、性能、造型乃至包装等一个或几个方面进行改进而制造出的适应新用途、满足新需求的产品。

4. 模仿型新产品

模仿型新产品是指企业对自己尚未生产过的、市场上已有的产品进行仿造而推出的新产品，亦称企业新产品。

新产品还可以从其他角度、用其他标准进行分类，如按照消费者行为的变化程度分类、按提供产品企业的观点分类以及按照政府管理的角度分类，等等。

（二）新产品开发的程序

一般来说，开发新产品的过程，可大致分为以下 6 个阶段：

（1）提出目标，搜集构想；

（2）评核与筛选；

（3）营业分析；

（4）新产品实体开发；

（5）新产品试制与试验；

（6）新产品的商品化。

新产品构思等级评定表

五、包装策略

（一）包装的概念

包装是指为产品设计和生产容器或包裹物的一系列活动。产品包装有两层含义：一是为产品设计、制作包裹物的活动过程；二是指产品的容器或包裹物。

（二）包装的作用

（1）保护商品；

（2）方便使用；

（3）促进销售。

（三）包装的策略

1. 类似包装

类似包装指企业生产的全部商品的包装相同或相近。这种策略便于企业节约包装设计、制作费用，同时可以扩大影响，使消费者对生产企业产生强烈印象，使消费者一看包装便知是哪家的产品。但需要注意的是，采用此策略的企业产品线不宜过宽；同时，各种产品之间的质量不能过于悬殊，以避免加大低质产品的包装费用，或使优质产品的声誉受到影响。

2. 等级性包装

等级性包装指按照商品的质量、价值等级，采用不同的包装。同等级商品采用相同的包装，不同等级商品的包装有各自的特征。此策略可使消费者根据包装选择商品。

3. 组合包装

组合包装也叫“多品种包装”，即按照消费习惯，将几种或多种有关联的不同商品集中装于一个包装物中。这种策略既可以方便消费者一次购买到所需商品，还可以引发连带性购买行为，有利于新产品的上市推广。

4. 再使用包装

再使用包装也称双重用途包装。一种商品使用完了，其包装还可以派上其他用场。

5. 附赠品包装

附赠品包装是指在包装里面附有赠品以吸引顾客购买，扩大销售量。

6. 改变包装

改变包装即放弃商品旧包装，改换新包装。在下列情况下企业宜采用此策略：

（1）原包装缺点明显，并被证明是应改进的；

（2）为吸引顾客而改换包装，以新的面貌出现；

（3）包装材料落后，为更好地满足目标顾客对包装物的要求而改变包装。

实行这一策略的优点，一是弥补不足，二是以新面貌出现，对促销有积极作用。

改变产品包装应注意配合产品质量的提高。名牌商品包装的改变要慎重，以免误给消费者以假冒品牌、质量下降等印象，以致失去品牌的忠诚者。

盘点 2022 年饮料行业可持续包装

恭喜你！完成任务分析与准备，明确了产品策划应该包括的基本内容，掌握了产品策划中产品组合、包装策略、新产品策略的操作要领。接下来，你将进行任务操作。

【任务操作】

阅读下面的案例，完成案例后的分析任务，并总结分析营销策划案的基本内容和撰写要领。

云南生态五谷杂粮战略性营销策划案

一、前言

中国人食用五谷杂粮已有几千年的历史。随着社会经济的快速发展和人民生活水平的不断提高，大众对食品的保健养生价值越来越重视。而随着媒体对五谷杂粮的频繁报道，大家逐渐意识到调整饮食结构的必要性，自然、绿色、平衡成为新的饮食潮流，五谷养生文化也受到了社会的追捧。

中国人口众多，有相当多的人关注身体健康。五谷杂粮适应社会健康饮食理念，具有巨大的发展潜力。我们相信以后这个市场会越来越大，因此决心开拓这块市场。根据市场调研结果，我们制定了营销战略策划方案。

二、市场营销环境分析

（一）宏观环境分析

1. 中国经济在持续发展中转型

近些年来，我国政府大力推进供给侧改革，加快企业转型升级，培育新的经济发展动能，并取得了积极进展。根据国家统计局的数据，2018 年前三季度，全国规模以上工业增加值同比实际增长 6.7%，增速比 2017 年同期加快 0.7 个百分点，其中高技术制造业和装备制造业增加值同比分别增长 13.4%和 11.6%，分别快于规模以上工业 6.7 和 4.9 个百分点，工业向中高端迈进的趋势正在加速。机电产品出口增长 13.0%，占出口总额的 57.5%，中国制造业在国际上的竞争优势也在进一步增强。同期，社会消费品零售总额为 263 178 亿元，同比增长 10.4%，其中全国网上零售额为 48 787 亿元，同比增长 34.2%，比 2017 年同期加快 8.1 个百分点，共享经济等新经济业态蓬勃发展，消费已经成为我国经济发展的第一动力，发挥了基础性的拉动作用。

中国经济稳中前进，经济增长模式正从投资拉动型向消费拉动型经济转型。消费已经超过投资，成为拉动我国经济增长的第一动力。2017 年社会消费品零售总额同比增长 10.3%，全国网上零售额为 64 306 亿元，同比增长 32.4%，网络销售保持较快发展，侧面说明居民收入水平有所提高，或消费者消费观念已经发生变化。自 2017 年第三季度开始全国居民人均可支配收入增速“跑赢”GDP，休闲消费、健康消费、养生消费、教育消费已成为居民消费的重要领域。

2. 国内养生文化兴起，健康意识普遍提升

随着中国经济和社会的不断发展，人民生活质量不断提高，大众保健意识不断增强，使保健品和养生服务的需求不断增加。中国健康养生产业在跌宕起伏中发展。现在约有 95%的人群正处于亚健康状态；约 20%的人群需要专业医疗机构诊治；而真正达到健康标准的人群仅占 5%。养生产业正作为一项极具潜力的朝阳产业迅速崛起。当前，受到城市环境污染、气候变化、精神压力等多种因素的影响，都市人口的亚健康问题已成为我国乃至许多发达国家的共同问题。而随着老龄化社会的临近，人们对生命健康的追求则进一步加速和深化，这将成为养生产业发展的内在动力。

经过多年发展，中国百姓对健康养生产品的消费心理和行为逐渐理性化，更加重视健康养生产品的安全性、功效性。杂粮因其具有多种养生食补功效和无毒副作用的特性，正在成为大众化的养生消费产品。

3. 中国已开始进入人口老龄化时代

在收入水平和购买力大体相同的条件下，人口数量的多少直接决定了市场规模和市场发展的空间，国家统计局数据显示，2017 年中国总人口数为 13.900 8 亿，是世界上人口最多的国家，拥有最广的消费市场，尤其中国已开始进入人口老龄化时代，中老年人及家庭已成为健康养生产品的主要消费人群，这为五谷杂粮市场的发展提供了重要机会。

4. 独特的地理、气候及自然环境，孕育了丰富的天然物产

云南省位于中国西南边陲，省会为昆明。战国时期，这里是滇族部落的生息之地。云南，即“彩云之南”，另一说法是因位于“云岭之南”而得名。云南地处低纬度高原，地理位置特殊，地形地貌复杂，所以气候也很复杂。云南主要受孟加拉国高压气流影响形成了高原季风气候，全省大部分地区冬暖夏凉、四季如春。云南地形极为复杂，大体上，西北部是高山深谷的横断山区，东部和南部是云贵高原。云南省素有“动物王国”“植物王国”的美誉。云南独特的地理、气候及自然环境，孕育了丰富的天然物产，这里的物产深受国内外客商和消费者的喜爱。

5. 国家推出强农惠农政策

2018 年 4 月 3 日，农业农村部与财政部联合发布 2018 年财政重点强农惠农政策。2018 年中央财政继续加大支农投入，强化项目统筹整合，完善资金使用管理机制，推动了粮食作物种植和销售向产业化发展。

5 月 19 日，发改委等 6 部门正式印发了 2018 年农业农村部、财政部共同实施的财政重点强农惠农政策。支持新型农业经营主体发展、支持农业结构调整、支持农村产业融合发展、支持绿色高效技术推广服务、支持农业资源生态保护和面源污染防治五大政策极大地保证了农产品的发展，也推动了五谷杂粮的不断发展。

（二）行业环境分析

1. 行业发展情况及趋势

目前我国粗杂粮年种植面积已达到约 900 万公顷，生产总量达到 2 300 万吨以上。尤其粗杂粮的加工品，如玉米粉、荞麦挂面、燕麦片、苦荞陈醋等粗杂粮产品畅销日本、瑞典、俄罗斯等十几个国家和地区，我国已经成为世界粗杂粮的主要出口国。

随着我国经济的不断发展，人民生活水平和质量不断提高，膳食结构发生了很大变化，大米和面粉等大宗消费品种已不能满足人们的消费需求，尤其是工业化对自然界的污染以及农药化肥的泛滥，吃的食物中健康、天然的成分逐渐减少。所以，健康、营养、养生等理念正逐渐被人们重视，粗杂粮以其特有的营养、保健、绿色的特性，越来越多地被人们所认可。特别是近几年，媒体对五谷杂粮类食品的广泛宣传，极大地推动了五谷杂粮产业的发展。

五谷杂粮产业的生产总量在一定程度上取决于其原材料五谷杂粮的产量。最近几年，五谷杂粮的产量相对较稳定，但 2017 年由于天气等的影响，五谷杂粮的产量略微有下降。未来几年，五谷杂粮产业的生产总量将呈现持续上升的趋势，原因有二：一方面，五谷杂粮的产量在上升；另一方面，五谷杂粮产业的市场需求量在不断上升。

我国的五谷养生行业现在属于起步阶段，目前五谷杂粮行业无论是种植企业还是加工企业，都正在朝系统化、品牌化、连锁化的目标快速发展。

2. 电子商务与网络营销的应用发展情况及趋势

在全球新一轮科技革命和产业变革中，互联网与各领域的融合发展具有广阔前景和无限潜力，已成为不可阻挡的时代潮流。近年来，在国家相关政策的有力推动下，《互联网行业“十二五”发展规划》《电子商务“十三五”发展规划》相继发布，“宽带中国”战略深入落实，“互联网+”行动积极推进。随着法律制度体系的日益健全、行业利好政策的颁布实施和网络通信设施的大力投入，我国电子商务领域迎来了有史以来快速发展的最佳时机。截至 2017 年 6 月，中国网民规模达到 7.51 亿人，占全球网民总数的 1/5；互联网普及率为 54.3%，超过全球平均水平 4.6 个百分点。在网络环境大幅改善的基础上，我国网民数量不断增长，人均互联网消费能力逐步提升，为电子商务的发展奠定了良好的基础。

（1）网购已成为我国重要的消费方式。近年来，天猫、京东、苏宁易购等各大第三方电商平台通过采取给予用户价格促销补贴、在城乡地区开设服务站下沉销售渠道、提升物流配送效率、拓展销售品类等方式，吸引了越来越多的消费者进行网络购物。目前，网络购物已逐渐深入我国居民的生活，成为重要的消费方式。截至 2018 年 6 月底，我国网购用户数量达 5.69 亿人，网购渗透率达 71%。2017 年年底到 2018 年 6 月，电商用户增加了 3 600 万人。到 2018 年年底，中国电商用户达 6 亿人。相对而言，中国的家庭总数量约为 4.5 亿人，这说明在中国，平均每个家庭已有超过一个人使用电商购物。同时，移动应用的不断丰富和移动支付手段的逐步完善，让消费者摆脱了线下消费模式的束缚，手机网络购物成为众多网民的选择。

（2）电商成为消费增长的重要力量。2018 年 1 至 9 月，我国社会消费品零售总额达 27.43 万亿元，同比增长 9.3%。网上零售额总额达 62 785 亿元，相比上年同期增长 27%，持续保持较高增长速度。测算的结果表明，在 2018 年 1 至 9 月，每新增 1 元的消费支出，有 44.7% 是通过网络消费实现的。

（3）五谷杂粮将成为网购的重要商品之一。随着电商越来越成为生活的一部分，从电商的品类增长看，食品中的粮食，尤其是五谷杂粮等与居民生活密切相关的品类将快速增长。此外，由于电商生态的完善，物流配送等基础设施日益完善，电商平台在消费者需求分析、供应链管理、平台治理等方面积累了较丰富的经验，国家对电商仍持支持态度。低线城市、农村地区等，在电商领域有大量的创新将保持较大的增长空间，使粮食、五谷杂粮这些生活中需求量大而稳定的农产品更直接、全面地走入千家万户。从未来看，我国五谷杂粮的市场需求量和网购总量仍将保持较快的增长速度。

（三）市场状况分析

五谷杂粮，是人们从出生就赖以维持生存的食物。几千年以来，老百姓一直将其奉为养生健体圣品，是现代人的餐桌上的时尚回归、养生极品。

随着我国经济的不断发展，人们的膳食结构发生了变化，人们对绿色食品、保健食品、稀有精品越来越青睐。粗杂粮以其特有的营养、保健、绿色的特性，将会被越来越多的人所认识，这对于粗杂粮产业发展有着重要的意义。未来随着人们饮食习惯的改变，五谷杂粮产品将会成为人们主要的饮食来源。

当今，人们的饮食结构出现了大问题，肉食摄取过多，食品添加剂滥用，垃圾食品盛行，饮食观念畸形。肥胖症、糖尿病、高血脂、高血压、癌症发病率越来越高，发病年龄越来越年轻化。人们已经意识到“吃什么”成了问题。电视台关于食疗养生的栏目收视率很高，网络上关于食疗养生的话题总能受到网民极大关注，食品安全、科学饮食已受到专家学者和政府前所未有的重视。

五谷杂粮、食疗养生被广泛认同已是不争的事实：商场、超市五谷杂粮的销量快速增长，杂粮价格也不断上涨；很多餐馆提供红薯饭、药膳煲汤、玉米汁，成了招徕顾客的手段；中央电视台、地方电视台、网络媒体关于食疗养生的报道屡见不鲜；最近几年，图书销量排行榜的前几名总是被养生书籍占据……这些都充分说明人们对于五谷杂粮、食疗养生的需求已经非常强烈，市场前景不言而喻。

（四）竞争者分析

1. 现实竞争者分析

现实竞争者主要为淘宝网上的各个出售五谷杂粮类的店铺、商城和大型超市、粮店以及五谷杂粮专卖店。专门出售五谷杂粮的商城，像谷的福旗舰店、远山旗舰店……它们中大多数都品种繁多，品类齐全，实力雄厚。也有一些品类比较少，但是专卖红枣、木耳类等特色产品的店铺，就像河南红枣专卖、东北宣羊村黑木耳等。此外，还有一种专门销售地方特产的店铺，像鲁南粮店、易门山等，都比较有特色。在大型超市中设五谷杂粮类的专柜，对于顾客而言，可以在逛超市时，将自己需要的产品全都一起选购，具有方便快捷的特点。粮店一般都设在社区附近，对于顾客来说，方便快捷，而且能接触到实物，这些都是网购五谷杂粮的潜在竞争者。但五谷杂粮专卖店有着自己的特色，相对而言，品类上要丰富很多，能够让消费者更加直观地挑选。而且对这些五谷类的产品进行专门的搭配，便于顾客烹饪，给网购五谷杂粮带来了一定的威胁。但是它们所面对的也只能是其自己区域内的那些消费群体，并不能像网店一样，面对全国热衷于网购的消费者。所以，网店还是具备能够满足各地消费者需求以及产品品类多的优势。而且我们如果可以通过配备健康诊断和营养顾问，会有更大的吸引力。但是总体而言，要从他们的手中分一杯羹并不容易，我们想要获得市场就必须拿出具有强大吸引力的特色来同他们竞争。

2. 潜在竞争者分析

了解潜在竞争者的存在对于五谷杂粮能否很好地定位，充分发挥自己的特色，并且迅速占领市场是不容忽视的一环。保健品、糖水店、营养饮料、蔬菜、肉类、餐馆等都是五谷杂粮的潜在竞争者。五谷杂粮主打的是保健养生，营养安全。在保健安全这一方面，保健品就是最大的竞争者，而中国知名的保健品品牌莫过于黄金搭档、海王、太太口服液、安利、东阿阿胶、九芝堂等。糖水店在浙江地区应该比较少，而在广东和台湾则非常流行，各式各样，现在发展到营养、保健领域早已不是什么稀奇的事。我们可以学习糖水店的做法，把配方、烹制方法一起卖给顾客。这些都会形成特色，也是我们想赢得潜在竞争者的一种方法。

3. 替代产品对现有产品的影响

五谷杂粮的替代产品主要有保健品、甜品、蔬果、肉类。五谷杂粮的保健价值可以被保健品、甜品替代。它的营养安全价值可以被蔬菜、肉类替代。很多人现在还没有真正意识到五谷杂粮的养生保健价值和营养安全价值，所以在养生保健价值上他们更多的是倾向现有的保健品，而日常的营养安全倾向选择蔬菜和肉类。只有加大对五谷杂粮产品的宣传，才能让大家逐步意识到五谷杂粮的独特作用。

（五）消费者分析

根据小组成员在调研过程中的见闻，以及调研问卷结果，我们对消费者的消费行为进行如下分析。

问卷结果显示，消费者对于五谷杂粮的了解程度不高，大多还停留在不太了解的阶段。他们对于五谷杂粮的了解程度停留在知道五谷杂粮是哪几类，或者吃过但并不在意五谷杂粮的其他信息。这或许是因为现代人大多已远离田野，对于农作物的了解少之又少。当然从另一角度来看，正是因为五谷杂粮是中华民族的传统食粮，消费者对此没有太多的新鲜感。同时，企业也并没有对五谷杂粮进行新的包装与宣传。

从调查中发现，近40%的消费者一般一个月购买1～2次五谷杂粮，20%的被访者每半年买1～2次，还有13%的被访者一年购买1～2次，如图8.5所示。由此可见，消费者对于五谷杂粮的购买频率不像大米那样高，原因有可能是消费者并没有将五谷杂粮当作生活必需品或主粮，而是将其当作丰富生活的消费品。

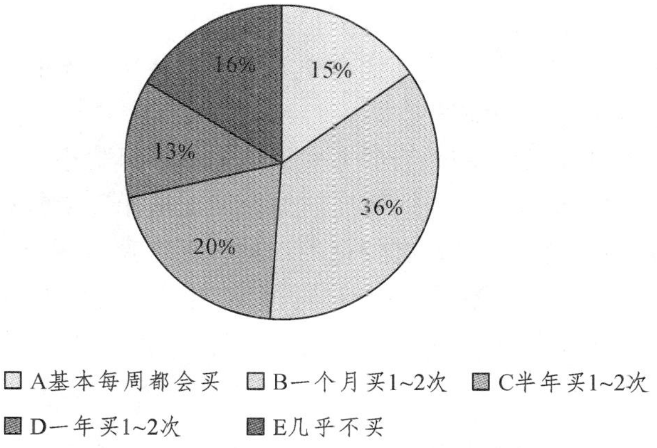

图8.5　消费者消费行为

将消费者购买频率与获取方式的数据相交叉可以看出，不论是哪个频率的消费者，他们最常选用的获取渠道是去超市购买，而选择线上购买的人偏少。即便是在这个网络购物已十分便捷的时代，对于粮食，消费者还是更情愿去实体店购买。为什么在这个网络购物系统已经趋于成熟的时代，消费者还是更情愿到线下实体店购买五谷杂粮呢？原因之一是目前五谷杂粮的主流消费人群以中老年人为主，这些人群的购物以传统实体店为主，对网上销售的五谷杂粮品质他们普遍不信任；而另一个原因是五谷杂粮的主要购买者——家庭主妇，她们购买五谷杂粮时非常注重品质和安全，所以更多愿意到正规的渠道，如大型商场、超市去购买。所以信任、品牌、口碑是五谷杂粮销售的重要基础。

通过对影响消费者购买因素数据分析，可以清楚地看到，消费者更在意营养价值与价格，产地与品牌的影响要远远小于这两个因素，而产地与品牌曾一度是产品质量的保证，但对于现代消费者而言它们已经成为次要因素。这或许是由于这几年五谷杂粮市场混乱，挂羊头卖狗肉的现象层出不穷，消磨了消费者的信任。因此消费者找不到可用于参考营养价值和性价比的尺度，只能靠自己的经验与双眼判断，况且网络上的谷物鱼龙混杂难以辨别，消费者更热衷于线下购买。如果企业能创造新的尺度或是树立一个能重新获取消费者信任的品牌，那么线上购物市场将迅速打开。

在问卷调查中，大家通过对不同地区的实地调研发现，大多数消费者对五谷杂粮产品并没有很全面的认识，只有不断推广与宣传五谷杂粮的知识、养生功效，才能不断打开五谷杂粮的新市场。

近年来的食品安全问题弄得人心惶惶，所以健康当之无愧成为人们考虑的首要因素。人们的生活水平处于较高水准，且养生保健意识也不断增强，加大力度提高大家对五谷杂粮的了解，可以为云南生态五谷杂粮的推出奠定基础。

三、SWOT 分析

（一）优势分析

（1）云南地区地形以山地为主，地理环境复杂，地域组合千差万别，垂直变化特别突出，适合五谷杂粮的有机生态、健康生长。

（2）云南属于低纬度热带地区，光照充足，湿热多雨，有利于五谷杂粮产品的生长，且大量营养物质在高温作用下使土壤富营养化，培育了独特的五谷。

（3）五谷杂粮种植历史悠久，并且保留了很多珍贵的原产地老品种。

（4）云南大部分居住的是少数民族，拥有先人留下的独特原始的五谷杂粮产品的制作加工工艺，制作的五谷杂粮产品口感较好。

（5）我们采用自采购和代加工相结合的方式，成本小，风险小。

（6）我们只销售五谷杂粮产品，有实体店，结合网上展示和销售有利于给消费者多一份保障；同时，我们创新销售模式，设计有特色的产品，更能吸引消费者。

（7）从正规的企业购进的产品有质量保证。我们的五谷杂粮均采购于正规的企业；同时，我们逐渐与生产地进行合作，更保证了绿色、纯天然，相信市场前景会更好。

（二）劣势分析

（1）相对于比较成熟的商城有自己的农庄，销售自己种植的产品，货源稳定，资金充足，我们在货源和资金上暂时处于劣势。

（2）在淘宝网上开网店，信誉很重要，而我们是新开的网店，信誉要从头开始做，相比较已到皇冠、钻石等级的店铺，信誉上暂时也处于劣势。

（3）由于国内快递行业不规范，效率还不够高，可能会因快递延误甚至快递丢失等问题给顾客造成不好的体验。

（三）机会分析

（1）网购市场在飞速发展当中，热衷于网购的人数已超过3亿，我国的网购市场还有较大的空间。

（2）随着淘宝天猫店、京东、一号店等网购平台受到人们越来越多的关注和重视，网店里产品的质量也越来越有保障，更多的人愿意在网上购买五谷杂粮，这一市场还将不断爆发性地增长。

（3）市场上五谷杂粮价格不稳定上涨，出现了“蒜你狠”“豆你玩”等物价不断上涨的现象，很多人选择到网上购买这些商品，因此进一步扩大了网购五谷杂粮的市场，并且预期未来中国的农产品价格还是很可能会出现不稳定的上涨情况，这些都会使越来越多的人倾向网购五谷杂粮。

（四）威胁分析

（1）淘宝网上的五谷杂粮商城、店铺很多，货品齐全、种类繁多，可以一站式购齐，因此竞争压力较大。

（2）我们的切入点为忙碌工作的人群，品种上相对而言比较少，无法兼顾顾客对营养、口味的全面需求。

（3）大多数人还是习惯在粮食店、超市、农贸市场购买五谷杂粮。

四、营销战略目标

（1）把云南生态五谷杂粮市场更多推向杭州，让云南生态五谷杂粮品牌成为大众的首要选择。

（2）努力使本品牌的五谷杂粮在杭州乃至华东地区成为中高端目标市场的领先者。

（3）未来2～3年内，市场占有率达到17%左右。

五、市场营销战略

（一）战略思想

以线上为主，整合资源，多平台同步覆盖目标市场，进行深度宣传、推广；线下多渠道精准销售，以商超为点、社区为线，与跨界专业渠道深度合作。利用新的消费模式、体验模式等吸引消费群体；采用差异化产品营销策略，不断增加产品宣传与推广，提高品牌知名度。

（二）目标市场细分与选择

（1）30～50岁以女性为主的高收入、高学历白领人士；

（2）35～50岁中高收入的家庭主妇和居家人士；

（3）50～70岁的高收入、注重养生的中老年人；

（4）其他注重健康和养生的上班族、小康家庭、青年群体。

（三）市场定位

1. 产品定位

产品定位于高品质的农产品，通过代理其他公司产品和自己进货相结合的形式进行销售，与产品原产地联系，确保产品的品质好，质地正宗，并且尽可能选取云南、贵州等污染比较少的地区进行采购，符合绿色、健康、养生的理念。

2. 市场定位

主要是 30～50 岁的白领阶层及家庭主妇，这两个层次的人更注重产品的品质，对价格敏感度低，并且注重养生，追求生活品质；同时网购五谷杂粮市场现在才刚刚开始兴起，有很大的发展空间。

3. 网上商铺定位

只做云南生态五谷杂粮，并且选取高品质的老品种、自然农耕的五谷杂粮，树立特色优势、高品质的形象。

六、营销组合策略

（一）产品策略

现阶段，需要打造一系列品牌特色产品，本着健康、绿色、无污染的主旨进行生产。我们会从云南无污染的村庄采购健康、养生的产品。

1. 产品开发战略

根据不同消费者推出不同的产品以及推出 4 个不同的包装。

（1）针对青少年群体：推出优惠营养包，包装上尽量以年轻、有活力的红色为主色调，用红豆作为主要推广图片。

（2）针对上班族：推出方便快捷、口味独特的速冲营养包，包装上以时尚、潮流的绿色为主色调，用绿豆作为主要推广图片。

（3）针对中高收入的家庭主妇和居家人士：推出家庭、健康、高档营养包，包装上以紫色、绿色、黄色作为主打色，用小麦、绿豆、红豆、红薯作为主要图片。

（4）针对中老年人：推出健康养生研发包，包装上以稳重、健康的小麦黄作为主色调，用小麦作为主要图片。

2. 服务策略

针对目标人群推出关于五谷杂粮的食用搭配、养生组合、烹饪方法、具体使用标准、养生功效等方面的知识及在线视频，并聘请专业的养生专家提供咨询、指导。

3. 品牌策略

根据市场调研的结果发现，五谷杂粮市场目前并没有出现具有代表性的品牌。所以我们会更注重自己的品牌，展现自身的品牌特色，突出健康、天然、便利。

（二）价格策略

因为我们的消费群体较广，所以应推出差异化产品营销策略。对于青少年，由于消费力有限，而且追求方便快捷，我们推出便宜实惠、健康快捷的产品；对于上班族，由于消费能力相对较高，且他们追求口味鲜美、营养价值较高、方便快捷的食品，我们推出口味独特、健康、方便快捷、价格一般的体验包和实体速冲包；对于小康家庭，由于生活水平较高，他们追求高档、健康的产品，我们推出价格较高的不同营养价值包；对于退休老年人，他们追求能够预防疾病、提高免疫力的产品，对此我们推出能够降低血糖，少脂、少添加剂的健康、养生的特别研发包。

（三）渠道策略

渠道策略策划是整个营销系统的重要组成部分，它对降低企业成本和提高企业竞争力具有重要意义，是规划中的重中之重。随着市场发展进入新阶段，企业的营销渠道不断发生新的变革，旧的渠道模式已不能适应形势的变化。渠道的拓展方向、分销网络建设和管理、区域市场的管理、营销渠道自控力和辐射力等方面都有了新的要求，体现在营销渠道上的不同策略如下：

（1）官方线下线上旗舰店；

（2）电子商务平台：淘宝店、京东、亚马逊、苏宁易购；

（3）电商 App：严选、微店、有赞、土冒、微信公众号商城、网上厨房、融 E 购、东盟 1961 土特产等；

（4）大型商超例如联华、物美等；

（5）精准线下跨界渠道：高端楼盘小区物业、连锁药店、连锁水果超市、培训机构、土特产店、养生会所（馆）等。

（四）促销策略

1. 广告

在有了目标市场定位后，就可以采用集中市场的策略，减少市场细分的成本，根据这些顾客习惯，进行相应的集中式广告宣传。

（1）电视。拍摄云南生态五谷杂粮产地的环境，突出其产地的绿色无污染。（参考农夫山泉的最新广告）

（2）自媒体。把制作五谷杂粮的过程拍成一个小视频并附上购买链接，发布到微博、微信公众号、美拍、火山小视频等平台。（参考厨娘物语）

（3）博客、论坛、百科、知乎等。博客、论坛、百科、知乎等平台具有一定的权威性，宣传云南生态五谷杂粮的营养价值能得到更多人的信任。

（4）报纸。在一些农业类的报纸上刊登广告，以达到宣传品牌和产品的目的。

（5）软文。软文应分别站在客户角度、行业角度、媒体角度有计划地撰写和发布推广，促使每篇软文都能够被各种网站转摘发布，以达到最好的效果。软文要让客户看了有所收获，标题要吸引网站编辑，这样才能达到最好的宣传效果。

（6）微信公众号。在企业的微信公众号每天定期发送推文，推广产品和品牌并附上购买链接。

2. 人员推广

采用人员推广策略可以进一步弥补广告与促销之间的信息沟通不足的问题，从而提高产品的竞争力，促使消费者完成购买行为。我们专门对销售人员和客服人员进行培训，让其掌握五谷杂粮的养生知识，并通过与顾客的沟通和交流，让更多的人了解云南生态五谷杂粮，了解健康食用五谷杂粮的方法，并培养销售人员和客服具备一定的推销技巧，更好地销售产品。

3. 营业推广

（1）小区推广。与小区的物业联系，在小区内开展养生类讲座，聘请专业营养师，为到场的业主讲解养生的方法和保健知识。根据各自不同的特点，给予相应的养生建议，并且在讲座中提供用云南生态五谷杂粮制作的中餐，让业主品尝我们的产品，借此为公司树立良好的企业形象。

（2）店铺推广。在我们的实体店，可以在不同的时段采取不同的促销手段来满足顾客的需求。凡是在实体店购买云南生态五谷杂粮的顾客，营养师会根据他们自身的身体状况，给予相应的健康养生建议。

（3）会员积分制：开发新顾客比维护老顾客更难，老顾客要守护住，会员优惠不可少。加入会员的顾客可以将消费金额转化为积分。积分达到一定分数可以免费兑换我们的产品。

（4）网店包邮：一次性购买达到一定金额可以享受免邮费的优惠。

（5）节日促销：在一些节日来临之时，我们会对部分产品进行打折，以吸引更多的消费者来购买产品。

（6）限期折扣：在店铺周年庆时对所有产品进行打折。

4. 公共关系

培养建立一个良好的公共关系，是企业的无形财富。云南生态五谷杂粮的成长离不开公共关系策划，我们在一些中高档小区开展一些免费的有关五谷杂粮的健康知识讲座，让大家知道如何食用五谷杂粮更健康。同时我们邀请一些营养师，请他们根据听众的健康状况为其选择合适的云南生态五谷杂粮。

（五）行动方案

1. 活动构想

在杭州各个地区设立实体体验店，先在大型购物超市附近找合适的店铺进行装饰，在装饰店铺之前要提前在附近小区进行宣传，通过在大型购物超市投屏、贴海报、在购物超市发放五谷杂粮体验装等来吸引大家的注意，增加销售额，赢得大家的好感，进而让大家了解我们并认可这个品牌。

2. 活动对象

杭州市居民、“谷获人心团队”（由 6 位学生及其他相关人员组成）。

3. 活动时间、地点

活动具体时间：2018 年 12 月 22 日 11:00 至 19:00，2018 年 12 月 23 日 11:00 至 19:00。
活动具体地点：杭州市谷获人心体验店（杭州市下城区）。

4. 活动主题

认识云南生态杂粮，让健康走进你的家。

5. 活动目的

（1）让更多消费者了解云南五谷杂粮产品，让潜在消费群体通过活动转换为购买力。

（2）将店铺以品牌化活动展现，得到消费者的认可。

（3）为后期的品牌活动做铺垫。

（4）提高体验店名气、提高品牌知名度。

（5）提高云南生态五谷杂粮的销售额。

6. 活动页面设计

第一部分：在体验店外面张贴有关云南五谷杂粮的营养价值、养生功效说明，以及推出适合不同人群的体验装。

第二部分：在店外准备制作速食装云南五谷杂粮的海报和视频。

第三部分：准备促销产品页面。

第四部分：准备抽奖活动页面。

7. 活动内容

参加云南生态五谷杂粮微信扫码活动可获五谷杂粮产品体验装一包或者在店内亲自制作五谷杂粮。

在体验店门口安排两名人员负责派发体验券以及回执单，指派 3～4 人负责分配与填装店内准备好计划推广的五谷加工产品；同时由 5 位引导人员负责引导消费者，介绍公司的推广产品。体验店出口派 2～3 人回收回执单，并派发“谷获人心”品牌小礼品（一些实用的小物件）。

活动过程：2018 年 11 月开始寻找合适的体验店店面，与房东取得联系并开始置办。到 12 月 10 日前确定好五谷杂粮产品种类，并于 12 月 22 前生产完毕。12 月 24 日 11:00 体验活动正式开始，由门口的接待人员负责接待和招徕顾客并分发回执单，顾客进店后可以挑选自己喜欢的产品试吃体验。在此过程中，引导员会根据顾客需要进行解答与宣传。整个体验过程中的产品种类会不定时更换，目的是在有限的时间里能让更多的产品被消费者体验。体验结束的顾客可从出口离开，提交回执单则能领取小纪念品。14:00 开始抽奖活动，我们会从所有在回执表中留下姓名以及联系方式的顾客中抽选 10 人，赠送公司的产品。19:00 体验活动结束，进行店面清理与信息整理

具体活动时间安排如表 8.3 所示。

表 8.3　具体活动时间安排

时　间	项　目
12 月 24 日	
10:00—10:50	进行最后检查以及人员准备
11:00—14:00	进行第一轮体验
14:00—15:00	整理现场，并根据现场状况，进行一部分调整，如下架剩余最多的产品并更换为其产品
15:00—19:00	进行第二轮体验
19:00-	清理体验店，回收整理反馈信息
12 月 25 日	
10:00—10:50	进行最后检查以及人员准备
11:00—14:00	进行第一轮体验
14:00—19:00	进行抽奖活动，从所有在回执表中留下姓名以及联系方式的顾客中抽选 10 人，赠送公司的产品
19:00	清理体验店，回收整理反馈信息

活动宣传方式：微信朋友圈，企业公众号。

资金及预算：

体验店铺及装修：10 000 元。

工作人员薪资：1 000 元。

产品成本：5 000 元；

纪念品、体验券、回执单：5 000 元。

费用预算如表 8.4 所示。

表 8.4　费用预算表

项　目	开支内容	费用/元	备注
营业推广费用	活动设计、活动物料、进场费、活动礼品、宣传、人员工资等	120 000	主要商场促销点为银泰百货和杭州大厦
公关费用	方案策划、媒体、人员工资、接待费用、场地租用费等	60 000	
广告费用	海报、电视、抖音、火山小视频、购物中心的投影屏、网络平台、公众号、微信	290 000	
公司媒体开发及维护	公司官网及公众号的维护和运作；分类产品小程序开发及推广	50 000	
管理费用	内部员工工资、各项开销	50 000	人员推广费用、交通费、餐费等

问题：

（1）根据所学知识，结合本案例，梳理五谷杂粮市场营销战略策划方案的步骤及每一步的关键点。

分析步骤如图 8.6 所示。

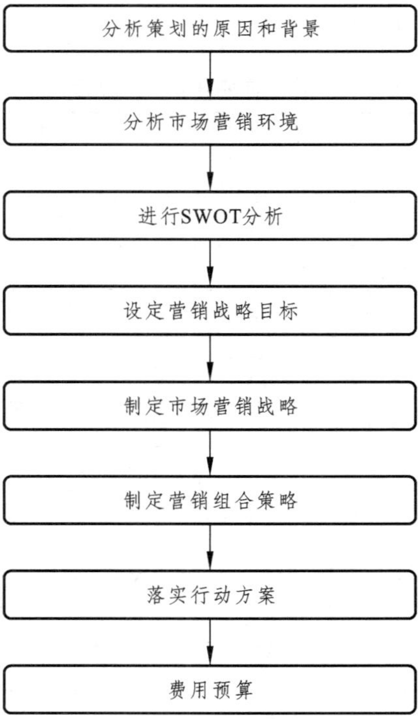

图 8.6　分析步骤

第一步：分析策划的原因和背景，关键点：＿＿＿＿＿＿＿＿＿＿＿＿＿＿＿＿＿＿。
第二步：分析市场营销环境，关键点：＿＿＿＿＿＿＿＿＿＿＿＿＿＿＿＿＿＿＿。
第三步：进行 SWOT 分析，关键点：＿＿＿＿＿＿＿＿＿＿＿＿＿＿＿＿＿＿＿。
第四步：设定营销战略目标，关键点：＿＿＿＿＿＿＿＿＿＿＿＿＿＿＿＿＿＿＿。
第五步：制定市场营销战略，关键点：＿＿＿＿＿＿＿＿＿＿＿＿＿＿＿＿＿＿＿。
第六步：制定营销组合策略，关键点：＿＿＿＿＿＿＿＿＿＿＿＿＿＿＿＿＿＿＿。
第七步：落实行动方案，关键点：＿＿＿＿＿＿＿＿＿＿＿＿＿＿＿＿＿＿＿＿＿。
第八步：费用预算，关键点：＿＿＿＿＿＿＿＿＿＿＿＿＿＿＿＿＿＿＿＿＿＿。

（2）根据以上策划案，画出撰写产品策划案的思维导图。

据营销策划案的基本内容，在完成前期市场调研分析与环境分析的基础上，各团队完成项目（产品）的 STP 营销与产品策略分析与制定。

STP 营销实训步骤：

（1）SWOT 分析。

结合前期调研与环境分析，团队共同商讨、策划创意并达成共识后，完成以下 SWOT 分析相关内容优势、劣势、机会、威胁。

（2）制定营销的 STP 战略。

团队共同商量、集思广益、策划创意并达成共识后，完成以下 STP 战略内容：

① 战略思想设计；

② 目标市场细分与选择；

③ 市场定位。

（3）产品策略策划。

团队共同商量、集思广益、策划创意并达成共识后，完成产品策略内容。

恭喜你！完成任务操作，完整体验了产品策划的流程和操作要领。接下来，你将进行任务考评与总结。

检查评价

【小组互评】

根据产品策略的操作要领，小组交叉进行初评，填写小组互评表，按照满分 40 分评分

（见表 8.5）。

表 8.5 小组互评表

小组名称			作品名称	
考评项目	SWOT 分析（10 分）	STP 分析（10 分）	产品策略（15 分）	整体效果（5 分）
得分				
存在问题				

【**教师评价**】

教师对各组实训过程和提交的成果进行综合评价（见表 8.6）。

表 8.6 教师评价表

序号	评价项目	评价内容	分值	自评（30%）	互评（30%）	师评（40%）	合计
1	职业素养（30 分）	分工合理，制订计划能力强，严谨认真	10				
		责任意识、服从意识	5				
		团队合作、交流沟通、互相协作、分享能力强	5				
		遵守行业规范	5				
		主动性强，保质保量完成工作页相关任务	5				
2	专业能力（60 分）	SWOT 分析	15				
		STP 战略	20				
		产品策划	25				
3	创新意识（10 分）	创新性思维和行动力	10				
合计			100				
评价人签名：		时间：					

任务二 价格策划

任务描述

价格是营销组合中唯一与收益相关的因素，直接影响企业销售收入和利润的高低。企业营销活动能否取得成功，在一定程度上取决于定价的合理性。企业的定价决策就是把产品定价与企业市场营销组合的其他因素巧妙地结合起来，定出最有利的产品价格。这个价格既能让消费者乐于接受，又能为企业带来较多的收益，从而取得竞争优势。各小组通过对项目（产品）进行价格策略案例分析，并运用价格策略的有关知识对其进行价格策略的制定。

【任务要求】

产品策划运用要求：① 价格调整策略案例分析；② 制定所选项目（产品）的价格策略。操作过程按产品策划的要点展开，注意得体、恰当、适用。

【学习目标】

知识目标：

（1）了解价格的构成和影响定价的因素。

（2）熟悉定价的方法，掌握企业定价策略。

能力目标：

（1）能够运用定价策略的有关知识分析企业价格策略。

（2）能够恰当运用价格策略有关知识，为产品制定合适的价格策略。

素养目标：

（1）培养信息调查、分析与处理的职业能力。

（2）具备革新创新能力，提升诚实、创新的职业素养，为从事营销职业奠定基础。

【实施路径】

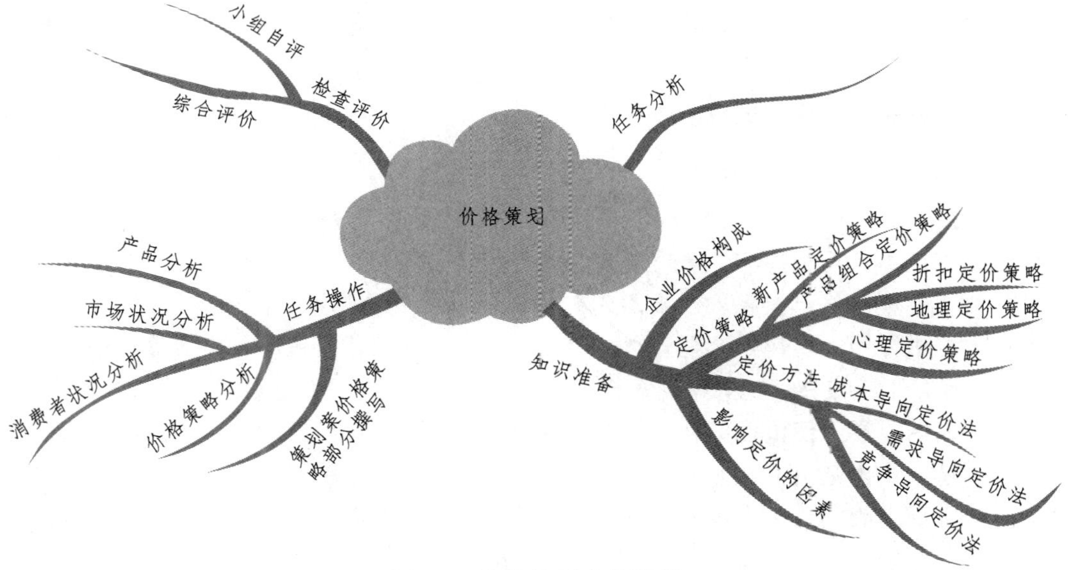

图 8.7　价格策划实施路径

【任务分组】

按照项目一的分组情况开展实训。

任务实施

【任务分析】

在完成产品策略制定的基础上，各组需要运用制定价格的方法和价格策略有关知识，采用适合所选项目（产品）的定价方法和策略制定项目（产品）的价格并分析。

【知识准备】

一、企业价格构成

价格由生产成本、流通费用、税金和利润构成。生产成本、流通费用组成产品成本。成本是企业制定价格时的最低界限。定价低于产品成本，企业不可避免地产生经营亏损。在市场竞争中，产品成本低的企业具有有利的价格竞争优势。

一些知名公司的定价目标

二、影响定价的因素

（一）影响定价的内部因素

1. 定价目标

企业在定价之前，先考虑一个与企业总目标、市场营销目标相一致的定价目标，作为确定价格策略和定价方法的依据。企业定价目标有利润最大化定价、市场最大化定价、应对竞争定价、维持定价等，根据不同目标制定不同价格。

2. 产品差异性

根据产品的质量、款式、品牌、包装和服务特点进行定价。

3. 企业销售能力

根据企业销售力量进行定价。

（二）影响定价的外部因素

1. 市场需求

根据需求能力、需求强度、需求层次、供需关系、需求弹性等进行定价。

有一则古老的经济学笑话：只要教懂一只鹦鹉说“供给”和“需求”，它就可以成为经济学家。可见供给和需求是当地经济学一个核心课题。在现代营销中，供应量根据市场需求的变化往往是随时变化的。比如有商家提出的“零库存”概念，就是根据需求来确定供给的，从而降低产品的成本，使价格更有竞争力。供给和需求是一个经济学模型，它被应用于决定市场均衡价格和均衡产量。这个模型适用于竞争性市场，而不适用于市场存在垄断或者寡头垄断的情况，需求或者供给价格分别跟消费者的需求量和生产者的供给量挂钩，形成市场两种力量决定价格和产量的均衡。一般情况下，价格的变动是因为市场的需求与供给发生了变化，一般的规律是供过于求时价格下降，供不应求时价格上涨（见图 8.8）。

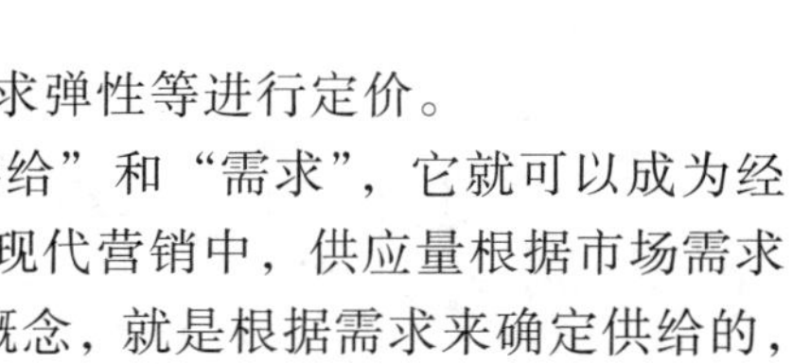

图 8.8　供求模型图

不同产品的市场需求量对价格变动的反应程度不同，也就是弹性大小不同。这就是需求的价格弹性。所谓价格弹性即产品价格变动对市场需求量的影响。企业制定的每一种价格都会产生不同的需求水平。通常情况下，产品的需求量与产品价格呈反比（需求定律）。（当然，对于某些高档名牌产品来说，其需求量与价格可能呈正比）因此，需求决定产品价格的上限。

需求的价格弹性计算公式为：

$$E=(\Delta Q/Q)/(\Delta P/P)$$

式中，E 表示需求弹性系数；P 表示价格；Q 表示需求量。

当 $E<1$ 时，需求缺乏弹性。此时企业提高产品售价可以增加总收益，因为需求减少的幅度小于提价的幅度。如生活日用品属于这类，但不能提太多。当 $E>1$ 时，需求富有弹性。此时企业降低产品售价可以增加总收益，因为需求增加的幅度大于降价的幅度。一般的奢侈品、金银首饰、耐用消费品属于这类，但不能降太多。

当 $E=0$ 时，需求没有弹性，需求不随价格的变化幅度而变化。如生活必需品盐、油等。

影响需求价格弹性的因素主要有：

（1）消费者对产品的需要程度；

（2）产品的可替代性；

（3）消费者的收入水平。

【案例 8.2】

10 元门票引来 25 万余人，盛夏的苏州乐园，十分过瘾地火了一把。“火”，是自 2001 年 7 月 20 日傍晚 5 时点开始的。这是该园举办“2001 年仲夏狂欢夜”的首日，门票从 60 元降至 10 元。当夜，到此一乐的游客竟达 7 万之多，大大出乎主办者“顶多 3 万人”的预测。这个数字，更是平时该园日均游客数的 15 ~ 20 倍，创下开园 4 年以来的历史之最。

到 7 月 29 日，为期 10 天的“狂欢夜”活动落下了帷幕。园方坐下来一算，喜不自禁：这 10 天累计接待游客 25 万余人，实现营业收入 400 万元以上，净利润 250 余万元。这些指标均明显超过白天正常营业时间所得。正常情况下，苏州乐园的门票每人每张 60 元，每天的游客总数为 3 000 ~ 4 000 人，营业时间从上午 9 时到下午 5 时。而“狂欢夜”是在“业余”时间进行的，即从每天下午 5 时到晚上 10 时，门票却降到 10 元。就是说，“狂欢夜”这 10 天，这家乐园在不影响白天正常营业的情况下，每天延长了 5 小时的营业时间，营业额和利润额就翻了一番以上。

“狂欢夜”与该园举办的“第四届啤酒节”是同时进行的。42 个相关厂家到乐园助兴。其实，厂家是乘机宣传和推销自己的产品。据园方介绍，以往搞啤酒节，乐园是要收取厂家一定的“机会”费用的，但是，这次却基本不收或少收些许，而厂家须向游客免费提供一些“小恩小惠”——企业的广告宣传品等。减免了货币的支付，厂家岂有不乐意的？园方也承认，众厂家的参与，带来了大笔场地费，降低了乐园搞“狂欢夜”活动的风险，不过，这并非这次活动最后成功的决定性因素。

分析说明：

火一把的关键，是原先 60 元一张的门票降到 10 元钱。非但如此，每位到乐园过“狂欢夜”的游客，还可以凭门票领到与 10 元门票同等价位的啤酒、饮料或广告衫等。

需要说明的是，白天购 60 元门票入园后，园内的多数活动项目就不再收费；而购 10 元门票入园后，高科技项目和水上娱乐项目等仍要适当收取一定费用。这样算下来，园方至少可以保证自己不赔钱，何况还有那么多厂家的支持。消费者算算，也比 60 元一张门票值，因为有些游客只是参与部分娱乐项目的消费，甚至只是晚间出来纳凉、吹风，尤其是三口之家，更是觉得这样划算，总共花 30 元就能享受凉爽的空气、新鲜的啤酒、精彩的演出、美丽的焰火、赠送的礼品，太实惠了！厂家更精——做了广告，推销了产品，还培育了潜在的消费群体。总之，大家都得到了好处。

2. 政府力量

企业定价要受政府干预，表现为一系列的经济法规制约企业的定价行为。

3. 竞争者力量

企业定价无时不受到其竞争者定价行为的影响和约束，产品定价必须考虑竞争对手的定价情况。

三、定价策略

定价策略是企业制定价格的谋略和技巧。企业的定价策略，要根据商品本身的情况、市场状况、成本状况、消费者构成、消费心理来制定。

（一）新产品定价策略

新产品定价是企业价格策略的一个关键环节，因为新产品的成本高，顾客对它不了解，竞争对手也可能还没有出现。根据新产品投入市场的不同营销目标进行定价，采用的定价策略有以下3种：

1. 撇脂定价

所谓撇脂定价，是指在产品生命周期的最初阶段，把产品的价格定得很高，以撇取最大利润，如同从鲜奶中撇取奶油精华。作为一种短期价格策略，它适用于技术独特、难以仿效、生产能力不易迅速扩大等特点的新产品。

【案例8.3】

云南白药牙膏，零到3亿元的营销大突破：2005年，云南白药集团借助“云南白药”的悠久历史、特殊功效和高度的知名度，在竞争激烈的牙膏市场中推出了云南白药牙膏，经过精心策划，实施有效的营销组合策略，在中央电视一台大做特做广告，产品一上市，每支牙膏的零售价格高达22元，产品销售一路看好，从2005年7月至12月，销售额达3亿元。2006年，权威机构发布的数据表明，云南白药牙膏销量进入全国前10名，销售额进入前5名，部分城市排名第3，仅次于佳洁士和高露洁。

2. 渗透定价

所谓渗透定价，是指企业把其创新产品的价格定得相对较低，以吸引大量顾客，提高市场占有率。这一策略针对消费者的选廉心理，以期获得长期利润，它适用于工艺技术较为简单，并能大批量生产，市场需求量和需求潜力都比较大的新产品。

【案例8.4】

多年来，中国的手机市场给消费者提供了一个毫无吸引力的选择：要么购买一部高质量的进口手机，要么就勉强接受一部价低质次的国产手机。

美国《大西洋》月刊网站2013年10月24日发文称，在这样的背景下，小米出现了。这家建立仅3年的公司制造了时髦、诱人的智能手机，功能与iPhone相似，价格却只有后者的一部分。例如，颇受欢迎的小米3手机仅售327美元；相比之下苹果手机的零售价为866美元。

文章指出，消费者的反响很好。小米公司在2012年售出了700万部手机，并且有望在2013年把这一数字增加两倍。它在中国的市场份额保持在5%左右，超过了苹果公司。最近的一次评估显示，该公司价值约为 100 亿美元。总的说来，对于一个在中国以外地区鲜为人知的公司来说，这已经不错了。

文章称，小米能做到如此，最简单的解释是聪明的定价策略：小米手机不贵，也不太便宜。这是一件好事。关注中国技术产业的博客作家查理·卡斯特说："小米手机的价格它足够便宜，让目标受众的大部分人都能买得起，又足够贵，让人们知道它恰到好处并非一文不值。"

就智能手机行业发表过多篇文章的专业人士戴维·沃尔夫表示："如果拿相同特性的手机来比较的话，你愿意多花四成到六成的价钱买一部特性相似的三星手机吗？而且小米手机的质量能够令人接受。"

3. 满意定价

所谓满意定价，是一种介于撇脂定价和渗透定价之间的折中定价策略。即新产品的价格水平适中时，可同时兼顾生产企业、购买者和中间商的利益，能较顺利地让各方都接受。正是由于这种定价策略既能保证企业获得合理的利润，又能兼顾中间商的利益，还能被消费者所接受，所以称为满意定价策略，如服务保证和着重利益的定价。

（二）产品组合定价策略

产品组合是指一个企业所生产经营的全部产品大类和产品项目的组合。对于多品种生产经营的企业来说，各种产品有需求和成本之间的内在相互关系及受到不同程度竞争的影响。定价需要着眼于整个产品组合的利润实现最大化，而不是仅仅针对某一单一产品。根据产品不同结构进行定价，采用的定价策略有以下 3 种：

1. 产品线定价

企业一般都不只生产经营单一产品，而是生产经营一系列的产品，并且使产品的品种、档次、规格、花色、式样、等级多样化。定价时，首先，确定某种产品为最低价格，它在产品线中充当招徕价格，吸引顾客购买产品线中的其他产品；其次，确定产品线中某种产品为最高价格，它在产品线中充当品牌质量象征和收回投资的重要角色；最后，根据其他产品的成本、特色、质量等分别定价。

2. 任选品定价

任选品是指那些与主要产品密切关联的可任意选择的产品。例如，顾客去饭店吃饭，除了饭菜之外，可能还会要点酒、饮料、烟等。在这里，饭菜是主要商品，烟酒、饮料等就是任选品。企业为任选品定价有两种策略可供选择：一种是为任选品定高价，靠它来营利；另一种是定低价，把它作为招徕顾客的项目之一。

3. 连带产品定价

连带产品，又称受制约产品，是指必须与主要产品一同使用的产品。例如，胶卷是照相机的连带产品，剃须刀架是剃须刀的连带产品。大多数企业采用这种策略时，主要产品定价较低，而连带产品定价较高。以高价的连带产品获取高利，补偿主要产品因低价造成的损失。例如，柯达公司给它的照相机定低价，胶卷定高价，增强了照相机在同行业中的竞争力，又保证了原有的利润水平。

4. 产品系列定价

这种定价策略是将生产和经营的产品组合在一起，制定成套产品的销售价格。成套产品的价格低于购买单件产品的价格总和。如成套化妆品的定价、旅游套票的定价等。采用这一定价策略，一般要求成套产品的价格确实有吸引力。另外，如果有单件产品配合销售，让消费者进行比较，更有利于成套产品的销售。

（三）折扣定价策略

折扣定价策略指根据产品交易对象、交易量、交易方式、交易时间不同进行定价，采用的定价策略有以下几种：

（1）现金折扣；

（2）批量折扣；

（3）一次折扣；

（4）累计折扣；

（5）交易折扣；

（6）季节折扣。

（四）地理定价策略

地理定价策略指根据产品销售交货的不同地区进行定价，采用的定价策略有以下几种：

（1）产地交货定价；

（2）目的地交货定价；

（3）统一交货定价；

（4）分区运送定价；

（5）运费津贴定价。

（五）心理定价策略

心理定价策略指根据消费者对价格的不同心理反应进行定价，采用的定价策略有以下几种：

1. 尾数定价

一般来说，给商品一个带零头的数结尾的非整数价格，会给消费者一个价格低、价格向下的概念。例如，某商品单价定 9.95 元就比定 10 元好销。另外，零头定价会给消费者以企业定价认真准确的印象，增强对企业的信任感。零头定价适宜于低值易耗的日用品。

2. 整数定价

对于价格较贵的商品，则要取消零头，而采取整数定价策略，使顾客产生“一分钱一分货”的认识，反而提高了商品的身价，维护了商品的声誉。由于消费者常常根据价格来辨别产品的质量，对价格较高的产品，如耐用品、礼品或服装等消费者不太容易把握质量的产品，实行整数定价反而会抬高产品的身价，从而达到扩大销售的目的。比如一台空调定价为 4 500 元更有利于提高产品的身价。

【案例 8.5】

如两台彩电，分别标价 3 999 元和 4 000 元，你会认为（　　）元的彩电货真价实，质量更好。

3. 声望定价

企业利用顾客仰慕名牌商品或名店的声望所产生的某种心理作用，制定高于其他同类商品的价格。顾客购买名牌产品不仅是为了消费，同时还要显示他们的身份和地位。

4. 招徕定价

招徕定价即企业将商品以低于一般市价、个别商品甚至低于营业成本出售，以此招徕顾客。招徕定价策略，是在市场竞争激烈情况下，企业为了扩大销售量而采取的一种定价策略。例如，商店在其商品组合上，特别设置几种低价畅销商品，有的则把一些商品用处理价、大减价来销售，以招徕顾客。顾客增多了，不仅卖出了低价商品，也带动了一般商品和高价商品的销售。

四、定价方法

（一）成本导向定价法

成本导向定价法是以企业产品成本作为基础的定价方法，这种方法的优点是量入为出，将本求利，计算简单。其主要方法有：成本加成定价法、盈亏平衡定价法、目标投资收益率定价法、边际贡献定价法。

1. 成本加成定价法

成本加成定价法即按照单位产品成本加上一定百分比的加成来制定产品销售价格。加成的含义就是一定比率的利润。计算公式：

$$单位产品价格=单位产品总成本\times(1+加成率)$$

例 1：某厂生产某牌电风扇，单位成本为 50 元，加成率为 40%，则每台电风扇的售价为 $50\times(1+40\%)=70$（元）。

成本加成定价法的优点主要是成本资料直接可得，计算简便。这种方法的基本原则是："将本求利，水涨船高。"但这种方法只是从保证卖方利益出发而定价，忽视了市场需求者的利益。它比较适用于销量与单位成本相对稳定、供求双方竞争不甚激烈的商品定价。

2. 盈亏平衡定价法

盈亏平衡定价法，又称保本定价法、收支平衡定价法，它是按照生产某种产品的总成本和销售收入维持平衡的原则，制定产品的保本价格。其计算公式为：

$$单位产品保本价格=\frac{固定成本总额+变动成本总额}{销售量}=\frac{固定成本总额}{销售量}+单位产品变动成本$$

例 2：企业的固定成本为 10 000 元，单位变动成本为 0.7 元/件，预计产品销量 20 000 件。请问保证企业盈亏平衡的产品售价应该是多少？

$$P=10\,000\div 20\,000+0.7=1.2（元）$$

盈亏平衡定价使企业无利润可言，只是在市场不景气时，企业为了维持生产不得已而采取的定价方法。采用这种方法的关键在于正确预测市场的销售量，如果销售量预测不准确，则依此计算出来的保本价格也不准确。

3. 目标投资收益率定价法

目标投资收益率定价法也称目标利润定价法。它是以投资额为基础，再加上投资收益来制定价格的方法。目标投资收益率的确定在前面也陈述过。计算公式为：

$$单位产品价格=\frac{总固定成本+目标收益（利润）}{预期销量}+单位产品变动成本$$

$$目标收益额（利润）=总成本\times目标收益（利润）率$$

例 3：某企业的固定成本为 100 万元，计划销售量为 10 万件，单位变动成本为 5 元，该商品的投资收益率若定为 10%，求该商品的销售价格应为多少？

解：企业目标投资收益额为：

$$(1\ 000\ 000+5\times100\ 000)\times10\%=150\ 000（元）$$

目标投资收益率定价时的单位商品销售价格 P 为：

$$\frac{1\ 000\ 000+150\ 000}{100\ 000}+5=16.5（元）$$

这种方法更全面地考虑了企业投资的经济效益，能够保证企业在一定时期内收回投资，有利于企业的发展。但是，与盈亏平衡定价法一样，市场需求的预测是否准确直接影响商品定价的准确性。同时，以这样的盈利价格能否达到预期销售量，也很难把握。

（二）需求导向定价法

需求导向定价法是指企业主要以市场上对产品的需求程度和购买者对产品价值的理解程度为基础，来确定价格的定价方法，它注重需求因素而相对不注重成本和竞争因素对价格的影响，包括认知价值定价法、逆向定价法和需求差异定价法 3 种。

【案例 8.6】

麦当劳早餐咖啡的奇怪定价

麦当劳早餐时段的鲜煮咖啡是可以免费续杯的。但麦当劳设置了小杯 9 元和大杯 10.5 元两个价格。刚看到这个价格，人们可能觉得有些奇怪，既然能续杯，为什么还设置大杯价格呢？

其实这两个价格是为两种人群准备的。

第一种人时间充裕，肯定选小杯的合适，价格低，喝完再续杯。

第二种人时间紧，没时间续杯，但他只要多花 1.5 元，就能买到一杯比小杯多出不少的咖啡。

对于两种价格，两类人都觉得非常划算。麦当劳用一个看似多余的设置，既满足了不同消费者的需求，还让两拨人都感觉自己赚了，获得了非常好的用户体验。

1. 认知价值定价法

这种方法的基本指导思想是，认为决定商品价格的关键因素是顾客对商品价值的认知水平，而不是卖方的成本。因此，在定价时，先要估计和测量营销组合中的非价格变量在顾客心目中建立起来的认知价值，然后根据顾客对商品的认知价值，制定出商品的价格。一般来说，每一种商品的性能、用途、质量、外观及其价格等在消费者心目中都有一定的认知和评价。当卖方的价格水平与消费者对商品价值的认知水平大体一致时，消费者才能接受这一价格。

企业在为其目标市场开发新产品时，在质量、价格、服务等各方面都需要体现特定的市场定位观念。认知价值定价法作为当代一种全新的定价思想和方法，被越来越多的企业所接受。

2. 逆向定价法

逆向定价法是指企业依据消费者能够接受的最终销售价格，计算自己从事经营的成本和利润后，逆向推算出产品的批发价和零售价。这种定价方法不以实际成本为主要依据，而是以市场需求为定价出发点，力求使价格被消费者所接受。分销渠道中的批发商和零售商多采取这种定价方法。

例 4：某种商品的市场零售价为 100 元，零售商加成率为 15%，即加成额为 $100\times15\%=15$（元）；批发价为 $100-15=85$（元）；批发商加成率为零售价的 10%，即 $100\times10\%=10$（元），则出厂价为 $85-10=75$（元）。

3. 需求差异定价法

这种方法又称区分需求定价法，是指在给产品定价时可根据不同需求强度、不同购买力、不同购买地点和不同购买时间等因素，采取不同的价格。

（三）竞争导向定价法

竞争导向定价法是指以市场上竞争对手的价格作为制定企业同类产品价格主要依据的方法，可分为以下几种：

（1）随行就市定价法；

（2）竞争价格定价法；

（3）投标定价法。

恭喜你！完成任务分析与准备，明确了价格策略应该包括的基本内容，掌握了定价方法和价格策略的基本技能。接下来，你将进行任务操作。

【任务操作】

根据营销策划案的基本内容，在完成前期产品策略的基础上，各团队完成项目（产品）的价格策略分析与制定。

价格策略实训步骤：

（1）产品分析。

结合前期产品策略的有关分析，团队共同商讨、了解产品的基本情况，独特优势等，完成表 8.7 的填写。

表 8.7　产品分析表

我们的产品基本情况是：
我们的产品有哪些突出的优势：
我们的产品适合哪些定价策略：

（2）市场状况分析。

团队根据前期市场营销环境和行业环境等的分析，找出目前市场的情况，并填写表8.8。

表 8.8　市场状况分析表

目前宏观市场简析：
产品行业市场简析（竞争情况）：
我们的产品适合哪些定价策略：

（3）消费者状况分析。

团队根据前期市场营销环境和行业环境等的分析，找出目前市场的情况，并填写表8.9。

表 8.9　消费者状况分析表

我们产品的主要消费者群体是：
我们产品的消费者群体具有哪些典型特征：
我们的产品适合哪些定价策略：

（4）价格策略分析。

团队根据市场状况、产品本身和消费者的分析，分析评价并选择确定产品的价格策略，并填写表8.10。

表 8.10　消费者状况分析表

我们产品选择的价格策略是：
选择以上价格策略的原因主要有：

（5）完成产品策划案价格策略部分的内容。

恭喜你！完成任务操作，完整体验了价格策略策划的流程和操作要领。接下来，你将进行任务考评与总结。

检查评价

【小组互评】

根据产品策略的操作要领，小组交叉进行初评，填写小组互评表，按照满分 40 分评分（见表 8.11）。

表 8.11　小组互评表

小组名称				作品名称	
考评项目	产品分析（5分）	市场分析（5分）	消费者分析（5分）	价格策略分析（10分）	策划案撰写（15分）
得分					
存在问题					

【教师评价】

教师对各组实训过程和提交的成果进行综合评价（见表 8.12）。

表 8.12　教师评价表

序号	评价项目	评价内容	分值	自评（30%）	互评（30%）	师评（40%）	合计
1	职业素养（30分）	分工合理，制订计划能力强，严谨认真	10				
		责任意识、服从意识	5				
		团队合作、交流沟通、互相协作、分享能力强	5				
		遵守行业规范	5				
		主动性强，保质保量完成工作页相关任务	5				
2	专业能力（60分）	市场、产品、消费者分析	15				
		价格策略选择	20				
		策划案价格策略部分撰写	25				
3	创新意识（10分）	创新性思维和行动力	10				
合计			100				
评价人签名：		时间：					

任务三　促销策划

任务描述

在经历了产品或服务的研发、生产、定价、分销之后，企业将与最终消费者进行沟通，如何有效地引起他们对所提供产品或服务的注意，并说服或打动他们去购买、消费这些产品或服务，成为摆在营销者面前的艰巨任务。有效地使用促销手段，可以促进企业的销售工作。所以，促销要求企业根据产品和市场特性，慎重安排并贯彻实施促销计划，以达到预定的促销目标。促销可以说是市场营销中最富变化性和艺术性的一部分，它包括广告、人员推销、公共关系、营业推广等多种方式。综合利用这些促销方式则可以与消费者实现有效的沟通，吸引说服消费者，变潜在需求为现实需求，变购买倾向为购买行动。

【任务要求】

促销策划运用要求：① 完成百事可乐广告策划；② 制定所选项目（产品）的促销策略。操作过程按产品策划的要点展开，注意得体、恰当、适用。

【学习目标】

知识目标：

（1）了解促销的基本知识，广告、营业推广、公共关系、人员推销的基本概念。

（2）掌握广告的定位、营业推广的方式、人员推销的流程及策略、公共关系的类型。

能力目标：

（1）能够运用促销策略的有关知识分析企业促销策略。

（2）能够恰当运用促销策略有关知识，为产品制定合适的促销策略。

素养目标：

（1）培养信息调查、分析与处理的职业能力。

（2）具备革新创新能力，提升诚实、创新的职业素养，为从事营销职业奠定基础。

【实施路径】

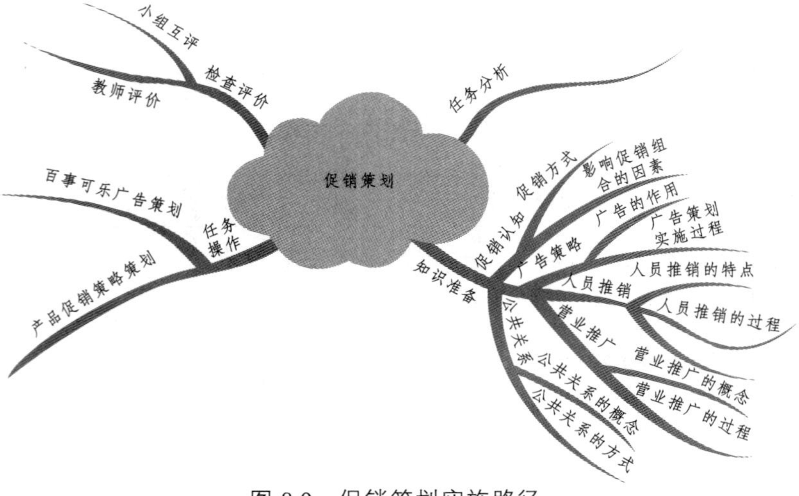

图 8.9　促销策划实施路径

【任务分组】

按照项目一的分组情况开展实训。

任务实施

【任务分析】

在完成价格策略制定的基础上，各组需要运用促销策略的有关知识，采用适合所选项目（产品）的促销方法和策略制定项目（产品）的促销策略并分析。

【知识准备】

一、促销认知

促销是指企业利用各种有效的方法和手段，使消费者了解和注意企业的产品，激发消费者的购买欲望，并促使其实现最终购买行为的活动。

（一）促销方式

企业主要通过人员推销、广告、营业推广、公共关系等方式来把有关的产品信息传递给消费者，激发消费者的需求（见图 8.10）。

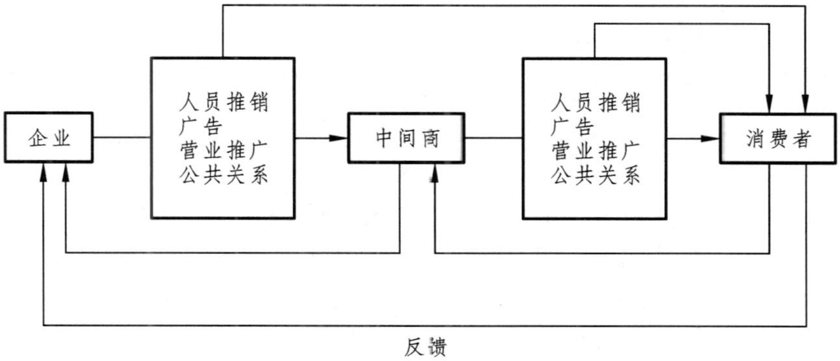

图 8.10　促销方式

人员推销是企业通过推销人员与消费者的口头交谈来传递信息，说服消费者购买的一销活动；广告是广告主通过付费的方式由广告承办单位进行的一种信息传播活动；营业推广是在短期内采取一些刺激性的手段来鼓励消费者购买的一种营销活动；公共关系是利用各种公共媒体来传播有关信息的营销活动。

（二）影响促销组合策略的因素

在企业选择促销方式时，要确定合理的促销策略，实现促销手段的最佳组合，必须深度把握影响促销策略的各种因素。这些因素包括促销目标、产品类型、市场状况、企业策略、产品生命周期和促销预算等。

二、广告策略

广告按照字面意思理解就是广而告之。它是广告主以促进销售为目的，支付一定的费用，通过特定的媒体传播商品或劳务等有关经济信息的大众传播活动。广告要素包括广告主、广告费用、广告媒体和广告信息（见图 8.11）。

图 8.11 广告三要素

（一）广告的作用

广告是企业产品促销的重要手段之一，具有告知、说服、提醒等作用。

（二）广告策划的实施过程

广告策划，实际上是对广告活动过程进行的总体策划，是流程的控制和实施。

1. 市场分析

广告市场分析基于市场调查，通过一系列的定量和定性分析得出本企业和竞争对手在市场的地位，为后续的策划工作提供依据。

2. 确定广告目标

广告活动要有广告目标，并且尽可能是可测量的。它要明确回答 3 个问题：① 市场占有率高的百分比及销售额或销售量提高的百分比。② 广告活动结束后，企业或产品的知名度及美誉度提高的百分比。③ 消费者对企业品牌和产品形象认同感提高的百分比。

广告目标仍然包含很多感性成分，这些感性成分是不容易测量的。广告目标既有短期目标也有长期目标，有时销售额的增长可能是广告策划的短期目标，如果单纯地追求短期目标有可能损害企业的长期目标。因此，广告目标的确立要在理性和感性、长期和短期等目标的选择中保持均衡。

3. 广告定位

广告定位是指企业从消费者需求出发，把市场按照不同的标准划分为不同的部分或购买群体，企业选择其中一个或几个市场进行广告活动。

广告定位是现代广告理论和实践中极为重要的观念，它的目的就是要在广告宣传中，为企业和产品创造、培养一定的特色，树立独特的市场形象，从而满足目标消费者的某种需要和偏爱，为促进企业产品销售服务。

【案例 8.7】

王老吉发现在饮料行业里有一个空白点，即没有一个品牌专注祛火饮料。于是它最先提出，“怕上火就喝王老吉”。现在王老吉已成了细分市场的领导品牌，即当王老吉成为祛火凉茶的代名词时，我们就可以说这个品牌占据了这块心智资源。

资料来源：品牌怎定位？王老吉、七喜、阿司匹林这么打造品牌[OL]. http://sohu.com.

广告定位主要有两大类：实体定位和观念定位。

（1）实体定位。

所谓实体定位就是在广告宣传中突出产品的新价值，强调本品牌与同类产品的不同之处以及能够给消费者带来的更大利益。

【案例 8.8】

海澜之家最初将自己定位于“男人的衣柜”“一年逛两次海澜之家”，一开始就锁定目标客户群体，且牢牢抓住了这类群体的心理。男性与女性在购物方面的最大不同在于他们目标明确，不喜欢随便逛。如果有一家专门的品牌，提供男性的衣物，只要服装品质没有太大问题，他们会成为这家品牌的忠实客户群体。而海澜之家将自己定位于“男人的衣柜”切合男性需求。

就市场细分而言，海澜之家精准的目标群体是年龄位于 25 ~ 40 岁的男性，这类职场男性对服装有一定要求。海澜之家将主要市场投放在三四线城市，将自己与高档品牌拉开一定距离，又将自己脱离了低档行列，价格在多数目标群体能承受的范围内。

（2）观念定位。

观念定位就是在广告中突出宣传品牌产品新的意义和新的价值取向，诱导消费者的心理定势，重塑消费者的习惯心理，树立新的价值观念，引导市场消费的变化或发展趋向。

【实例 8.9】

农夫山泉的包装

2015 年起，农夫山泉陆续推出微纪录片式的广告，并供消费者免费选择跳过不看，无形中拉近了与消费者的距离，在广告中将水源地战略和员工呈现在消费者面前，与消费者建立了情感链接。

例如，农夫山泉会依据水源地特点元素设计高端水玻璃瓶，将地域性表达隐藏在瓶身中；而与网易云音乐联名的“乐瓶”，取广告语的反义“这个生活有点苦”，并通过科技手段实现终端互动，激发消费者的情感共鸣与深层交流。

农夫山泉通过“让瓶子讲故事”的方式，潜移默化地将企业使命和理念融入瓶身，与消费者建立共鸣，形成独特的产品记忆后进一步占领消费者的心智。

资料来源：连续 8 年市场占有率第一，农夫山泉是如何做到的？[OL]. https://baijiahao.baidu.com/s?id=1709052716213332312&wfr=spider&for=pc.

广告定位能够赋予企业具有竞争者所不具备的优势，帮助企业在激烈的市场竞争中取胜，赢得消费者的信赖，树立产品在消费者心目中的特殊位置。

4. 广告创意表现

广告创意表现是对广告定位的反映。良好的广告创意表现可以使企业形象和品牌形象在消费者心目中更加清晰化。

5. 广告媒介选择和规划

广告媒介的选择要针对既定的广告目标，在一定的预算约束条件下利用各种媒体，把广告有效地传递给目标受众。广告媒体规划主要包括媒体的选择、广告发布日程和广告方式的内容。

（1）大众媒体广告。

常见的大众传播媒体主要有报纸、杂志、广播和电视，近几年又出现了新媒体广告。

报纸广告灵活性强，传播及时，广告费用较低，但时效性较差，阅读者有一定限制。

杂志广告与报纸广告有着大体类似的特征，但费用高，灵活性差。

广播广告传播范围广，传播较为普及，成本较低，但只有声音传递，稍纵即逝。

电视广告传播范围广、效果较好，传播时声情并茂，富有较强的感染力，但费用较高，传播内容不易保存。

新媒体广告因其具有成本低的特点近年来得到迅速发展，随着网民的不断增加，其传播效果也不同凡响。

（2）小众媒体广告。

小众媒体广告包括户外广告、交通广告、POP 广告、邮寄广告等。小众媒体广告传播面小，传播效果不如大众媒体广告。

6. 广告预算

广告是一种付费活动，如果不对广告活动进行科学合理的预算，广告费用就不能得到有效控制。

广告预算就是企业对广告活动所需费用的计划和匡算，它规定在市场推广时期内，从事广告活动所花经费的总额、使用范围和使用方法。广告预算的制定会受到各方面因素的制约，如产品生命周期、竞争对手、广告媒介和发布频率以及产品的可替代性等。

7. 广告实施计划

广告实施计划是在上述各主要内容的基础上，为广告活动的顺利实施而制定的具体措施和手段。广告实施计划的主要内容包括：广告应在什么时间、什么地点发布出去，发布的频率如何，广告推出应采取什么样的方式；广告活动如何与企业整体促销策略相配合等内容。

8. 广告效果评估、反馈和修正

广告发布出去之后，要衡量是否达到了广告的目的，这就要对广告效果进行全面的评估。通过对广告效果的评估，可以了解消费者对整个广告活动的反应，对广告主题是否突出、诉求是否准确有效以及媒体组合是否合理等结果做出科学判断，然后通过反馈和修正使广告效果达到最佳水平。

三、人员推销

（一）人员推销的特点

人员推销是由企业派出推销人员或委派专职推销机构人员直接向潜在购买者进行宣传介绍活动，使其产生购买行为的促销方式。人员推销具有极大的灵活性与针对性、注重人际关系以及促成及时购买等特点。

乔·吉拉德被誉为“世界上最伟大的推销员”，也是销售领域知名度最高的大师。乔·吉拉德曾连续 12 年占据着吉尼斯世界纪录中销售第一的宝座，他所保持的世界汽车销售纪录：连续 12 年平均每天销售 6 辆汽车，至今依然没有人能打破！

（二）人员推销的过程

在人员推销策划中，推销人员、推销对象和推销品是 3 个基本要素。其中前两者是推销活动的主体，后者是推销活动的客体。通过推销人员与推销对象之间的接触、洽谈，将推销品推销给推销对象，从而达成交易。尤其是在市场营销的日益发展中，推销人员已经不是单纯地从事推销工作，而是一种双向沟通的直接促销方法。

人员推销策划要按照一定的程序进行。一个完整有效的人员推销过程，一般包括以下 7

个相互关联又有一定独立性的工作程序（见图 8.12）：

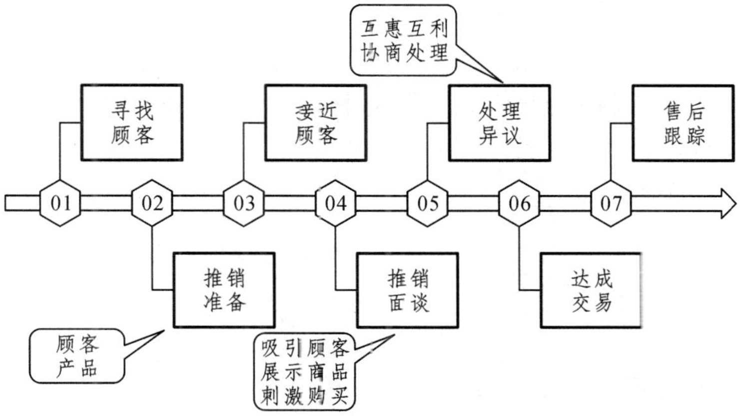

图 8.12　人员推销的步骤

1. 寻找顾客

推销过程的第一步就是寻找潜在的顾客。寻找顾客是维持和提高销售额的保证。努力寻找潜在顾客，使顾客数量不断增加，是推销人员成功的有效保证，也是促进推销品更新换代，激发市场新需求的长久动力。

2. 推销准备

"凡事预则立，不预则废。"推销是一项复杂的工作，要使推销成功，推销人员就要做必要的准备。成功的概率往往取决于准备的程度。推销人员的准备包括：物质准备、心理准备、信息准备和制订推销计划。

3. 接近顾客

接近顾客是推销人员为进行推销洽谈与目标顾客进行的初步接触。能否成功地接近顾客，直接关系到整个推销工作的成败。由于顾客的习惯、爱好、性格等情况各不相同，所以推销人员应依据事前获得的信息或接触瞬间的判断，选择合适的方法接近不同类型的顾客。

4. 推销面谈

推销面谈是推销人员运用各种方式说服顾客购买的过程。在推销过程中，面谈是关键环节，而面谈的关键又是说服。通过直接或间接、积极或消极的提示，将顾客的购买欲望与商品特性联系起来，由此促使顾客做出购买决策的方式是提示说服。推销人员也可以进行演示说服，即通过产品、文字、图片、音像、影视、证明等样品或资料去劝导顾客购买商品。

5. 处理顾客异议

推销的过程，也是人与人交流的过程。推销人员要与顾客保持和谐融洽的关系，对于顾客的抱怨应采取宽宏大度的态度，尽量避免与之争论，更不能发生冲突。推销人员只有正确认识并积极对待顾客的异议，认真分析异议产生的原因，采取灵活的策略和方法，有效地对顾客异议加以转化和引导，才能最终说服顾客，促成交易。

6. 达成交易

人员推销的重要环节是促使顾客做出购买决定。推销人员应随时观察顾客的反应，在认为时机已经成熟时，就应抓住时机，或者提出选择性决策，或者提出建议性决策，或者进行适当的让步，促使顾客做出购买决策。在交易完成后一定不要忘记向顾客表示真诚的感谢。

7. 售后跟踪服务

产品售出以后，推销活动并未就此结束，推销人员还应该与顾客继续保持联系。良好的售后服务，可以提高顾客的满意度，促使顾客产生对企业有利的后续购买行为，增加产品再销售的可能性。

（三）人员推销的策略

根据其所处阶段的不同，人员推销策略可以分为寻找顾客的策略、接近顾客的策略和推销成交策略。

1. 寻找顾客的策略

寻找顾客的策略决定了寻找顾客的效率，主要策略有：

（1）普遍寻找策略。普遍寻找策略是指推销员在特定的市场区域范围内，针对特定的群体，采用上门、邮件或者电话、电子邮件等方式，对该范围内的组织、家庭或者个人无遗漏地进行寻找与确认的策略。

这种寻找策略的优点：一是不会遗漏任何有价值的客户，能准确地了解顾客的需求信息；二是寻找过程中接触面广、信息量大，可以作为分析市场的一种方法；三是可以扩大产品和企业的知名度。

这种寻找策略的缺点主要有两方面：一是针对性不强，有一定的盲目性，比较费时费力，成功率相对较低；二是对顾客来说没有任何心理准备，容易产生抵触情绪。

（2）连锁介绍策略。连锁介绍策略是指推销人员请求现有顾客介绍未来可能的准顾客。美国的一份调查报告显示，在寻找新顾客的各种途径中，由现有顾客推荐而取得成功者占38%，而其他方法均在22%以下。

（3）权威介绍策略。权威介绍策略是推销人员在一定的推销范围内，发展一些有较大影响力的中心人物或组织来消费自己的推销品，然后再通过他们的影响，把该范围内的其他个人或组织变为自己的准顾客。

（4）资料查阅策略。资料查阅策略是推销人员通过查阅现有资料寻找顾客的方法。资料查阅常见的渠道有工商企业名录、电话簿、产品目录、协会名册、各种年鉴及其他定期公布的经济资料、各种大众传播媒介提供的信息等。

（5）网络搜寻策略。网络搜寻策略就是借助互联网寻找潜在顾客。它是信息时代的一种非常重要的寻找顾客的方法。

（6）广告开拓策略。广告开拓策略是推销人员利用各种广告媒介寻找准顾客的方法。采用这种策略的优点是：传播快，影响力大，由于广告媒介是一对多的关系，而且形象、生动、逼真，所以推销效果好。缺点是：广告的策划、制作、播放等费用较高，推销对象的选择性不易掌握，而且难以测定实际效果。

寻找顾客的策略除了以上6种策略外还可以采用个人观察、委托助手、交易会寻找、竞争分析等策略。

2. 接近顾客的策略

根据顾客及推销品的具体情况，接近顾客的策略主要有以下几种。

接近顾客策略

（1）介绍接近策略。介绍接近策略是推销人员通过自我介绍，或通过第三者介绍而接近顾客的策略。自我介绍策略就是推销人员通过口头自我介绍让顾客了解自己的身份、背景及其来访目的，然后主动提供能证明自己身份的证件，如工作证、名片、推销介绍信等，进一步加深顾客的印象。第三者介绍策略是通过顾客社交圈里的人介绍而接近顾客。推销人员应努力扩大自己的社交范围，赢得有关人员的帮助和推荐。

（2）产品接近策略。产品接近策略是推销人员直接利用推销品的新奇、色彩、独一无二，引起顾客的注意和兴趣，从而使接近顺利转入洽谈的接近方法。这种方法最适合于具有新颖特色的商品，产品本身要具有一定的吸引力，而且要方便推销人员携带。

（3）表演接近策略。表演接近策略是推销人员利用各种戏剧性的表演来引起顾客的注意和兴趣，进而转入洽谈的一种方法。这种方法迎合某些顾客求新求异的心理，所以也可以有效地吸引顾客的注意。

（4）利益接近策略。利益接近策略是推销人员提出问题直接点明推销品能够给顾客带来的某种特别的利益或实惠，以引起顾客的注意和兴趣，从而顺利转入洽谈的接近策略。

（5）好奇接近策略。好奇接近策略是推销人员利用顾客的好奇心理而接近顾客的策略。好奇之心，人皆有之，好奇心理是人们的一种原始驱动力，这种驱动力促使人类去探索未知的事物。好奇接近策略正是利用人类的好奇驱动力，引起顾客对推销人员或推销品的注意和兴趣，从而接近顾客。

接近顾客的策略除了以上几种之外，还可以采用赞美接近策略、请教接近策略、问题接近策略、震惊接近策略等。

3. 推销成交策略

常用的成交策略主要有以下几种。

（1）选择成交策略。选择成交策略是指推销人员向顾客提供两种或两种以上可供选择的购买方案来促成交易的成交策略。即推销人员在假定成交的基础上向顾客提出成交决策的比较方案，顾客不在买与不买之间选择，而只是在推销品不同的数量、规格、颜色、包装、样式、交货日期等方面做出选择，使顾客无论做出何种选择，结局都是成交。

（2）总结利益成交策略。总结利益成交策略是指推销人员将顾客关注的产品的主要特色、优点和利益，在成交中以一种积极的方式来成功地加以概括总结，以得到顾客的认同并最终获取订单的成交策略。总结利益成交策略能够使顾客全面了解商品的优点，便于激发顾客的购买兴趣，最大限度地吸引顾客的注意力，使顾客在明确自己既得利益的基础上迅速做出决策。

（3）最后机会成交策略。最后机会成交策略是指推销人员直接向顾客提示最后成交机会而促使顾客立即购买的一种成交策略。这一成交策略要求推销人员运用购买机会原理，向顾客提示“机不可失，时不再来”的机会，给顾客施加一定的成交压力，使顾客感到应该珍惜机会，尽快采取购买行为。

（4）优惠成交策略。优惠成交策略是指推销人员通过提供优惠的交易条件来促成交易的策略。它利用了顾客在购买商品时，希望获得更大利益的心理，实行让利销售，促成交易。正确地使用优惠成交策略，利用顾客的求利心理，可以吸引并招揽顾客，有利于创造良好的成交气氛。

（5）体验成交策略。体验成交策略是指推销人员为了让顾客加深对产品的了解，增强顾客对产品的信心而采取的试用或者模拟体验的一种成交策略。当推销人员和顾客商讨完有关产品、服务保障和交易条件后，为了促成交易，就需要在可能的条件下用形象化的手段直观地展示推销品。体验成交策略能给顾客留下非常深刻的直观印象。

除了以上提到的几种策略，成交策略还包括请求成交策略、假定成交策略、从众成交策略、小点成交策略和保证成交策略等。

（四）推销人员的素质

推销人员应该具有的基本素质包括正确的业务指导思想、丰富的业务知识、熟练的操作技术、良好的职业道德、高超的交往能力。

四、营业推广

（一）营业推广的概念

营业推广，也叫销售促进，是指企业在特定的目标市场中，为迅速地刺激需求和鼓励消费而采取的非经常发生的推销努力。营业推广一般具有见效迅速但贬低产品两个相互矛盾的特点。

（二）营业推广的管理过程

1. 明确营业推广活动的目标

营业推广的目标主要由企业的营销目标而定，一般有 3 个方面的目标：以消费者为目标的推广，以中间商为目标的推广，以推销人员为目标的推广。

【案例 8.10】

毛姆是英国著名的作家，他一生著书颇丰，享有世界声誉。

可是一开始并不是这样的，他写了很多作品，非常好，但就是销路不畅。他很着急，就开始想办法。

一天，他突然想到一个好办法，在一家发行量大的报纸上，登了一则征婚启事：“本人是一位年轻有教养、爱好广泛的百万富翁，希望找一位与毛姆小说中的女主角一样的女性结婚。”

这个启事登出来，毛姆的小说被抢购一空，一版再版；而毛姆也在一夜之间，家喻户晓。

2. 营销推广方式与策略

（1）针对消费者的营业推广方式。

① 产品陈列与示范。企业在零售店占据有利位置，将本企业的产品进行橱窗陈列、货架陈列、流动陈列，同时进行现场使用示范，以展示产品的性能与优越性。这种方法适用于新产品，在家电、化妆品等促销活动中也广为应用。

② 有奖销售。在顾客购买后发给其奖券或中奖号码，使顾客在购买时不仅得到产品，而且有额外收获，以此来刺激顾客的购买欲望。

③ 样品赠送。向消费者赠送样品，通过他们了解新产品的效果，传播新产品的信息，以此来争取更多的使用量，扩大销售量。这种方法适用于价格低廉的日用消费品。

④ 特价包装。企业对其产品给予一定折扣优惠，并把正常价格与限定优惠价格标在商品包装或标签上。特价包装的形式，可以将同类商品包装起来减价出售，也可以将两件或多

件相关产品包装在一起组合销售，但价格比单独购买商品的价格之和要低。这种方法适用于非耐用性消费品，短期效果明显。

⑤ 会员销售。会员销售又称俱乐部营销，即企业以某种利益或服务为主题，将各种消费者组成俱乐部形式，开展宣传、促销和销售活动。会员营销能培养消费者的品牌忠诚度，缩短厂商与消费者之间的距离，增强营销竞争力。

（2）针对中间商的营业推广方式。

① 产品交易会和订货会。生产商利用交易会和订货会邀请中间商参会，在会上陈列产品，企业的推销人员介绍产品相关知识，同时进行现场操作演示。推销人员可以直接与客户代表进行洽谈，形成双向沟通，引导中间商签订购货合同。

② 销售激励。为了激励中间商全力推销产品，在中间商中开展一系列竞赛活动，获胜者可以得到生产商的奖励。竞赛活动通常以销售额、销售增长率、货款回笼速度、售后服务质量等一系列指标为标准进行评价，而奖励的形式也多种多样，有财务支持、福利支持和促销支持等。

③ 价格折扣。为了促进中间商大量进货，生产商经常使用的方法就是价格折扣，它有两种基本形式：一种是给予中间商数量折扣，即一定时期进货达到一定数量就可享受一定的价格折扣；另一种是给予中间商职能折扣，即当中间商为产品做广告或特意陈列产品时，生产商给予一定的费用补偿或相应津贴。

④ 赠品。赠品对于中间商来说也是一种重要的刺激手段。它能给中间商带来实际利益，调动中间商积极大量进货。

（3）针对推销人员的营业推广方式。

① 销售红利。为了鼓励推销人员积极推销，企业层规定按销售额或所获利润提成。销售人员的报酬与其销售业绩挂钩使其更主动、积极地工作，销售绩效会不断地激发销售人员的潜力。

② 推销竞赛。为了刺激和鼓励推销人员努力推销商品，企业可以确定一些推销奖励的办法，对成绩优良者给予奖励。奖励既可以是现金，也可以是物品或旅游等。

③ 培训机会。学习也是一种奖励，推销人员非常重视培训机会，这样可以证明他受到肯定和重视。推销人员往往为了获得培训的机会而努力工作，争取更多的销售业绩。

④ 职位提拔。对业务做得出色的推销人员进行职务提拔，可以将好的经验传授给一般推销人员，有利于提高推销人员的整体素质。

以上针对不同对象的营业推广的方式与目的列表更为清晰，如表 8.13 所示。

表 8.13　营业推广策划方式分析

营业推广的对象	营业推广的方式	营业推广的目的
消费者	产品陈列与示范	促进产品销售
	有奖销售	鼓励大量使用
	样品赠送	获得潜在顾客
	特价包装	争取竞争对手的客户
	会员销售	培养品牌忠诚度

续表

营业推广的对象	营业推广的方式	营业推广的目的
中间商	产品交易会和订货会	获得新的经销商
	销售激励	鼓励大批量订货
	价格折扣	提高中间商的忠诚度
	赠品	建立新渠道
推销人员	销售红利	激励营销人员寻找新客户
	推销竞赛	刺激营销人员扩大销售量
	培训机会	鼓励营销人员提供更好的服务
	职位提拔	激励营销人员、共享营销经验

3. 营业推广方案的设计

制订营业推广的方案，通常要考虑推广的规模、推广的对象、推广的途径、推广的时间、推广的时机和推广的预算 6 个因素。

【案例 8.11】

某日，某商场推出一则促销广告："自近日起在商场内举办摸球有奖销售活动，凡每天购买 50 元商品者可免费摸奖一次，多买多摸，当场兑现。"

一位顾客得知这个宣传后，便专程到商场买了一台价格 2 400 元的空调，当晚到商场参加摸奖，据商场促销广告规定：顾客如果摸到印有 9、6、9 数字的乒乓球，就可获得头等奖 5 000 元。然而当这位顾客拿着乒乓球来兑奖时，商场门市部的负责人却以 6 和 9 形体相反，而拒不承认。该顾客到消费者协会去投诉商场，最后商场还是将 5 000 元奖金给了这位顾客，同时企业形象也受到了影响。这位顾客从此再也不去那家商场购物，同时一传十，十传百，对企业的形象影响很大。

案例分析：

信誉是现代商家的生存之本，既然承诺就要兑现，为了眼前的小利而不惜牺牲自己的承诺的行为，不仅会对自身的品牌形象带来极坏的负面影响，也会在日益激烈的商业竞争中使自己的路越走越窄。这一事件说明该商场推出的这则促销方案内容不严密，随意性太大，需在今后的工作中改进，杜绝这类事件的再次出现。

4. 营业推广方案的实施和评价

此阶段主要进行方案的预试、方案的正式实施和控制，以及方案结果的评价等工作。

五、公共关系

（一）公共关系的概念

公共关系是指一个组织为改善与社会公众的联系状况，增进公众对组织的认识、理解与支持，树立良好的组织形象而进行的一系列活动。

（二）公共关系的活动方式

企业开展公共关系活动时，通常以一定的公关目标作为任务核心，根据不同的公关目标选择不同的活动方式，具体有以下几方面。

（1）宣传型公关。

宣传型公关主要利用各种传播媒介直接向公众表白自己，以求最迅速地将组织信息传输出去，形成有利于己的社会舆论。这是最经常采用的公关模式，包括发新闻稿，登公关广告，召开记者招待会，举行新产品发布会，出版内部刊物等。其特点是：主导性强，时效性强，范围广，能迅速实现组织与公众的沟通，获得比较大的社会反响。但它的局限性主要表现为：传播层次浅，信息反馈少，使传播效果一般停留在“认知层次”。

【案例 8.12】

江小白：联合中国警察网发起“劝止酒驾”主题公益

2019 年年底，江小白联合中国警察网发起“劝止酒驾”主题公益，推出洗脑文案“选择了酒桌真心话，就别再酒驾大冒险”等，通过巧妙的语句劝诫消费者珍爱生命。由中国警察网发起，江小白助力的劝止酒驾公益短视频大赛在微博、抖音等社交平台引起热议。目前，微博“劝止酒驾”话题讨论量已经突破 10 亿，抖音话题下短视频播放量超过 8 亿。短视频的病毒式传播，花样刷屏各大社交圈，也掀起了一股自发传播劝止酒驾行为的潮流。

资料来源：如何抓住“90 后”“00 后”的心[OL]. https://baijiahao.baidu.com/s?id=1652616396804693594&wfr=spider&for=pc.

（2）交际型公关。

交际型公关以人际交往为主，目的是通过人与人的直接接触，为组织广结良缘，建立起社会关系网络，创造良好的发展环境。其具体内容包括各种招待会、宴会、专访、个人信函等。交际型公关特别适于少数重点公众。其特点是：灵活而富有人情味，可使公关效果直达情感层次；但缺点是：活动范围小，费用高，不适用于大数量的公众群体。

（3）服务型公关。

服务型公关以提供各种实惠的服务工作为主，目的是以实际行动获得社会公众的好评，树立组织的良好形象。其具体工作包括售后服务、消费引导、便民服务、义务咨询等。服务型公关能够有效地使人际沟通达到“行动”层次，是一种最实在的公共关系。

（4）社会型公关。

社会型公关以各种社会性、赞助性、公益性的活动为主，组织通过对社会困难的行业的实际支持，为自己的信誉进行投资。其主要形式包括开业庆典、赞助文体、救灾扶贫等。

（5）征询型公关。

以采集信息、调查舆论、收集民意为主，目的是通过掌握信息和舆论，为组织的管理和决策提供参谋。其具体工作包括建立信访接待制度，进行民意调查等。

恭喜你！完成任务分析与准备，明确了促销策略应该包括的主要内容，掌握了促销方法和促销策略的基本技能。接下来，你将进行任务操作。

【任务操作】

（1）根据广告策划的基本流程，完成百事可乐的广告策划。

可乐类饮料在大洋洲，及我国台湾、香港地区销售时，遇到了障碍。调查结果：认为可乐饮料是用化学原料制成的，内含刺激人体神经的咖啡因；认为可乐饮料的褐色是用色素添加的；认为可乐饮料的原料中，含有不少防腐剂，不宜多饮。

（2）根据营销策划案的基本内容，在完成前期产品、价格等策略的基础上，各团队完成项目（产品）的价格策略分析与制定。

① 完成以下促销策略表格填写（见表 8.14）。

表 8.14　百事可乐广告策划

广告目标：   广告定位：   广告片：   广告词：

② 完成营销策划案促销策略部分的内容（见表 8.15）。

表 8.15　促销策划分析

我们产品选择的促销组合策略是：   我们产品选择促销组合的主要原因是：

恭喜你！完成任务操作，完整体验了促销策略策划的流程和操作要领。接下来，你将进行任务考评与总结。

检查评价

【小组互评】

根据促销策略的操作要领，小组交叉进行初评，填写小组互评表，按照满分 40 分评分（见表 8.16）。

表 8.16　小组互评表

小组名称				作品名称	百事可乐广告策划
考评项目	广告目标（5 分）	广告定位（10 分）	广告片（10 分）	广告词（10 分）	整体创意与实现效果（5 分）
得分					
存在问题					

【教师评价】

教师对各组实训过程和提交的成果进行综合评价（见表 8.17）。

表 8.17　教师评价表

序号	评价项目	评价内容	分值	自评（30%）	互评（30%）	师评（40%）	合计
1	职业素养（30 分）	分工合理，制订计划能力强，严谨认真	10				
		责任意识、服从意识	5				
		团队合作、交流沟通、互相协作、分享能力强	5				
		遵守行业规范	5				
		主动性强，保质保量完成工作页相关任务	5				
2	专业能力（60 分）	促销策略选择	10				
		广告策略（营业推广）	20				
		人员推销（公共关系）	20				
		文案撰写	10				
3	创新意识（10 分）	创新性思维和行动力	10				
合计			100				
评价人签名：		时间：					

任务四　渠道策划

任务描述

分销渠道是市场营销组合策略中的重要内容。建立一个有效的分销渠道网络，是企业在激烈的市场竞争中持续、稳定发展的关键因素之一。企业在构建商品销售渠道时，必须做出直接与间接、长与短、宽与窄等不同的销售渠道选择。中间商起着联系生产与消费、减少交易次数、沟通信息等作用，不同类型的中间商各有特点。生产者进行渠道选择时要根据市场特点、产品特点、企业自身状况、环境因素及经济形势等因素，确定中间商的类型、数目及渠道成员的责任，并运用选择、激励、评估、调整等措施对渠道成员加以管理。

【任务要求】

渠道策划运用要求：制定所选项目（产品）的渠道策略。操作过程按产品策划的要点展开，注意得体、恰当、适用。

【学习目标】

知识目标：

（1）了解分销渠道的特点，熟悉分销渠道的基本模式。

（2）掌握分销渠道选择的因素和渠道策略。

能力目标：

（1）能够运用渠道策略的有关知识分析企业渠道策略。

（2）能够恰当运用渠道策略有关知识，为产品制定合适的渠道策略。

素养目标：

（1）培养信息调查、分析与处理的职业能力；

（2）具备革新创新能力，提升诚实、创新的职业素养，为从事营销职业奠定基础。

【实施路径】

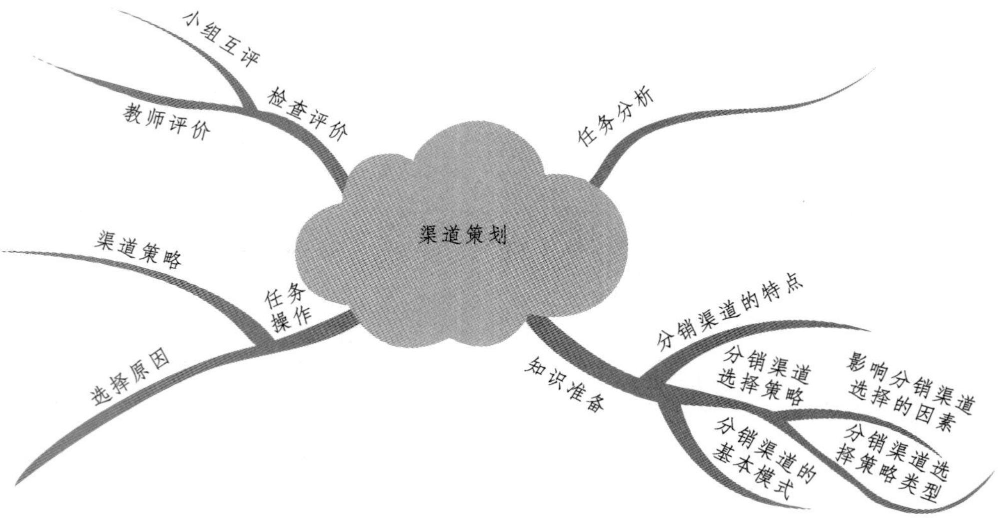

图 8.13　渠道策划实施路径

【任务分组】

按照项目一的分组情况开展实训。

任务实施

【任务分析】

在完成促销策略制定的基础上，各组需要运用渠道策略的有关知识，采用适合所选项目（产品）的渠道策略制定项目（产品）的渠道策略并分析。

【知识准备】

一、分销渠道的特点

分销渠道是指商品从生产领域转向消费领域所经过的路线和通道。中间商作为渠道主要成员构建了分销渠道；分销渠道是由各产品流转环节衔接的，推动产品由生产者向消费者流动的途径；分销渠道呈网络形态，渠道成员分布于各个区域范围内形成了渠道网络。现代分销渠道的建设要从企业整个营销体系运作系统来构思。

【案例 8.13】

打火机原先一般都在百货商店或是在附带卖香烟的杂货店里卖。可是，日本丸万公司在十几年前推出瓦斯打火机时，就把它交由钟表店销售。如今，日本的钟表店到处都是卖打火机的，这在以前根本是不会出现的事情。钟表店一向被认为是卖贵重物品的高级场所，在这里卖打火机，人们一定会视它为高级品。而在暗淡的杂货店、香烟店里，上面蒙着一层灰尘的打火机和摆在闪闪发光的钟表店中的打火机，这两者给人的印象当然是天壤之别。丸万公司采取在钟表店销售打火机的方式收到了惊人的效果，他们的打火机十分畅销。由于采取的是反传统的销售渠道，他们的打火机出尽风头，令人们产生了丸万公司的打火机非常高级的印象。丸万公司的打火机目前已风行到世界的每一个角落。

思考：丸万公司打火机销售成功的原因在哪里？

二、分销渠道基本模式

在现代营销过程中，商品分销渠道的模式很多。按照渠道的环节来划分，可以把分销渠道大致分为以下 4 种模式：

（1）生产者→消费者；

（2）生产者→零售商→消费者；

（3）生产者→批发商→零售商→消费者；

（4）生产者→代理商→批发商→零售商→消费者。

三、分销渠道选择策略

（一）影响分销渠道选择的因素

分销渠道设计的好坏很大程度上决定了企业营销的成败。生产企业在设计分销渠道的过程中，应该考虑很多因素，具体包括产品因素、市场因素、企业因素、中间商因素和外部环境因素等。

1. 产品因素

企业在设计渠道的过程中，应该充分考虑产品的特性。

产品的体积和重量：一般情况下，如果产品的体积比较大，重量比较重，应该采用直接渠道或者短渠道，将产品直接送到目标消费者手中。这样，产品在流通过程中不用进行中转、装卸和库存，以免浪费人力、物力和财力。反之，则可以考虑采用间接渠道和长渠道。

产品的易腐性：企业在设计渠道的过程中，应该考虑产品的保质期和易腐性。如果消费者对该产品新鲜度要求高或产品易腐，应该设计为直接渠道或者短渠道；反之则可以考虑间接渠道或者长渠道。

产品的价格：一般情况下，如果单位产品的价格很低，如生活必需品，可以考虑采用长渠道和宽渠道，这样有利于消费者购买，增加产品的销售机会；如果产品单位价值高、定价高，则应该采用短渠道和窄渠道，以免因为渠道环节过多而增加产品的成本，使最终售价高。

产品的技术和售后服务要求：企业对于技术性强、专用性强的商品或者需要专门复杂的技术服务与维修的产品，应使用直接渠道，采取产销见面的直接销售。这样，厂家可以提供专业的技术服务。

产品的季节性：季节性强的产品，为了尽快销售出去，可以考虑利用中间商来进行分销。

2. 市场因素

企业在设计渠道的过程中，除了受产品因素影响外，还会受到市场因素的影响。

潜在顾客的状况：如果潜在顾客分布面广，市场范围大，就要利用长渠道或宽渠道进行销售，以接近消费者居住的地方，增加购买的机会。

市场的地区性：市场的地区性就是市场聚集的地区，如果距离市场较近，分销渠道的结构就可以短些。一般地区则采用传统的批发与零售商销售相结合的方式。

消费者购买习惯：顾客对各类消费品的购买习惯，如最易接受的价格、购买场所的偏好、对服务的要求等均直接影响分销路线。

竞争性商品：同类竞争性商品一般应采取同样的分销路线，占领市场则比较容易。

销售量的大小：如果一次销售量大，可以直接供货，渠道就短；如果一次销售量少，就要多次批售，渠道则会长些。在研究市场因素时，还要注意商品的用途、商品的定位，这对选择分销渠道结构都非常重要。

3. 企业因素

企业规模和实力：如果制造商的产品质量好，声誉佳，资金雄厚，又有经营管理销售业务的经验和能力，这种大制造商就可以自己推销产品而不通过任何中间商，这种分销渠道是最“短而窄”的。反之，如果制造商财力薄弱，或者缺乏经营管理与销售业务的经验和能力，只能通过若干中间商推销其产品，这种分销渠道是较为长而宽的。

企业对渠道的控制能力：如果制造商需要控制市场零售价格，就要使用较短的分销渠道，但这还取决于制造商的规模和财力；反之，则可选用长渠道。

企业的服务能力：如果生产厂家提供的产品是对技术和服务要求比较高的产品，企业应该采用直接渠道，因为厂家提供的服务比中间商更加专业，同时沟通便利，有利于了解消费者的需求情况，这类情况比较适合生产资料市场的企业。

4. 中间商因素

中间商的分销能力是最先考虑的因素，因为它关系到产品的推广能力和扩散速度，中间商的意愿、对该产品的分销经验、职业道德、财务状况、区位优势等都会影响产品的分销。如果中间商有一定基础，而且愿意花时间和精力去销售产品，其效果就会很好。

5. 外部环境因素

企业设计渠道的过程不可避免地受到人口、经济、社会文化、政治法律和技术等环境对中间渠道环节的影响，应学会合理利用外部环境的因素，趋利避害，降低产品流通成本，缩短流通时间，给消费者提供便利。

（二）分销渠道选择策略类型

1. 分销渠道长度策略

分销渠道的选择首先要设计分销渠道长度，就是确定渠道环节的多少，即对长渠道与短渠道进行选择，又称分销渠道模式的选择（见图 8.14）。长短渠道选择要受到产品、市场、中间商、厂商自身、环境等因素制约。从生产者观点来看，渠道越长，渠道环节越多，控制就越困难，所以尽量选择短渠道。但也要视具体的情况来定，对有些企业、有些产品来说选择长渠道有其客观必然性。对一个企业来说，渠道的选择可以采用一种模式，也可以采用多种模式。在多种分销渠道模式中要确定主要的分销渠道模式。

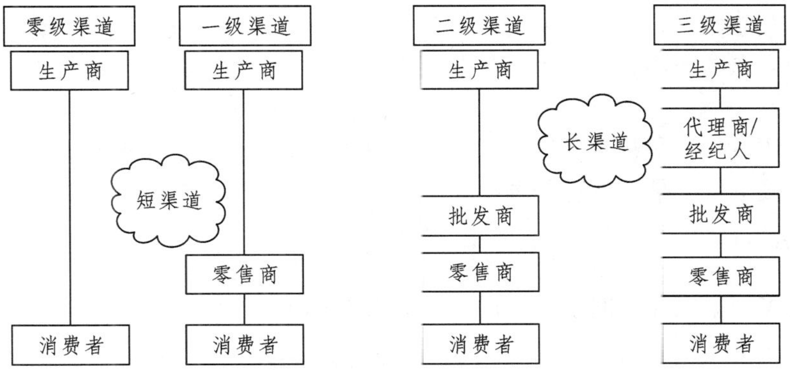

图 8.14　长度策略

2. 分销渠道宽度策略

分销渠道的选择还要设计分销渠道宽度，就是确定分销面的大小，对中间商数目多少进行确定，即对宽渠道和窄渠道的选择（见图 8.15）。在进行中间商数目多少选择中，根据产品、市场、中间商、企业的具体情况，可以采用 3 种分销策略，即广泛性分销、选择性分销、独家分销策略。这 3 种分销策略各有利弊，只能根据具体情况来进行选择。

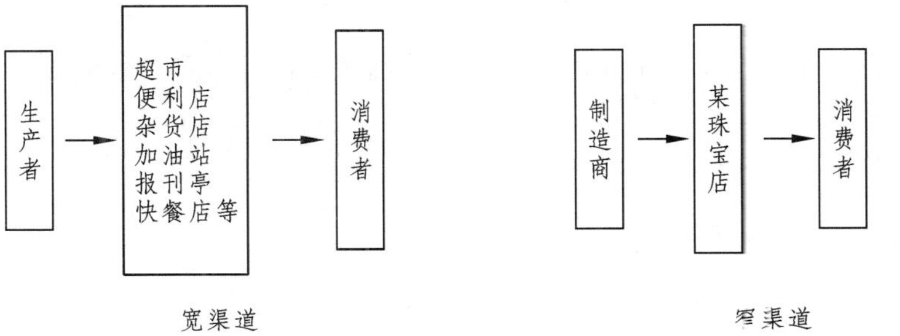

图 8.15　宽度策略

3. 分销渠道成员策略

在分销渠道基本模式中，有 3 种分销渠道模式都是以中间商作为中介。这些中间商品无论是零售商，还是批发商和代理商，在产品销售中都有各自的优势和劣势，要求生产商选择最有优势的渠道成员进行合作。在选择渠道成员时，需要对他们进行评估。评估的具体因素有以下几种：

（1）合法经营资格；

（2）目标市场定位；

（3）地理位置；

（4）营销策略；

（5）销售能力；

（6）服务水平；

（7）储运能力；

（8）财务状况；

（9）企业形象；

（10）管理水平。

根据最优化原则，选择最有实力、最善于销售、最守信誉的中间商，作为自己企业的合作伙伴，本着双赢的原则，把分销渠道落到实处。

恭喜你！完成任务分析与准备，明确了渠道策略应该包括的主要内容，掌握了渠道策略的基本技能。接下来，你将进行任务操作。

【任务操作】

完成营销策划案渠道策略部分的内容（见表 8.18）。

表 8.18　渠道策略分析

我们产品选择的渠道策略是：   我们产品选择渠道策略的主要原因是：

恭喜你！完成任务操作，完整体验了渠道策略策划的流程和操作要领。接下来，你将进行任务考评与总结。

检查评价

【小组互评】

根据渠道策略的操作要领，小组交叉进行初评，填写小组互评表，按照满分 40 分评分

（见表 8.19）。

表 8.19　小组互评表

小组名称			
考评项目	渠道选择（10 分）	渠道策略运用（20 分）	整体创意与实现效果（10 分）
得分			
存在问题			

【教师评价】

教师对各组实训过程和提交的成果进行综合评价（见表 8.20）。

表 8.20　教师评价表

序号	评价项目	评价内容	分值	自评（30%）	互评（30%）	师评（40%）	合计
1	职业素养（30 分）	分工合理，制订计划能力强，严谨认真	10				
		责任意识、服从意识	5				
		团队合作、交流沟通、互相协作、分享能力强	5				
		遵守行业规范	5				
		主动性强，保质保量完成工作页相关任务	5				
2	专业能力（60 分）	影响渠道选择的因素	15				
		渠道策略选择与应用	30				
		文案撰写	15				
3	创新意识（10 分）	创新性思维和行动力	10				
合计			100				
评价人签名：		时间：					

附录

附录1　营销策划书的结构与内容

营销策划书没有一成不变的格式，依据产品或营销活动的不同要求，在策划的内容与编制格式上也有变化。但是，从营销策划活动的一般规律来看，其中有些要素是共同的。营销策划书的结构一般情况下与营销策划的构成要素（内容）保持一致。这样可以提高营销策划书的制作效率。结构框架比较合理的营销策划书，一般由以下几个部分构成，如表1所示。

表1　营销策划书的基本结构

策划书构成	要　素
封面	策划书的脸
前言	前景交代
目录	一目了然
概要提示	要点提示
环境分析	策划的依据和基础
机会分析	提出问题
营销目标	明确任务
战略及行动方案	对症下药
营销成本	计算准确
行动方案控制	容易实施
结束语	前后呼应
附录	提高可信度

封面是营销策划书的脸，封面的设计原则是醒目、整洁，切忌花哨，至于字体、字号、颜色则应根据视觉效果具体考虑。策划书的封面可提供以下信息：策划书的名称、被策划的客户、策划机构或策划人的名称、策划完成日期及本策划适用时间段。

封面制作的要点如下：

（1）标出策划委托方。如果是受委托的营销策划，那么在策划书封面要把委托方的名称列出来，如“××公司××策划书”。

（2）取一个简明扼要的标题。题目要既准确又不累赘，使人一目了然。有时为了突出策划的主题或者表现策划的目的，可以加一个副标题或小标题。

（3）标上日期。日期一般是以正式提交日为准。因为营销策划具有一定的时间性，不同时间段上市场的状况不同，营销执行效果也不一样。

（4）标明策划者。一般在封面的最下端要标出策划者。策划者是公司的话，则要列出企业全称。

营销策划书范文

1. 前言

前言应根据对本营销策划所要达到的目标、宗旨给出明确的观点，策划的意义及整个营销策划案内容的提炼介绍等。

（1）本案策划的目的；

（2）整体策划简介。

2. 营销环境分析

对宏观环境、同类产品的市场状况、竞争状况、消费者等进行分析，为制定相应的营销策略，采取正确的营销手段提供依据，主要包括以下几个方面：

（1）市场环境分析；

（2）企业分析；

（3）产品分析；

（4）竞争分析；

（5）消费者分析。

3. SWOT 分析

营销方案是对市场机会的把握和策略的运用，因此进行市场机会分析至关重要，主要从企业、产品、价格、渠道、营销方式、消费者、竞争者等方面进行内外部环境的分析（见表 2）。

表 2　SWOT 分析表

优势：	劣势：
机会：	威胁

4. 营销战略分析

营销战略是整个营销的思路与蓝图，需要确定营销目标及战略重点，通过细分市场，选择细分市场和目标市场，制定市场定位，具体可以包括以下内容：

（1）营销目标和战略重点；

（2）目标市场细分及选择；

（3）市场定位。

5. 营销策略分析

通过产品市场的机会与问题分析，提出合理的营销组合策略。营销组合策略包括产品、渠道、促销、营业推广策略的组合运用。

6. 行动方案

行动方案作为策划案的补充部分，应明确对方案的实施过程方法和措施。对行动方案的设计要具体，有利于组织与实施，能反映策划案中的核心策划思想。

7. 附录

附录的内容是对策划案本身的补充说明，能为策划案提供有力的佐证，包括引用权威数据资料、消费者问卷样本、座谈会记录等。

附录2　营销费用预算表

项目	时间	地点	金额	说明
广告				
电视广告				
报纸广告				
街头广告				
营业推广				
产品展示会				
样品赠送				
抽券				
优惠券				
人员推销				
人员工资				
人员培训				
人员奖励				
交通费				

参考文献

[1] 菲利普·科特勒，加里·阿姆斯特朗. 市场营销：原理与实践（全新版）[M]. 16版. 楼尊，译. 北京：中国人民大学出版社，2015.

[2] 萧潇. 创意文案与营销策划撰写技巧及实例全书[M]. 天津：天津科学技术出版社，2017.

[3] 马尔科姆·麦克唐纳，彼得·莫里斯.图解营销策划[M]. 高杰，译. 北京：电子工业出版社，2014.

[4] 冯志强. 市场营销策划[M]. 北京：北京大学出版社，2013.

[5] 李毅心. 营销策划经理岗位培训一本通[M]. 北京：北京工业大学出版社，2013.

[6] 孟韬，毕克贵. 营销策划：方法、技巧与文案[M]. 3版. 北京：机械工业出版社，2016.

[7] 彭石普. 营销策划——理实一体化教程[M]. 北京：电子工业出版社，2016.

[8] 李司，贾文辉. 市场营销策划学[M]. 郑州：河南人民出版社，2017.

[9] 金跃军，龚学刚. 市场营销文案写作与范例赏析[M]. 北京：中华工商联合出版社，2017.

[10] 彭于寿. 市场营销案例分析教程[M]. 2版. 北京：北京大学出版社，2015.

[11] 张存明，陈超，李娟. 市场营销策划[M]. 北京：清华大学出版社，2018.

[12] 张晓，王丽丽. 市场营销策划：理论、实务、案例、实训[M]. 3版. 大连：东北财经大学出版社，2018.

[13] 姚飞. 创业营销：案例与微课[M]. 北京：中国纺织出版社，2017.

[14] 黄睿. 网络营销基础与创业实践[M]. 北京：人民邮电出版社，2016.